新编出纳实务

主　编　陆　瑶
主　审　周百灵
副主编　林　萍　付　华

ZHEJIANG UNIVERSITY PRESS
浙江大学出版社

图书在版编目（CIP）数据

新编出纳实务 / 陆瑶主编. —杭州：浙江大学出版社，2015.3(2019.10 重印)
ISBN 978-7-308-14432-2

Ⅰ.①新… Ⅱ.①陆… Ⅲ.①出纳—会计实务—高等职业教育—教材 Ⅳ.①F233

中国版本图书馆 CIP 数据核字（2015）第 035572 号

内容提要

本书阐述出纳岗位应具备的基础知识、基本理论、基本技能，同时将出纳岗位的工作任务划分为现金结算业务和银行结算业务两大模块，每个模块以典型的工作任务为载体，融入知识、技能、工作流程等，充分体现职业教育的职业性和实践性。

本书在编写中强调以能力为本位、以学生为主体、以实践为导向的教学指导思想，注重学生综合能力的培养。内容力求实用、新颖、全面、观点正确；语言文字注重简练、深入浅出、通俗易懂；通过大量票证的演示做到形象、直观，既方便教学讲解，又兼顾读者自学。

本书适合于高职学生进行出纳岗位实训；对于企业经理、单位领导、营销人员、收款（收银）员等与货币资金、有价证券等的收付、结算、管理等工作有所关联的人员也不失为一本非常实用的参考书。

新编出纳实务

陆　瑶　主编

责任编辑　董凌芳
封面设计　周　灵
出版发行　浙江大学出版社
（杭州天目山路 148 号　邮政编码 310007）
（网址：http://www.zjupress.com）
排　　版　杭州中大图文设计有限公司
印　　刷　虎彩印艺股份有限公司
开　　本　787mm×1092mm　1/16
印　　张　12
字　　数　270 千
版 印 次　2015 年 3 月第 1 版　2019 年 10 月第 2 次印刷
书　　号　ISBN 978-7-308-14432-2
定　　价　36.00 元

前　言

高职教育中会计专业主要培养具备一定会计基础知识、较好掌握会计核算能力和熟练的计算技能的高素质应用型人才。出纳工作是整个会计核算工作的基础和重要的组成部分，是企事业单位经济工作和会计核算的前哨阵地，出纳人员是各单位的管家。在市场经济条件下，货币资金渗透于社会经济生活的各个领域，任何单位的经济活动都是以货币为交换手段来实现的，都必须通过出纳进行现金和银行存款的收支活动来完成。出纳人员要当好企事业单位的管家，必须掌握必要的出纳知识和具备出纳技能，熟练处理现金和银行存款的收、付、存业务，确保企事业单位货币资金的安全、完整。2005 年以来，中国人民银行发布并实施了新版的票据和结算凭证，第五套人民币 2005 年版正式流通；2006 年财政部发布了最新的《企业会计准则》和《企业财务通则》；同时税收法规、现金管理制度等都进行了改革。新的形势要求出纳人员具备新的知识、新的思维和新的技能。为了适应现代高职教育的培养目标，我们编写了本教材。

本教材在编写中强调以能力为本位、以学生为主体、以实践为导向的教学指导思想，注重学生综合能力的培养。内容力求实用、新颖、全面、观点正确；语言文字注重简练、深入浅出、通俗易懂；方法演示做到形象、直观，既方便教学讲解，又兼顾读者自学。本书适合于高职学生进行出纳岗位实训。对于企业经理、单位领导、营销人员、收款（收银）员等与货币资金、有价证券等的收付、结算、管理等工作有所关联的人员来说，本书也不失为一本非常实用的参考书。对于财会专业的学生，建议认真阅读全书并重点掌握现金、银行存款的管理与核算的方法和要求，掌握各种结算凭证的填制与审核的程序、方法和有关注意事项。

本书由广西工商职业技术学院原财会系主任、周百灵教授任主审，负责全书的编写组织工作并总纂定稿；由广西工商职业技术学院陆瑶任主编，负责全书写作大纲的拟定工作；林萍、付华任副主编。撰写初稿分工如下：第一章由周百灵执笔；第二、四章由付华执笔；第三、六章由陆瑶执笔；第五章由林萍执笔。

在本书的编写过程中，还得到了同行及具有实践经验人士的指点和建议，在此一并致谢。

本书在编写过程中，虽力求完美，但由于时间仓促，加上作者水平所限，书中难免有疏漏或谬误之处，恳请读者和同行批评指正，以便再版时修正和完善。

编　者

2015 年 1 月

目 录

第一章　出纳基础

一、出纳的基本含义

在“出纳”一词中，出即支出的意思，纳则是收入的意思，“出纳”即是指支出和收入。在经济工作中，“出”与“纳”这两个字合二为一，非常准确地表明了出纳业务的核心要义，也就是指一切货币资金的收入与支出。凡是经办和管理货币资金收支的均称为“出纳”。在会计上“出纳”作为一个专业术语有两层含义：一是指出纳业务，二是指出纳人员。

出纳业务是指按照有关规定和制度，办理本单位的现金收付、银行结算及有关账务，保管库存现金、有价证券、财务印章及有关票据等工作的总称。

出纳工作有广义和狭义之分。广义的出纳工作既包括各单位会计部门专设出纳机构的各种票据、货币资金、有价证券收付业务的处理、整理、保管、核算等各项工作，也包括各单位业务部门的货币资金收付、保管等工作；狭义的出纳工作则仅指各单位会计部门专设出纳岗位或人员的各项工作。出纳与会计、稽核、会计主管等岗位组成会计工作的有机整体。

此外，出纳还常常指从事出纳工作的人员，也就是出纳人员。从广义上讲，出纳人员既包括会计部门的出纳工作人员，也包括业务部门的各类收款员（收银员）、工资发放员（专职或兼职）等；从狭义上来说，出纳人员仅指单位会计部门从事资金收付和核算工作的出纳人员。一般情况下所称的出纳人员指的是狭义的出纳人员。

二、出纳岗位设置

1. 机构设置

出纳机构，一般设置在会计机构内部，如在各企事业单位财会科、财会处内部设置专门处理出纳业务的出纳组、出纳室。《会计法》第二十一条第一款规定：“各单位根据会计业务的需要设置会计机构，或者在有关机构中设置会计人员并指定会计主管人员。不具备条件的，可以委托经批准设立的会计咨询、服务机构进行代理记账。”会计法对各单位会计、出纳机构与人员的设置没有做出硬性规定，只是要求各单位根据业务需要来设定。各单位可根据单位规模大小和货币资金管理的要求，结合出纳工作的繁简程度来设置出纳机构。以工业企业为例，大型企业可在财务处下设出纳科；中型企业可在财务科下设出纳室；小型企业可在财务股下配备专职出纳员。有些主管公司，为了资金的有效管理和总体利用效益，把若干分公司的出纳业务(或部分出纳业务)集中办理,成立专门的内部“结算中心”,这种“结算中心”,实际上也是出纳机构。

2. 出纳人员配备

一般讲,实行独立核算的企业单位,在银行开户的行政、事业单位,有经常性现金收入和支出业务的企业、行政事业单位都应配备专职或兼职出纳,担任本单位的出纳工作。出纳人员配备的多少,主要决定于本单位出纳业务量的大小和繁简程度,要以业务需要为原则,既要满足出纳工作量的需要,又要避免徒具形式、人浮于事的现象。一般可采用一人一岗、一人多岗、一岗多人等几种形式。一人一岗:规模不大的单位,出纳工作量不大,可设专职出纳员一名。一人多岗:规模较小的单位,出纳工作量较小,可设兼职出纳员一名。如果无条件单独设置会计机构的单位,至少要在有关机构中(如单位的办公室、后勤部门等)配备兼职出纳员一名。但兼职出纳不得兼管收入、费用、债权、债务账目的登记工作及稽核工作和会计档案保管工作。一岗多人:规模较大的单位,出纳工作量较大,可设多名出纳员,如分设管理收付的出纳员和管账的出纳员,或分设现金出纳员和银行结算出纳员等。

三、出纳岗位的职责

出纳岗位的职责一般包括:

(1)办理现金收付和结算业务;

(2)登记现金和银行存款日记账;

(3)保管库存现金和各种有价证券;

(4)保管有关印章、空白收据和空白支票。

四、出纳的工作内容

出纳的工作内容一般包括:

(1)办理银行存款和现金领取。

(2)负责支票、汇票、发票、收据管理。

(3)做银行账和现金账,并负责保管财务章。

(4)负责报销差旅费的工作

1)员工出差分借支和不借支,若需要借支就必须填写借支单,然后交总经理审批签名,交由财务审核,确认无误后,由出纳发款。

2)员工出差回来后,据实填写支付证明单,并在单后面贴上收据或发票,先交由证明人签名,然后交总经理签名,再经会计审核后,由出纳给予报销。

(5)员工工资的发放。

五、出纳工作的基本要求

做好出纳工作并不是一件很容易的事，它要求出纳员要有全面精通的政策水平、熟练高超的业务技能、严谨细致的工作作风。

1.政策水平

没有规矩，不成方圆。出纳工作涉及的"规矩"很多，如《会计法》及各种会计制度、现金管理制度及银行结算制度、《会计基础工作规范》、成本管理条例及费用报销额度、税收管理制度及发票管理办法，还有本单位自己的财务管理规定等等。对这些法规、制度如果不熟悉、不掌握，是绝对做不好出纳工作的。所以，要做好出纳工作的第一件大事就是学习、了解、掌握财经法规和制度，提高自己的政策水平。出纳人员只有刻苦掌握政策法规和制度，明白自己哪些该干，哪些不该干，哪些该抵制，工作起来就会得心应手，就不会犯错误。

2.业务技能

"台上一分钟，台下十年功。"这对出纳工作来说是十分适用的。出纳工作需要很强的操作技巧。打算盘、用电脑、填票据、点钞票等，都需要深厚的基本功。作为专职出纳人员，不但要具备处理一般会计事务的财会专业基本知识，还要具备较高的处理出纳事务的出纳专业知识水平和较强的数字运算能力。出纳的数字运算往往在结算过程中进行，要按计算结果当场开出票据或收付现金，速度要快，又不能出错。这和事后的账目计算有着很大的区别。账目计算错了可以按规定方法更改，但钱算错了就不一定说得清楚，不一定能"改"得过来了。所以说出纳人员要有很强的数字运算能力，不管你用计算机、算盘、计算器，还是别的什么运算器，都必须具备较快的速度和非常高的准确性。在快和准的关系上，作为出纳员，要把准确放在第一位，要准中求快。

提高出纳业务技术水平关键在手上，打算盘、用电脑、开票据都离不开手。而要提高手的功夫，关键又在勤，勤能生巧，巧自勤来。有了勤，就一定能达到出纳技术操作上的理想境界。另外，还要苦练汉字、阿拉伯数字，提高写作概括能力，使人见其字如见其人，一张书写工整、填写齐全、摘要精炼的票据能表现一个出纳员的工作能力。

3.工作作风

要做好出纳工作首先要热爱出纳工作，要有严谨细致的工作作风和职业习惯。作风的培养在成就事业方面至关重要。出纳每天和金钱打交道，稍有不慎就会造成意想不到的损失，出纳员必须养成与出纳职业相符合的工作作风，概括起来就是：精力集中，有条不紊，严谨细致，沉着冷静。精力集中就是工作起来要全身心地投入，不为外界所干扰；有条不紊就是计算器具摆放整齐，钱款票据存放有序，办公环境洁而不乱；严谨细致就是认真仔细，做到收支计算准确无误，手续完备，不发生工作差错；沉着冷静就是在复杂的环境中随机应变，化险为夷。

4. 安全意识

现金、有价证券、票据、各种印鉴，既要有内部的保管分工，各负其责，并相互牵制；也要有对外的安保措施，从办公用房的建造，门、屉、柜的锁具配置，到保险柜密码的管理，都要符合安保的要求。出纳人员既要密切配合安保部门的工作，更要增强自身的安保意识，学习安保知识，把保护自身分管的公共财产物资的安全、完整作为自己的首要任务来完成。

六、出纳工作内部控制

《会计法》第二十一条第二、三款规定："会计机构内部应当建立稽核制度。出纳人员不得兼管稽核、会计档案保管和收入、费用、债权债务账目的登记工作。"钱账分管原则是指凡是涉及款项和财物收付、结算及登记的任何一项工作，必须由两人或两人以上分工办理，以起到相互制约作用。例如，现金和银行存款的支付，应由会计主管人员或其授权的代理人审核、批准，出纳人员付款，记账人员记账；发放工资，应由工资核算人员编制工资单，出纳人员向银行提取现金和分发工资，记账人员记账。实行钱账分管，主要是为了加强会计人员相互制约、相互监督、相互核对，提高会计核算质量，防止工作误差和营私舞弊等行为。

《会计法》专门规定出纳员不得兼管稽核、会计档案保管和收入、费用、债权债务账目的登记工作，是由于出纳员是各单位专门从事货币资金收付业务的会计人员，根据复式记账原则，每发生一笔货币资金收付业务，必然引起收入、费用或债权、债务等账簿记录的变化，或者说每发生一笔货币资金收付业务都要登记收入、费用或债权、债务等有关账簿，如果这些账簿登记工作都由出纳员办理，会给贪污舞弊行为以可乘之机。同样道理，如果稽核、内部档案保管工作也由出纳员经管，也难以防止利用抽换单据、涂改记录等手段进行舞弊的行为。当然，出纳员不是完全不能记账，只要所记的账不是收入、费用、债权、债务方面的账目，是可以承担一部分记账工作的。总之，钱账分管原则是出纳工作的一项重原则，各单位都应建立健全这一制度，防止营私舞弊行为的发生，维护国家和单位财产的安全。

复习思考题

1. 出纳工作的业务范围有哪些？

2. 简述出纳人员与会计人员的关系。

3. 出纳人员应具备怎样的素质要求？

第二章　出纳的基本技能

第一节　出纳员文字、数字的书写

一、数字的书写

（一）基本要求

会计工作离不开书写。数字的书写是财经工作者的一项基本功，对会计人员来说尤为重要。财经工作常用的数字有两种：一种是阿拉伯数字，一种是中文大写数字。通常将用阿拉伯数字表示的金额数字简称为“小写金额”，用中文大写数字表示的金额数字简称为“大写金额”。阿拉伯数字与中文大写数字有不同的规范化要求，会计数字的书写应规范化。对财会书写的要求是正确、规范、清晰、整洁、美观。

1. 正确

正确，是指对所发生的经济业务的记录，一定要正确反映其内容，反映其全过程及结果，反映其全貌，所用文字与数字一定要书写正确。

2. 规范

规范，是指对有关经济活动的记录书写一定要符合财会法规和会计制度的各项规定，符合对财会人员的要求。无论是记账、核算、分析、编制报表，都要书写规范、数字准确、文字适当、分析有理，要严格按书写格式书写。文字要以国务院公布的简化汉字为标准，不要滥造简化字，不要滥用繁体字。数码字要按规范要求书写。

3. 清晰

清晰，是指账目条理清晰，书写时字迹清楚，举笔坚定，无模糊不清的现象。

4. 整洁

整洁，是指账面清洁，横排、竖排整齐分明，无杂乱无章现象。书写工整、不潦草，无大小不均、参差不齐及涂改现象。

5.美观

美观,是指结构安排要合理,字迹流畅,字体大方,显示个人功底。

(二)阿拉伯数字的书写规范

阿拉伯数字也称“公用数字”。原为印度人创造,8世纪传入阿拉伯,后又从阿拉伯传入欧洲,始称为“阿拉伯数字”。由于它字数少,笔画简单,人们普遍乐于使用,因此很快传遍世界各地。阿拉伯数字,是世界各国的通用数字。

1.标准写法示范

阿拉伯数字的写法,过去只有印刷体是统一字形的,手写体是根据人们的习惯和爱好去写,没有统一的标准字体。近年来随着经济发展,金融、商业等部门逐步采用一种适合商业、金融记数和计算工作需要的阿拉伯数字手写体,其标准书写字体如图2-1所示。

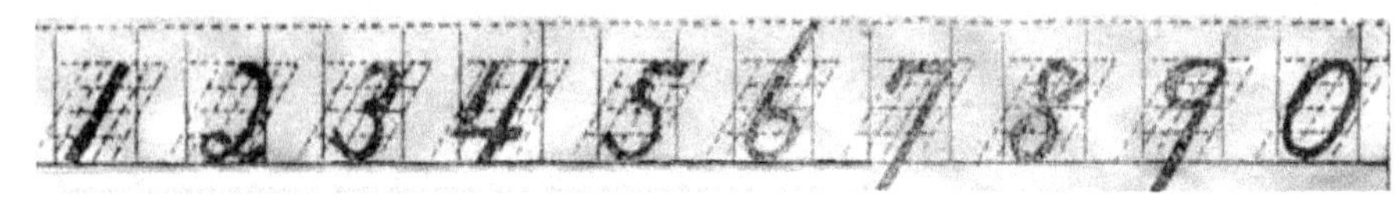

图2-1

2.书写要求

会计工作中离不开阿拉伯数字,数码要写标准字体,在有金额分位格的账表凭证上,阿拉伯数字的书写,结合记账规则的需要,有特定的书写要求,如下:

(1)书写数字应由高位到低位,从左到右,一个一个地认真书写,各自独立,不可潦草,不可模棱两可,不得连笔写,以免分辨不清。

(2)账表凭证上书写的阿拉伯数字应使用斜体,斜度大约60°左右。

(3)数字高度约占账表凭证金额分位格的二分之一,这样既美观又便于改错。

(4)除“7”和“9”上低下半格的四分之一、下伸至次行上半格的四分之一处外,其他数字都要靠在底线上书写,不要悬空。

(5)“0”要写成椭圆形,细看应接近轴对称与中心对称的几何图形,下笔要由右上角按逆时针方向划出,既不要写得太小,又不要开口,不留尾巴,不得写成D型,也不要写成C型。

(6)“1”的下端应紧靠分位格的左下角。

(7)“4”的顶部不封口,写“∠”时应上抵中线,下至下半格的四分之一处,并注意中竖是最关键的一笔,斜度应为60°,否则“4”就写成正体了。

(8)“6”的上半部分应斜伸出上半格的四分之一的高度。

(9)写“8”时,上边要稍小,下边应稍大,注意起笔应写成斜“S”形,终笔与起笔交接处应成菱角,以防止将3改为8。

(10)从最高位起,后面各分位格数字必须写完整。如壹万伍仟捌佰元整,如表2-1所示。

总之，数码的宽窄与长短比例要均称，字形要完全一致，不许多笔或少笔，同样的数字要笔顺一致，字体一致，宽窄一致，圆韵一致，圆直相接要吻接，自然、柔软、平滑。力求美观大方，眉目清新。

表 2-1

千	百	十	万	千	百	十	元	角	分
			1	*5*	*8*	*0*	*0*	*0*	*0*

还要以下笔刚直为特点，圆为椭圆，角有角尖。1、4、7 下笔全神贯注，不留不滞，飞流直泻，钢筋铁骨，给人以松柏挺拔之感，5、6、8、9 的直笔也应具此势。6 与 9 旋转 180°后来看是 9 与 6，不应有任何痕迹。2 与 3 上部类同，3 与 5 下部相似。8 有两种笔顺，都起笔于右上角，结束于右上角，这都是符合阿拉伯数字书写习惯的，但第一笔写直笔容易写出字的气势来。符合数码字标准。

二、文字的书写

（一）中文大写数字书写的有关规定

1. 用正楷字体或行书字体书写

中文大写金额数字，主要用于发票、支票、汇票、存单等重要凭证的书写，为了易于辨认、防止涂改，应一律用正楷或者行书体书写。如壹、贰、叁、肆、伍、陆、柒、捌、玖、拾、佰、仟、万、亿、元、角、分、整、零等字样。不得用中文小写一、二、三、四、五、六、七、八、九、十或廿、两、毛、另(或 0)、园等字样代替，不得任意自造简化字。大写金额数字到元或者角为止的，在“元”或者“角”字之后应当写“整”字或者“正”字；大写金额数字有分的，分字后面不写“整”或者“正”字。

2.“人民币”与数字之间不得留有空位

有固定格式的重要凭证，大写金额栏一般都印有“人民币”字样，书写时，金额数字应紧接在“人民币”后面，在“人民币”与大写金额数字之间不得留有空位。大写金额栏没有印有“人民币”字样的，应在大写金额数字前填写“人民币”三字。

3. 有关“零”的写法

一般在填写重要凭证时，为了增强金额数字的准确性和可靠性，需要同时书写小写金额和大写金额，且二者必须相符。当小写金额数字中有“0”时，大写金额应怎样书写，要看“0”所在的位置。

(1)金额数字尾部的“0”，不管有一个还是有连续几个，大写金额到非零数位后，用一个“整(正)”字结束，都不需用“零”来表示。如“￥4.80”，大写金额数字应写成“人民币肆元捌角整”；又如“￥200.00”时，应写成“人民币贰佰元整”。

(2)对于小写金额数字中间有"0"的,大写金额数字应按照汉语语言规律、金额数字构成和防止涂改的要求进行书写。举例说明如下:

1)小写金额数字中间只有一个"0"的,大写金额数字要写成"零"字。如"￥306.79",大写金额应写成"人民币叁佰零陆元柒角玖分"。

2)小写金额数字中间连续有几个"0"的,大写金额数字可以只写一个"零"字。如"￥9008.36",大写金额应写成"人民币玖仟零捌元叁角陆分"。

3)小写金额数字元位是"0",或者数字中间连续有几个"0",元位也是"0",但角位不是"0"时,大写金额数字中间可以只写一个"零",也可以不写"零"。如"￥3480.40",大写金额应写成"人民币叁仟肆佰捌拾元零肆角整",或者写成"人民币叁仟肆佰捌拾元肆角整";又如"￥920000.16",大写金额应写成"人民币玖拾贰万元零壹角陆分",或者写成"人民币玖拾贰万元壹角陆分"。

4)小写金额数字角位是"0"而分位不是"0"时,大写金额"元"字后必须写"零"字。如"￥637.09",大写金额应写成"人民币陆佰叁拾柒元零玖分"。

4.数字前必须有数量字

大写金额"拾"、"佰"、"仟"、"万"等数字前必须冠有数量字"壹"、"贰"、"叁"……"玖"等,不可省略。特别是壹拾几的"壹"字,由于人们习惯把"壹拾几"、"壹拾几万"说成"拾几"、"拾几万",所以在书写大写金额数字时很容易将"壹"字漏掉。"拾"字仅代表数位,而不代表数量,前面不加"壹"字既不符合书写要求,又容易被改成"贰拾几"、"叁拾几"等。如"￥120000.00"大写金额应写成"人民币壹拾贰万元整",而不能写成"人民币拾贰万元整",如果书写不规范,"人民币"与金额数字之间留有空位,就很容易被改成"人民币叁(肆、伍……)拾贰万元整"等。

5.票据的出票日期必须使用中文大写

为了防止变造票据的出票日期,在填写月、日时,月为壹贰和壹拾的,日为壹至玖和壹拾、贰拾、叁拾的,应在其前加"零",日为拾壹至拾玖的,应在其前面加壹。如:3月15日应写成零叁月壹拾伍日。票据出票日期使用小写填写的,银行不予受理。

票据和结算凭证上金额、出票或者签发日期、收款人名称不得更改,更改的票据一律无效。票据和结算凭证金额以中文大写和阿拉伯数码同时记载的,二者必须一致,否则票据无效,银行不予受理。

票据和结算凭证上一旦写错或漏写了数字,必须重新填写单据,不能在原凭单上改写数字,以保证所提供数字真实、准确、及时完整。

第二节　出纳办公设备

出纳办公设备包括算盘、点钞机、保险柜、电子计算器、假钞鉴别仪器等。出纳的各类办公设备是出纳员完成工作任务的重要工具，出纳员要熟悉机具的性能，并正确、熟练地操作，以提高工作效率。

一、算　盘

现代化计算技术有了很大发展，计算器、电脑等新式计算工具得到了普遍使用和推广。然而，在某些计算方面，尤其加减计算，比如凭证汇总、账面余额确定等，算盘显得更为简洁、方便，因此会计人员有必要掌握我国传统的计算工具——算盘的使用

（一）算盘的结构

算盘通常是木制的，也有由塑料制成的，其由框、梁、珠、档四部分构成，如图 2-2 所示。

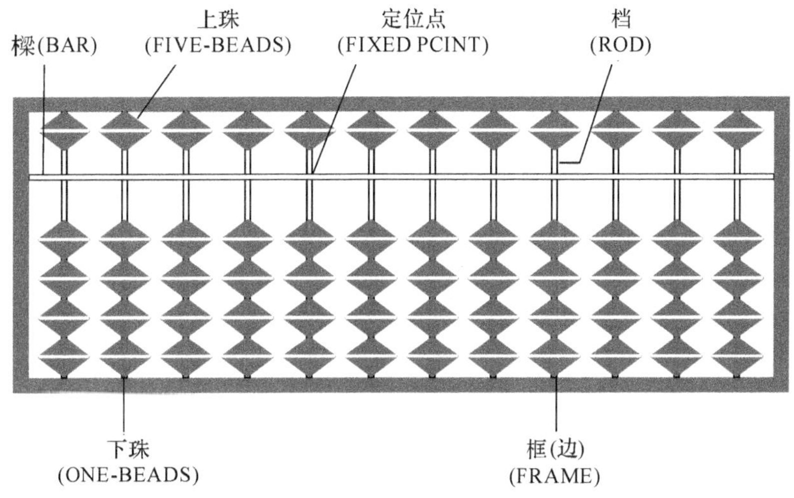

图 2-2　算盘的结构

框也叫“边”，就是算盘四周的木框。

梁是连接在左右边框上的一条横木，将算盘隔成两部分。有的算盘在梁上嵌有“定位点”，做记位用。

档是连接上下边框并穿过横梁的杆，用以串珠。不同的档还表示不同的数位。

珠是串在档上的算珠，用来表示数字。位于梁上的叫上珠，一个上珠表示五个单位数；位于梁下的叫作下珠，一个下珠表示一个单位数。

（二）置数法

珠算是用算珠表示数，以档表示位。位数的记法与笔算相同，高位在左，低位在右，每差一档即增大十倍或缩小十分之一，就是自右向左依次是个、十、百、千、万……个位定在哪一档，可根据运算的便利而定。通常进行多位数的加减运算时，最好将个位定在右侧档位上，

个位定好后，向左每隔两至三档再熟记两三个位数，比如百位档、千位档或万位档、十万位档，这样在进行多位数连续加减时，可以很快找出应置的位数来。

进行加减法的运算时，要从左逐个向右拨珠，也就是从高位起逐步向低位运算。做其他运算时，要根据具体的方法而定。

（三）拨珠法

拨珠方法的好坏直接关系着各项运算的准确度和速度。

拨珠时，指尖要准确触及珠的刃边，不可深入珠间；拨珠用力要适当，千万不可用腕或臂来带动手指拨珠，而应靠指关节的活动，使手指或曲或伸地来拨动算珠。拇指、食指和中指有一定的分工。

拇指：从下往上拨下珠。

食指：从上往下拨下珠。

中指：专管上珠的上下拨动。

为了防止影响视线和妨碍三指拨珠，无名指和小指应向手心卷曲。在熟练三指分工拨珠的基础上，为了提高速度，要运用两指同时拨珠。比如拇指和中指、食指和中指、拇指和食指联拨等。之后，可以进一步练习三指联拨。

（四）握笔法

握笔打算盘是加快计算和记数速度的有效方法。一般有两种握笔法：

(1)把笔横夹在无名指和小指之间，如图 2-3 所示。

(2)用无名指和小指握笔，如图 2-4 所示。

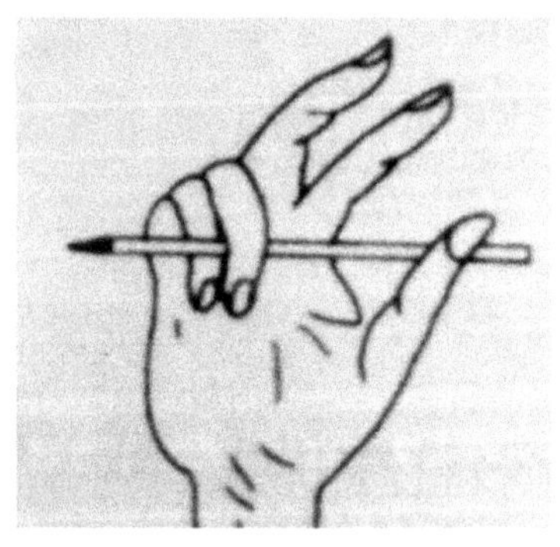

图 2-3　指夹法

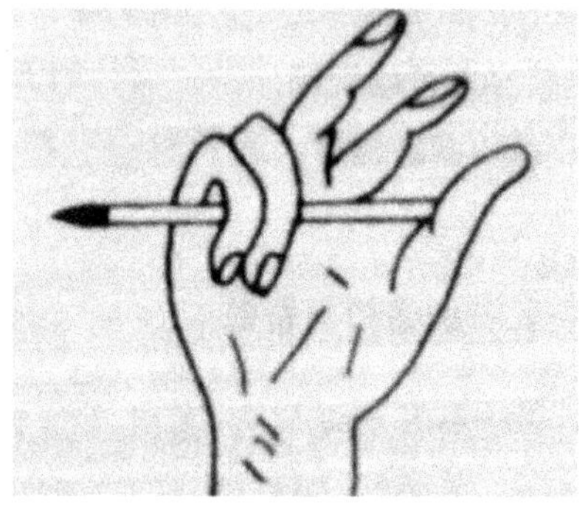

图 2-4　横握法

（五）清盘法

清盘就是指在每次运算之前，要使所有算珠都离开横梁各靠上、下边，使全盘为空档。

1. 单指清盘法

需要清盘时，用左手将算盘上部抬起，使算珠落下，放平算盘，再用食指由左至右划上珠的下部使其离梁，轻划下珠的上部使其离梁。

2. 双指清盘法

清盘时，将拇指和食指合拢(拇指在梁下，食指在梁上)，顺着算盘的横梁迅速移动，利用手指对靠近横梁两旁算珠的推弹力，使算珠离梁靠框。使用此法，用力要自然均匀，切勿有意识地使两珠上下弹开，要一气呵成。

3. 改盘置数法

算盘上的原数不去，改作需运算的数字，此法可节省清盘时间。

(六)打算盘的姿势与看数

打算盘的姿势正确与否直接影响到运算的准确程度。打算盘时，身要正，腰要直，脚放平，头稍低，眼向下，要求视线落在算盘下边与运算资料交界处，运算时靠翻动眼皮看数拨珠，不要摇头。打算盘时肘部摆动的幅度不要过大，上身与桌沿的距离约 10cm。算盘放在离桌沿 10～15cm 的位置，并与桌边基本平行。算盘的中央部分基本上要与身体重心一致。

将数置入空盘，或将算盘上的数字记录下来，都需要看数。看数绝不是念数，也不是默诵。看数时不是逐个看，而是像摄像机一样，一次把若干个数全记下来。这些数不需念出，只需直接用算珠拨打，否则，拨珠速度永远不可能超过口念速度。

二、计算器

电子计算器作为一种先进和专业的计算工具，以其价格低廉、携带方便、计算迅速准确、功能强大，已经在现代经济工作和人们日常生活中得到了广泛的应用，成为不可缺少的技术工具。

(一)电子计算器的结构和分类

1. 电子计算器的结构

电子计算器一般都是由显示器、功能键、内存、运算器四部分组成。

(1)显示器在计算器的表面，用于显示输入的数据、计算公式及各种运算结果。

(2)各功能键也在计算器的表面，用来输入数据。

(3)内存是电子计算器的仓库，用来存放指令和各种数据，以及运算器送来的各种运算结果。

(4)运算器在计算器内部，是对数据信息进行加工和处理的部件，它的主要功能就是在控制器的控制下完成各种算术运算。

2. 电子计算器的分类

电子计算器按其功能和容量不同可以分为普通型和高级型两类。

(1)普通型电子计算器

普通型电子计算器又可分为两种。

第一种是算术型计算器,可进行加、减、乘、除等简单的四则运算,又称简单型计算器,可代替算盘。

第二种是普通型计算器,除了能完成加、减、乘、除四则运算外,还可以开平方和计算百分比。普通型电子计算器的功能比较简单,容量也比较小,显示位数在12位以下。由于计算器操作简单,便于携带,适用于日常的一般运算,因此,这种普通型的计算器在国内外应用得极为普遍。

(2)高级型电子计算器

高级型电子计算器又可分为四种。

第一种是函数型计算器,又称"科学型计算器",其除了具有普通型计算器的功能外,还具有三角函数、对数、倒数、阶乘等方面的运算功能。这类计算器的功能较多,操作简单,适合大专院校学生和一般科技工作者、工程师等在日常的计算工作中使用。

第二种是程序计算器,这类计算器除了具有函数型计算器的功能外,还可以把数学公式变成程序,把较为复杂的运算步骤储存起来,进行多次重复运算。

第三种是专用型计算器,这类计算器除了具有一般的四则运算外,还有专门为某些特殊应用设计的专用功能键。目前,这类计算器应用最多的是一种供财会人员专用的计算器,它有自动累加、增值和贬值百分计算以及人民币专用计算器,很适合于财会和销售工作者使用。

第四种是多功能型计算器,其除了进行四则运算外,还具有一些特殊的功能,如带日历和计时功能的、带收音机功能的、可奏乐的、可玩电子游戏的等。

(二)电子计算器功能键及使用方法

计算器的各功能键输入各种信息,利用键来进行各种操作。不同的计算器,键的个数及排列的位置有所不同,但计算器一般由以下几个部分组成。

1.电源开关键

计算器键盘上的开启键"ON"的功能是接通电源,按下此键后,显示屏出现"0",表示可以开始操作使用;关闭键"OFF"的功能是切断电源,按下此键后,关闭电源,显示屏关闭。

2.清除键

"AC"键为总清除键,用于清除计算器的一切运算和数据。

3.数据输入键

"0～9"和"."为数字及小数点输入键,用来输入计算所需的数字,每按一次,就输入一个数字或小数点。

"+/-"为符号键,用来输入数字的符号,要改变输入数的正负号时,只要按下反号键"+/-",正数就会变成负数,反之亦然。

“π”为圆周率键，按动一次可输入 3.1415926。

4. 基本运算符

“＋、－、×、÷”为四则运算键，是进行加、减、乘、除基本算数四则运算的按钮。

“＝”为等号键，每按动一次，可显示计算结果。

“%”为百分比键，用于求百分数的计算。

5. 函数键

“1/X”为倒数键，其作用是把显示器中的数字取倒数。如要取 6 的倒数。只要按“6”、“1/X”就可得出结果。

“X^2”为平方键，在求显示器上数字的平方时使用。

“$\sqrt{\quad}$”为开平方键，进行平方根运算时，先输入数字，再按下此键。

“$\sqrt[3]{\quad}$”为立方根键，求立方根时使用。

“log”为常用对数键，在求以 10 为底的对数时使用。

“hyp”为双曲函数键，利用此键与相应的三角函数键，可以求双曲函数的值。

“ln”为自然对数键，在求以 e 为底的对数时使用。

“sin、cos、tan”为三角函数键，用这三个功能键可分别求数的正弦、余弦、正切三个三角函数。运算时先输入某数，再按三角函数键即可。

6. 存储键

“SUM”或“M＋”为存储累计键，这个键可代替等号显示运算结果，能把显示数据存入存储器和原存储器中的数字相加后，存入存储器。

“MC”为存储数据清除键，清除存储器中存放的数值时使用。这个键无论何时按下，都和正在进行的运算过程无关，它只清除存储器内的数值。

“STO”为数据存储输入键，按此键，计算器自动把显示器上的数字存入存储器。

“RCL”或“MR”为数据存储调出键，若存储器中已存储数据，则按“RCL”即可将该数据调出，重新显示在显示屏上，并可用于各种计算。

“EXC”或“Mx”为存储数与显示数交换键，按此键可以将显示器所显示的数和存储器中的数字相交换。

7. 统计计算键

“n”为样本数字键盘，用于统计输入计算器的数据的个数。

“$\sum X$”为样本总和显示键，用于求输入计算器的统计数据之和。

“$\sum X^2$”为样本的平方总和显示键，用于求输入计算器的统计数据的平方和。

“$\overline{X}$”为样本平均值显示键，用于求输入计算器的统计数据的平方数。

“б”为标准差显示功能键，用于求总体参数取“n”的标准偏差。

三、防伪点钞机

随着金融事业的不断发展，出纳的收付业务也日益增加。机器点钞就是使用点钞机整点钞票以代替手工整点。由于机器点钞代替手工点钞，每小时可点 5 万张左右，提高了工作效率，减轻了出纳人员的劳动强度。

（一）点钞机使用前的准备工作

1. 试机

点钞机一般放在操作人员的正前方，离胸前约 30cm 左右，便于看清数字和机器运转情况。使用前要进行调试和试验，检查捻钞轮、传送带、接钞台运行是否正常，力求转速均匀、点钞准确、下钞流畅、落钞整齐。

2. 接通电源

按要求设置，接通电源，使计数器显示为"00"。调整好点钞机后，拿一把钞票试行，看看机器转速是否均匀，下钞是否流畅、均匀，点钞是否准确，落钞是否整齐。如果在清点的同时要鉴别真伪，则要选择紫外光鉴伪功能，若发现有假钞，机器会自动停机报警。

3. 放置好钞票和用具

机器点钞是连续作业，且速度相当快，因此清点的钞票和操作用具的摆放位置必须固定，这样才能做到忙而不乱。一般准备要点的钞票放在点钞机的右侧，按大小票面顺序排列，或从大到小，或从小到大，切不可大小夹杂排列，点完后的钞票放在点钞机的左侧，扎条纸应横放在点钞机的前面，其他各种用具放置要适当、顺手。

（二）点钞机的操作程序

点钞机的具体操作程序如下：

1. 打开开关

打开点钞机的电源开关和计数器开关，看计数器显示是否为"00"，如果发现有数字时，必须按"清零"按钮，将数字消除并显示为"00"。

2. 拆把

右手横执钞票券，拇指在正前，其余四指在背面，捏住钞票，并稍用力使钞票形成瓦形，用食指勾断扎条或用左手将扎条取出。

3. 清点

右手横握钞票，同时右手拇指在前、四指在后捏住钞票券上侧，轻捻使钞券形成微扇面，即可将钞票放入下钞斗，这时不要用力，如果放钞方法不正确会影响点钞机的正常清点。钞票进入点钞机后，点钞人员的目光要迅速跟住输钞带，检查是否有夹杂券、破损券、假钞或其他异物。看清计数器显示的数字并于应点金额相符后，以左手拇指、中指将钞票取出。紧跟着左手取出钞票的同时，右手立即把第二把钞票下钞。目前的点钞机一般都带有防伪功能，如果点钞时发现有假币，应立即取出假币后，复位继续清点。

4. 记数

当下钞斗和传送带上的券钞下钞完毕时，要查看数码显示是否为“100”。如果反映的数字不为“100”，必须重新复点。在复点前应先将数码显示器设置为“00”状态，并保管好原扎条。如果经复点仍是原数，又无其他不正常因素时，说明该把钞券张数有误，即应将钞券用新的扎条扎好，并写上张数。

5. 扎把

一把点完，计数显示为100张，即可扎把。在左手取出钞票的同时，右手把第二把钞票下钞，随后，双手将第一把钞票墩齐进行扎把，扎好把的钞票一般放在左侧。

6. 盖章

钞票全部清点、复点、扎把完毕，点钞人员要在扎条的侧面盖上名章，盖章要整齐、清晰。

四、保险柜

保险柜是保存贵重物品或机密文件的、有可靠的保险装置的铁柜，可防火、防盗、防磁、防水及耐腐蚀等。每一种保险柜都有国家标准。市面上的保险柜多为防火保险柜和防盗保险柜。依据不同的密码工作原理，防盗保险柜又可分为机械保险框和电子保险柜两种，前者的特点是价格比较便宜，性能比较可靠。早期的保险柜大部分都是机械保险柜。电子保险柜是将具有电子密码、IC卡等智能控制方式的电子锁应用到保险柜中。

为了保障财产安全和完整，各单位都应配备专用保险柜，专门用于库存现金、各种有价证券、银行票据、印章以及其他出纳票据等的保管。

（一）保险柜的管理

保险柜一般由总会计师或财务处（科、股）长授权，由出纳员负责管理使用，主要包括以下几点。

1. 保险柜钥匙的配备

保险柜要配备两把钥匙，一把由出纳员保管，供出纳员在日常工作中开启使用；另一把交由单位总会计师或财务处（科、股）长负责保管，以备在特殊情况下经有关领导批准后开启使用。出纳员不能将保险柜钥匙交由他人代为保管。

2. 保险柜的开启

保险柜只能由出纳人员开启使用，非出纳人员不得开启保险柜。如果单位总会计师或财务处（科、股）长需要对出纳员的工作进行检查，如检查库存现金限额、核对实际库存现金数额，或有其他特殊情况需要开启保险柜的，应按规定的程序由单位总会计师或财务处（科、股）长开启，在一般情况下不得任意开启由出纳员掌管使用的保险柜。

3. 财物的保管

每日终了后，出纳员应将其使用的空白支票（包括现金支票和转账支票）、收款收据、印章等按种类造册登记，贵重物品应按种类设置和登记现金日记账，其他有价证券、存折、票据等应与账簿记录核对相符。按规定，保险柜内不得存放私人财物。

4. 保险柜的密码设置

出纳员应将自己保管使用的保险柜严格保密，不得向他人泄露，以防为他人利用。当原出纳员调动离岗后，新出纳员应更换使用新的密码。

5. 保险柜的日常维护

保险柜应放置在隐蔽、干燥之处，注意通风、防潮、防湿、防虫和防鼠。保险柜外要经常擦抹干净，保险柜内财物应保持整洁卫生、存放整齐。一旦保险柜发生故障，应到公安机关指定的维修点进行修理，以防失盗。

6. 保险柜被盗的处理

出纳员发现保险柜被盗后应保护好现场，迅速报告公安机关（或保卫部门），待公安机关侦查现场时才能清理财物被盗情况。节假日两天以上或出纳员离开两天以上没有派人代其工作的，应在保险柜锁孔处贴上封条，出纳员到位工作时揭封。如果发现封条被撕掉或锁孔处被弄坏，也应迅速向公安机关或保卫部门报告，以使公安机关或保卫部门及时查清情况，防止不法分子进一步作案。

（二）使用保险柜应注意的事项

各单位应加强对保险柜的使用管理，指定保险柜的使用方法，要求有关人员严格执行。一般来说，保险柜的使用方法应注意以下几点：

(1)转动机械密码锁时，需静心顺势缓转，切勿猛力旋转，同时记清方向及次数，如果不慎超过标记线，不可倒回，必须重新开始。

(2)设置密码最好在保险柜打开的情况下进行，密码设置完毕后，应输入新密码操作几次，确认无误后，方可将柜门关上。

(3)切勿把说明书、应急钥匙锁入保险柜内。

(4)使用报警器时，对内部的各开关及电子元件不要随意调动，发现声音变小，表明电池用完，应及时更换。若发生误报可将灵敏度适当调低。

(5)长期使用外接电池时，应将电池从电池盒中取出。

第三节 人民币真伪识别

一、人民币的常识

人民币是我国的法定货币。中国人民银行自1948年12月1日成立以来共发行了五套人民币，现在流通的是第四套和第五套人民币。

(一)第一套人民币(1948年版)简介

1949年1月，北平解放，中国人民银行总行迁到北京。新中国成立后，各大区和省、自治区、直辖市中国人民银行相继成立。1951年年底，除西藏自治区和台湾省外，全国范围内货币已经统一，人民币成为我国唯一的合法货币。到1953年12月，人民币发行券别有1元券、5元券、10元券、20元券、50元券、100元券、200元券、500元券、1000元券、5000元券、10000元券、50000元券等12种，版别共62种。由于当时各解放区的环境和全国解放初期条件的限制，第一套人民币的设计思想还不够统一，钞票种类多，面额大小差别大。从1948年12月到1953年12月，共印制发行了12种面额、62种版别的人民币，最小面额只有1元，最大面额则是50000元。

(二)第二套人民币(1955年版)简介

1955年3月1日公布发行第二套人民币共11种，当天发行1分、2分、5分、1角、2角、5角、1元、2元、3元和5元10种，1957年12月1日又发行10元券1种。同时，为便于流通，国务院发布发行金属分币的命令，自1957年12月1日起发行1分、2分、5分三种金属分币(简称硬分币)，与纸分币等值，混合流通。后来，对1元券和5元券的图案、花纹又分别进行了调整和更换颜色，于1961年3月25日和1962年4月20日分别发行了黑色1元券和棕色5元券，使第二套人民币的版别由开始公布的11种增加到16种。第一套人民币和第二套人民币折合比率为:第二套人民币1元等于第一套人民币1万元。

(三)第三套人民币(1962年版)简介

第三套人民币从1962年4月20日发行1960年版枣红色1角券开始，到1974年1月5日发行最后一张1972年版5角券止，经过12年时间，共发行1分、2分、5分、1角、2角、5角、1元、2元、5元和10元10种面额。如果按冠号、印制工艺和钞纸的不同进行分类，至少可细分为24种。第三套人民币是我国目前发行、流通时间最长的一套人民币，于2000年7月1日起停止在市场上流通。这套人民币以其主题思想鲜明、设计风格新颖、券别结构合理、主辅币品种齐全、印刷工艺先进并有较强的防伪性能等特点，在我国货币发行史上写下了光辉的一页。从收藏角度分析，这是最有前景和潜力的一套人民币。

（四）第四套人民币（1987年版）简介

第四套人民币从1987年4月27日开始发行，至1997年4月1日止，共发行9种面额，14种票券。其中1角券1种，2角券1种，5角券1种，1元券3种（1980、1990、1996年），2元券2种（1980、1990年），5元券1种；10元券1种，50元券2种（1980、1990年），100元券2种（1980、1990年）。第四套人民币是筹划设计时间最长的一套人民币，从1967年1月中国人民银行总行提出设计第四套人民币的设想，到1985年5月定案，历时18年。

（五）第五套人民币（1999年版和2005年版）简介

自1999年10月1日起陆续发行第五套人民币。第五套人民币共有100元、50元、20元、10元、5元、1元、5角和1角8种面额。第五套人民币是由中国人民银行首次完全独立设计与印制的货币，其印制技术已达到了国际先进水平。在防伪性能和适应货币处理现代化方面有了较大的提高。第五套人民币的主景人物、水印、面额数字均较以前放大，尤其是突出了阿拉伯数字表示的面额，这样便于群众识别，收到了较好的社会效果。第五套人民币在票幅尺寸上进行了调整，票幅宽度未变，长度缩小。第五套人民币的面额结构在前四套人民币基础上也进行了一些调整，取消了2元券和2角券，增加了20元券。

二、假币的种类

从人民币的发行进入流通开始，就出现了假币，而且随着造假技术的不断提高，从过去的手工描绘、木版、石版到现在的照相印版、拓印、彩色复印等，使假钞更加逼真，为此，出纳人员必须掌握识别真假人民币的基本常识，提高鉴别真假人民币的能力。

假币是指以非法手段仿照真币的形象，采用印刷、复印、拓印、描绘以及挖补、剪切、拼凑等方式加工制作的票币。目前在流通中常见的假币主要有两种：一种是机制假币；另一种是变造假币。

1. 机制假币

机制假钞是模仿真票币的样子，非法印刷、影印、描绘、加工制作的票币。

2. 变造假币

变造假币是将票券的正面或反面揭开，剪割拼凑、涂改面额等手段制作的票币。它是破坏票券的一种手段，其目的主要是以一张钞票或多张经过分割拼凑成多张钞票，以少变多，从中牟取经济利益。

3. 假币的特征

(1)假币的水印大部分是在纸张夹层中涂布白色浆料，图像模糊，层次较差，而且在水印所在的位置纸张明显偏厚。

(2)假币的安全线是在钞票表面用油墨印刷一个线条,但是通过仪器可检测其无磁性特征;或者是纸张夹层中放置安全线,纸与纸有分离感,且极易抽出。

(3)假币的纸张一般用普通纸张,手感比较平滑、绵软,且在紫外光下面会发出较强的蓝色荧光。

(4)假币正反面均采用全胶印方式印刷,图案颜色不正,有断条,油墨深浅不一,图文平滑。

(5)假币手摸无凹凸感。

4. 第五套人民币的防伪措施

第五套人民币的防伪措施如图 2-5 所示(以 100 元为例)。

图 2-5　第五套人民币的防伪措施

(1)水印

第五套人民币 100 元和 50 元为毛泽东人头像固定水印,20 元为荷花固定水印,10 元为玫瑰花,5 元为水仙花,1 元为兰花。2005 年版在冠号下方有白水印面额数字。

(2)安全线

第五套人民币 1999 年版 100 元和 50 元为磁性微文字安全线,20 元为明暗相间的磁性安全线,10 元、5 元为正面开窗全息安全线。2005 年版第五套人民币为全息开窗安全线,50 元和 100 元的窗开在背面,20 元、10 元、5 元开在正面。

(3)隐形面额数字

第五套人民币各面值纸币正面右上方有一装饰图案,将票面置于与眼睛接近平行的位置,面对光源作平面旋转 45°或 90°角,可看到阿拉伯数字面额字样。

(4)光变面额数字

第五套人民币 100 元正面左下方用新型油墨印刷了面额数字“100”,当与票面垂直观察其为绿色，而倾斜一定角度则变为蓝色。50 元则可由绿色变成红色。

(5)手工雕刻头像

第五套人民币所有面值纸币正面主景头像，均采用手工雕刻凹版印刷工艺，形象逼真、传神，凹凸感强。

(6)阴阳互补对印图案

第五套人民币正面左下角和背面右下方各有一圆形局部图案，透光观察，正背图案组成一个完整的古钱币图案。2005 年版的 100 元、50 元的互补图案在左侧水印区的右缘中部。

(7)雕刻凹版印刷

第五套人民币中国人民银行行名、面额数字、盲文面额标记等均采用雕刻凹版印刷，用手指触摸有明显凹凸感。1999 年版 1 元和 2005 年版各面值正面主景图案右侧，有一组自上而下规则排列的线纹，采用雕刻凹版印刷工艺印制，用手指触摸，有极强的凹凸感。

(8)横竖双号码

第五套人民币 1999 年版 100 元、50 元为横竖双号码，横号为黑色，竖号为蓝色；其余面额为双色横号码，号码左半部分为红色，右半部分为黑色。2005 年版 100 元、50 元为双色异型号码，中间大两边小。

(9)胶印缩微文字

第五套人民币 100 元、50 元、20 元、10 元等面额纸币印有胶印缩微文字“RMB100”、“RMB50”、“RMB20”、“RMB10”等字样，大多隐藏在花饰中。

(10)红、蓝彩色纤维

在第五套人民币 1999 年版 100 元、50 元、20 元、10 元、5 元的票面上，可看到纸张中有红色和蓝色纤维(2005 年版取消了此措施)。

三、假币的识别方法

1. 感观识别法

感观识别法是指靠眼、手、耳等感官，从钞票纸质、颜色图案、水印、弹捻、声音等几个方面来认定。

(1)眼看

看票面的颜色、图案、花纹、水印、安全线等，如钞票水印是否清晰及有关层次和立体效果；看安全线是否容易抽出；看整张图案是否单一或偏色。

(2)手摸

靠手指触摸钞票的感觉来分辨人民币的真假。真比均采用凹版印刷，触摸票面上凹凸部位的线条是否有凹凸感。真币手摸有布感，假币手摸有纸感的绵软。

(3)耳听

通过抖动钞票，根据声音来人民币的真假。真钞纸张是特殊的纸张，挺括耐折，用手抖动会发出清脆的声音，假币声音发闷。

2. 仪器检测识别法

通过验钞机检测钞票的真假。如用紫光灯、磁性仪器检测荧光图文和磁性的印记。还可以用一些简单工具，如放大镜来观察票面的清晰度、缩微文字等。

3. 尺量法

看尺寸是否标准，如 100 元人民币票幅长 155mm、宽 77mm，而一般的假币会短一些。

4. 比较法

和真币对比，如水印、雕刻凹版印刷、多色接线图纹、磁性印记、安全线等。

四、发现假币的处理

出纳人员发现假币，要及时向银行和公安部门报告以便处理。出纳人员发现可疑的票币又不能辨别真伪的，应及时送人民银行或有关部门鉴定处理。出纳人员误收的伪造币，银行予以没收，并开具“没收假币收据”。造成的经济损失，由当事人等额赔偿。如果误收伪造币又转付出者，以流通伪造币处罚。发现假币后，应与公安部门密切配合，认真追查，一追到底。

第四节　点钞技术

一、点　钞

点钞又称票币整点，是财会、金融和市场营销等专业的学生应掌握的一项专业技术，是从事财会、金融和市场营销等工作必须具备的技能。点钞作为整理、清点货币的一项专门技术，是银行对货币进行管理的一个重要环节。货币在流通过程中会受到不同程度的折损，因而在清点时还要进行挑剔和辨别真假，使之整齐，数目清楚，以便保证货币的正常运转。点钞可以分为手工点钞和机器点钞。手工点钞有多种方法，根据持钞的姿势可分为手持式点钞法、手按试点钞法、扇面式点钞法和扳点式点钞法。

（一）点钞的基本程序

1. 拆把

把待点钞票的扎条拆掉，做好点数的准备工作。

2. 点数

手中点钞，眼睛紧盯捻动的钞票，同时大脑记数。

3. 扎把

把清点准确的100张钞票墩齐，用扎条扎紧，不足百张的在扎条上写出实点数和金额。

4. 盖章

每点完一把钞票，在扎条上加盖点钞人员的名章，已确认责任。

（二）点钞的基本要求

1. 姿势端正

点钞的姿势会直接影响点钞技术的发挥和速度的提高。正确的姿势应该是直腰挺胸、全身自然、肌肉放松、双肘自然放在桌上，点钞的左手腕部接触桌面，右手腕部稍抬起。整点货币轻松持久、活动自如。

2. 指法正确

必须严格掌握正确的点钞方法，正确运用10个手指及其关节，才能迅速提高点钞的技巧、准确率和速度。

3. 点数准确

点钞技术的关键是一个"准"字，清点时一是要精神集中；二是要坚持定型操作（即动作要有序连贯）；三是要双手点钞，眼睛看钞，大脑记数，手、眼、脑紧密结合。

4. 扎把捆紧

点完一把后，要把钞票墩齐，扎把要扎紧，以提起把中第一张钞票不被抽出为准。

5. 盖章清晰

盖章是点钞过程的最后一个环节，是明确责任的重要标志。因此，图章一定要盖得清晰可见，不能模糊。

（三）钞票的整理和捆扎方法

1. 钞票的整理

钞票的整理包括两个方面：一是现金出纳人员在清点票币之前，应先按券别将钞票分类，同时挑出破残币，然后按完整券和破残币分别进行清点，同时进行真伪辨别；二是清点完一把钞票后，要进行捆扎前的整理，将券角拉平，钞票墩齐，然后再进行扎把。

2. 钞票的捆扎方法

钞票的捆扎主要是扎把，最常用的有两种方法：一种是半径拧扎法；另一种是缠绕折掖法。

(1)半径拧扎法

左手横执已墩齐的钞票，钞票的正面朝前，拇指按在票前，中指、无名指、小指在后，十指伸直在钞票的上侧。右手的拇指、食指和中指取扎条，拿住扎条的三分之一处，把扎条搭在钞票的背面，用左手食指压住扎条，使扎条较短的一端在钞票的背面，较长的一端在钞票的前面，用拇指和中指捏住纸条长的一端往下外绕半圈，用食指钩住扎条短的一端，将扎条的两端在钞票的后面中间合拢捏紧，然后用左手用力握住钞票的正面，捏成斜瓦形，左手腕向外转动，右手捏住扎条向内转动，然后双手还原的同时将右手中的扎条拧成半径，用食指将扎条掖在斜瓦里，使扎条卡在下部，再将钞票扶平。

(2)缠绕折掖法

将墩齐的钞票横执，左手拇指在票前，中指、无名指在票后，捏住钞票三分之一处，食指在钞票上侧，把 100 张钞票分开一条缝，右手将扎条一端插入缝内，然后由内往外缠绕，将扎条一端留在票面上部，用右手食指和拇指捏住扎条向右折掖在钞票正面上侧。

二、手工点钞的方法

手工点钞的方法是金融部门及各单位财会出纳等最主要的票币点钞方法，其种类很多，下面简单介绍手持式单指单张，手持式单指多张、手持式多指多张(4 指 4 张)、扇面式、手按式捻点法、手按式单指单张推点法 6 种常用的点钞方法。

(一)手持式单指单张点钞法

用一个手指一次点一张的方法叫单张单指点钞法(如图 2-6 所示)。该种方法是点钞中最基本的也是最常用的一种方法，使用范围较广，频率较高，适用于收款、付款和整点各种新旧大小钞票。该种点钞方法由于持票面小，能看到票面的四分之三，容易发现假钞票及残破票，缺点是点一张记一个数，比较费力。具体操作方法如下所述。

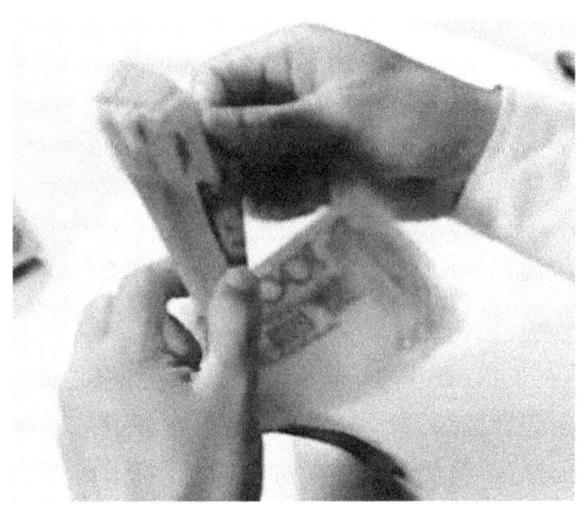

图 2-6　手持式单指单张点钞法

1. 持钞

左手横执钞票，下面朝向身体，左手拇指在钞票正面左端约四分之一处，食指与中指在钞票背面与拇指同时捏住钞票，无名指和小指自然弯曲并伸向票前左下方，与中指夹紧钞票，食指伸直，拇指向上移动，按住钞票侧面，将钞票压成瓦形，左手将钞票从桌面上擦过，拇指顺势将钞票向上翻成微开的扇形，同时，右手拇指、食指做点钞准备。

2. 清点

左手持钞并形成瓦形后，右手食指托住钞票背面右上角，用拇指尖逐张向下捻动钞票右上角，捻动幅度要小，不要抬得过高，要轻捻。食指在钞票背面的右端配合拇指捻动，左手拇指按捏钞票不要过紧，配合右手起自然助推的作用。右手的无名指将捻起的钞票向怀里弹，注意要轻点快弹。

3. 记数

记数与清点同时进行。在点数速度快的情况下，往往由于记数迟缓而影响点钞的速度，因此记数应该采用分组计数法。把 10 作 1 记，即 1、2、3、4、5、6、7、8、9、1(10)，1、2、3、4、5、6、7、8、9、2(即 20)，以此类推，数到 1、2、3、4、5、6、7、8、9、10(即 100)。采用这种计数法既简单又快捷，既省力又好记。但记数时默记，不要念出声，做到脑、眼、手密切配合，既准又快。

4. 扎把

点钞完毕后需要对所点钞票进行扎把，通常是 100 张捆扎成一把。

5. 盖章

每点完一把钞票，加盖点钞人员的名章，以明确责任。

（二）手持式单指多张点钞法

点钞时，一指同时点两张或两张以上的方法叫单指多张点钞法。它适用于收款、付款和各种券别的整点工作。点钞时记数简单省力，效率高。但也有缺点，就是在一指捻几张时，由于不能看到中间几张的全部票面，所以假钞和残破票不易发现。具体操作方法如下所述。

1. 持钞

同手持式单指单张点钞法。

2. 清点

清点时，右手指放在钞票背面右上角，拇指肚放在正面右上角，拇指尖超出票面，用拇指肚先捻钞。单指双张点钞法，拇指肚先捻第一张，拇指尖捻第二张；单指三张点钞法拇指肚先捻第一张，拇指尖捻第三张；以此类推，单指多张点钞法，拇指用力要均衡，捻的幅度不要太大，食指、中指在票后面配合捻动，拇指捻张，无名指向怀里弹。在右手拇指往下捻动的同时，左手拇指稍抬，使票面拱起，从侧边分层错开，便于看清张数，左手拇指往下拨钞票，右手拇指抬起让钞票下落，左手拇指在拨钞的同时下按其余钞票，左右两手拇指一起一落协调动作，如此循环，直至点完。

3. 记数

采用分组记数法。如：点双数，2 张为一组记一个数，50 组就是 100 张；点 3 张，3 张为一组记一个数，33 组余一张就是 100 张。

4. 扎把

同手持法单指单张点钞法。

5. 盖章

同手持法单指单张点钞法。

（三）手持式多指多张（四指四张）点钞法

点钞时用小指、无名指、中指、食指依次捻下一张钞票，一次清点四张钞票的方法，也叫四指四张点钞法（如图 2-7 所示）。这种点钞法适用于收款、付款和整点工作，这种点钞方法不仅省力、省脑，而且效率高，能够逐张识别假钞票和挑剔残破钞票。具体操作方法如下所述。

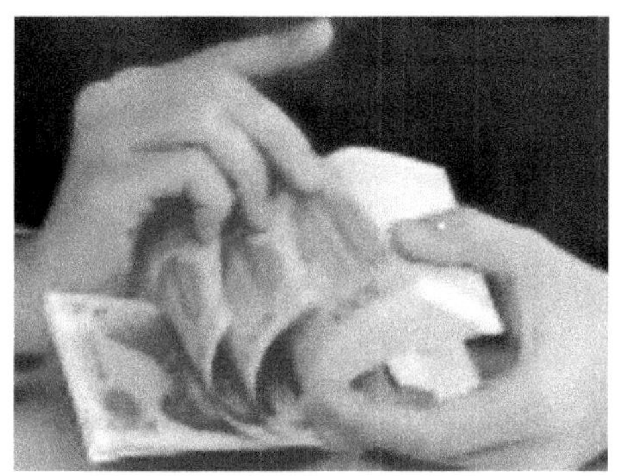

图 2-7　手持式多指多张点钞法

1. 持钞

钞票横立，手心向下，左手中指、食指弯曲分开，在钞票上侧边四分之一处插入，将钞票夹住。五指配合将钞票弯折呈“U”形，手心转动 90°朝胸，凹面朝左，凸面朝右。中指、无名指夹住钞票，食指移到侧边，拇指轻轻按住钞票的外上角，向胸、向下推动使钞票展开一个坡形扇面。食指用指尖在侧边管住票子，以免滑出。最后将钞票移至胸前 20cm 左右的位置，同时右手食指、中指、无名指和小指沾水，做捻钞准备。

2. 清点

左手持钞在下，右手在上，右手拇指轻轻托住内上角的少量钞票，其余四指自然并拢、弯曲呈弓形，与拇指组成鸭蛋形，小指叠在无名指内，小指在下，食指在上，4 指尖呈一条斜线。小指最先接触票面，捻下第一张，接着无名指、中指、食指顺序捻动钞票。每指捻一张，4 指共 4 张，称为“一手”，一手捻完接着捻第 2 手、第 3 手……直到第 25 手。

捻动时动作连续迅速，同时右手拇指向前移动，手指与钞票的接触面要小，应用指尖接触面为佳。右手捻动钞票时，左手拇指要配合，每捻一手，左手拇指要推动一次。当右手食指下张时，小指马上跟上，一手与一手之间不要间歇，要连续不断。

3. 记数

采用分组记数法。每次点 4 张为一组，记满 25 组为 100 张。

4. 扎把

同手持法单指单张点钞法。

5. 盖章

同手持法单指单张点钞法。

（四）扇面式点钞法

把钞票捻成扇面状进行清点的方法叫扇面式点钞法（如图 2-8 所示）。这种点钞方法速度快，是手工点钞中效率最高的一种。但它只适合清点新票币，不适于清点新、旧、破混合钞票。具体操作方法如下所述。

图 2-8　扇面点钞法

1. 持钞

钞票竖拿，左手拇指在票前下部中间票面约四分之一处。食指、中指在票后同拇指一起捏住钞票，无名指和小指拳向手心。右手拇指在左手拇指的上端，用虎口从右侧卡住钞票成瓦形，食指、中指、无名指、小指均横在钞票背面，做开扇准备。

2. 开扇

开扇是扇面点钞的一个重要环节，扇面要开得均匀，为点数打好基础，做好准备。其方法是：以左手为轴，右手食指将钞票向胸前左下方压弯，然后再猛向右方闪动，同时右手拇指在票前向左上方推动钞票，食指、中指在票后面用力向右捻动，左手指在钞票原位置向逆时针方向画弧捻动，食指、中指在票后面用力向左上方捻动，右手手指逐步向下移动，至右下角时即可将钞票推成扇面形。如果有不均匀的地方，可双手持钞抖动，使其均匀。打扇面时，左右两手一定要配合协调，不要将钞票捏得过紧。如果点钞时采取一按 10 张的方法，扇面要开小些，便于点清。

3. 点数

左手持扇面，右手中指、无名指、小指托住钞票背面，拇指在钞票右上角 1cm 处，一次按下 5 张或 10 张；按下后用食指压住，拇指继续向前按第二次，以此类推，同时左手应随右手点数速度向内转动扇面，以迎合右手按动，直到点完 100 张为止。

4. 记数

采用分组记数法。一次按 5 张为一组，记满 20 组为 100 张；一次按 10 张为一组，记满 10 组为 100 张。

5. 合扇

清点完毕合扇时，将左手向右倒，右手托住钞票右侧向左合拢，左右手指向中间一起用力，使钞票竖立在桌面上，两手松拢轻墩，把钞票墩齐，准备扎把。

6. 扎把

同手持法单指单张点钞法。

7. 盖章

同手持法单指单张点钞法。

（五）手按式捻点法

手按式捻点法（如图 2-9 所示），准确率高，看到票面较大，便于挑剔残、破票和发现假币。但速度较手持式点钞法慢，劳动强度较大，一般营业柜台用得较多。具体操作方法如下所述。

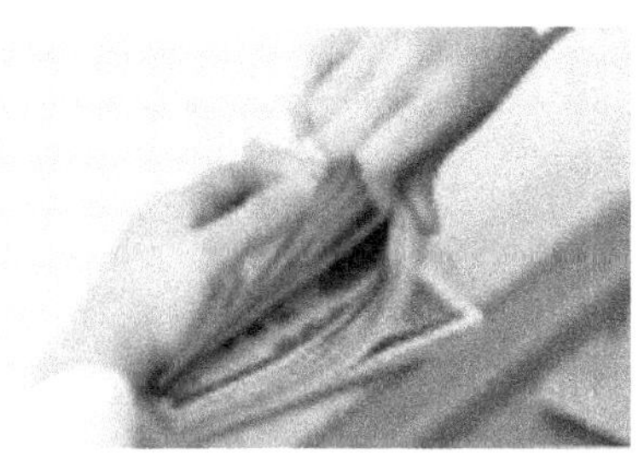

图 2-9　手按式捻点法

1. 持钞

把钞票横放在桌上，用左手无名指，小指按住钞票的左上角，右手拇指托起右下角的部分钞票，右手无名指按住右上角，使钞票右边成凹形。

2. 清点

用右手食指捻动钞票，每捻一张左手拇指即往上推动送到食指与中指之间夹住（也可数张送一次），即完成一次点钞动作。

3. 记数

同手持法单指单张点钞法。

4. 扎把

同手持法单指单张点钞法。

5. 盖章

同手持法单指单张点钞法。

（六）手按式单指单张推点法

手按式单指单张推点法，点钞效率高，但除了第一张外，其余各张钞票可视面很小，不易发现假币。

1. 持钞

手按式单指单张推点法，手法同单指单张捻点一样，不同之处是右手拇指将数张（2 张、3 张、4 张或 5 张）从右下角向内推起成弓形，同时左手拇指即往上送至食指与中指之间夹住。

2. 清点

拇指将一张钞票从右下角向内推起成弓形，同时左手拇指即往上推动送至左手食指与中指之间夹住。

3. 记数

同手持法单指单张点钞法。

4. 扎把

同手持法单指单张点钞法。

5. 盖章

同手持法单指单张点钞法。

三、硬币的整点方法

整点硬币有两种方法：一种是手工整点；另一种是工具整点。由于在出纳现金收付工作中硬币使用较少，所以多采用手工整点法。

（一）手工整点硬币的操作方法

手工整点硬币包括拆卷、清点、记数、包装和盖章五个环节。手工整点硬币一般常用在收款、收点硬币尾零款，以 100 枚为一卷，一次可清点 5 枚、12 枚、14 枚或 16 枚，最多的可一次清点 18 枚，主要是依个人技术熟练程度而定。

1. 拆卷

右手持硬币卷的三分之一部位，放在待清点完包装纸的中间，左手撕开硬币包装纸的一头，然后右手大拇指向下从左到右端开包装纸，把纸从卷上面压开后，左手食指平压硬币，右手抽出已压开的包装纸，准备清点。

2. 清点

按币值由大到小的顺序进行清点，用左手持币，右手拇指食指分组清点。为保证准确，用右手中指从一组中间分开查看：如果一次点 18 枚为一组，即从中间分开一边 9 枚；如果一次点 10 枚为一组，一边为 5 枚。

3. 记数

采用分组计数，一组为一次，如以 10 枚为一组进行清点，则每点 10 枚为一组，记满 10 组为 100 枚，其他以此类推。

4. 包装

硬币清点完毕后，用双手的无名指分别顶住硬币的两头，用拇指、食指、中指捏住硬币的两端，将硬币取出放入已准备好的包装纸二分之一处，再用双手拇指把里半部的包装纸向外掀起掖在硬币底部，再用右手掌心用力向外推卷，然后用双手的中指、食指、拇指分别将两头包装纸压下均贴至硬币，这样使硬币两头压三折，包装完毕。

5. 盖章

硬币包装完毕后，加盖整点人员的名章，以明确责任。

（二）工具整点硬币的操作方法

工具整点硬币是指大批的硬币用整点工具进行整点。

1. 拆卷

拆卷分为震裂法拆卷和刀划法拆卷两种方法：

(1)震裂法拆卷，是用双手的拇指与食指、中指捏住硬币的两端向下震动，在震动的同时左手稍向里扭动，右手稍向外扭动。值得注意的是，用力要适度，使包装纸震裂，取出震裂的包装纸准备清点。

(2)刀划法拆卷，首先在硬币整点器的右端安装一个坚硬刃向上的刀片，拆卷时用双手的拇指、食指、中指捏住硬币的两端，从左端向右端从刀刃上划过，这样做包装纸被刀刃划破一道口，硬币进入整点器盘内，然后将被划开的包装纸拿开，准备点数。

2. 清点

硬币放入整点器内进行清点时，用双手食指扶在整点器的两端，拇指推动弹簧轴，眼睛从左端到右端，看清每格内是否是 5 枚，若有氧化变形及伪币，随时挑出，如数补充上，然后准备包装。

3. 包装

双手无名指和小指并拢顶住币槽内硬币两端，食指和中指在币卷前，拇指在币卷后中间，同时紧紧捏住，从币槽内提出，放在两角包装纸中间。后面的方法和手工整点硬币法相同。

4. 盖章

同手工整点硬币法。

第五节　出纳凭证管理

一、会计凭证的概念

会计凭证主要记录经济业务，以明确经济责任为记账凭证，可作为书面证明。

二、会计凭证的种类

会计凭证可以按不同的标准进行分类，其中，最基本的是按会计凭证填制程序和用途的不同进行分类。按会计凭证填制程序和用途的不同，可将会计凭证分为原始凭证和记账凭证两类。

（一）原始凭证

原始凭证是指在经济业务发生或完成时取得或填制的，载明经济业务的具体内容，明确经济责任，具有法律效力的书面证明。原始凭证可以按不同的标准分类。

1. 外来原始凭证和自制原始凭证

按来源不同，可分为外来原始凭证和自制原始凭证。

(1)外来原始凭证

外来原始凭证亦称外来凭证，是指在经济业务发生或完成时，从其他单位或个人取得的，并被本单位所使用的原始凭证。如购买商品取得的普通发票、增值税专用发票，对外支付款项取得的收据，银行开具的收据，银行开具的收款、付款的结算凭证，各种车、船、机票等。

(2)自制原始凭证

自制原始凭证亦称内部凭证，是指在经济业务发生或完成时，由本单位经办业务的部门或人员填制的，并被本单位所使用的原始凭证。如购入材料验收入库时，由仓库保管人员填制的收料单，车间或部门领用材料时填制的领料单，出差人员填制的差旅费报销单等。

2.通知凭证、执行凭证和计算凭证

按其用途不同，可分为通知凭证、执行凭证和计算凭证。

(1)通知凭证

通知凭证指要求、指示或告知企业进行或完成某项经济业务的原始凭证，如罚款通知书、银行进账单等。

(2)执行凭证

执行凭证指证明某项经济业务已经完成的原始凭证，如证明销货业务完成的销货发票，证明材料入库的收料单、证明材料发出的领料单等。

(3)计算凭证

计算凭证指对经济业务的过程进行计算而编制的原始凭证，如产品成本计算表。

3.一次凭证、累计凭证和汇总原始凭证

按其填制的手续不同，可分为一次凭证、累计凭证和汇总原始凭证。

(1)一次凭证

一次凭证指填制手续一次完成、只反映一笔经济业务或若干笔同类经济业务的原始凭证。日常的原始凭证多属一次凭证，如发票、收据、领料单、收料单等。外来原始凭证一般均属一次凭证。

(2)累计凭证

累计凭证指在一定时期内，记录同类重复发生的经济业务并在一张凭证多次填制完成的原始凭证。它一般为自制原始凭证，如限额领料单、费用登记表等。

(3)汇总原始凭证

汇总原始凭证也叫原始凭证汇总表，是指一定时期内若干张记录同类经济业务的原始凭证。如发出材料的汇总表、工资结算汇总表等。

4.通用凭证和专用凭证

按其格式不同，可分为通用凭证和专用凭证。

(1)通用凭证

通用凭证指在全国或某地区、某系统范围内普遍使用的，具有统一格式和使用方法的原始凭证，如全国统一使用的银行承兑汇票、某地区统一印制的发票等。

(2)专用凭证

专用凭证指一些单位使用的具有特定内容和专门用途的原始凭证。该类凭证一般会将单位名称和凭证名称印制在有关原始凭证上，别的单位无法使用，如差旅费报销单、限额领料单等。

需要说明的是，各种分类之间是相互依存、密切联系的。某种凭证按照不同标准分类可同时归属于不同类别。例如，现金收据，对出具收据的单位是自制原始凭证，对接受单位则是外来原始凭证，同时既是一次凭证，又是执行凭证，也是专门用于收取现金的专用凭证。

(二)记账凭证

记账凭证是财会部门根据审核无误后的原始凭证或汇总原始凭证填制的,记录经济业务的简明内容,确定账户名称、记账方向(应借、应贷)和金额的一种凭证,是登记账簿的依据。

记账凭证也可以按不同的标准分类。

1. 专用记账凭证和通用记账凭证

按其适用的经济业务不同,可分为专用记账凭证和通用记账凭证。

(1)专用凭证

专用凭证指专门用来记录某一类经济业务的记账凭证。它按经济业务是否与现金和银行存款的收付有关,又可以分为收款凭证、付款凭证和转账凭证三种。

1)收款凭证是根据有关现金和银行收款业务的原始凭证填制的分录凭证。

2)付款凭证是根据有关现金和银行存款业务的原始凭证填制的分录凭证。

3)转账凭证是根据不涉及现金和银行存款的转账业务的原始凭证填制的分录凭证。

(2)通用凭证

通用凭证是指适用于全部经济业务的一种记账凭证,统称为记账凭证。

收款凭证、付款凭证、转账凭证和通用记账凭证的一般格式分别见图 2-10、图 2-11、图 2-12、图 2-13。

收 款 凭 证

借方科目__________ 年 月 日 字第 号

摘要	贷方总账科目	明细科目	借或贷	金额									
				千	百	十	万	千	百	十	元	角	分
合计													

静发 20-7

附单据 张

财务主管 记账 出纳 审核 制单

图 2-10 收款凭证

付 款 凭 证

出纳编号＿＿＿＿＿＿

贷方科目：银行存款　　　　年　　月　　日　　　　制单编号＿＿＿＿＿＿

对方单位	摘　　要	借方科目		金额										记帐符号
		总账科目	明细科目	千	百	十	万	千	百	十	元	角	分	
结算方式及票号：		合　计　金　额												

附凭证　　张

会计主管　　记账　　稽核　　出纳　　制单　　领款人签章

图 2-11　付款凭证

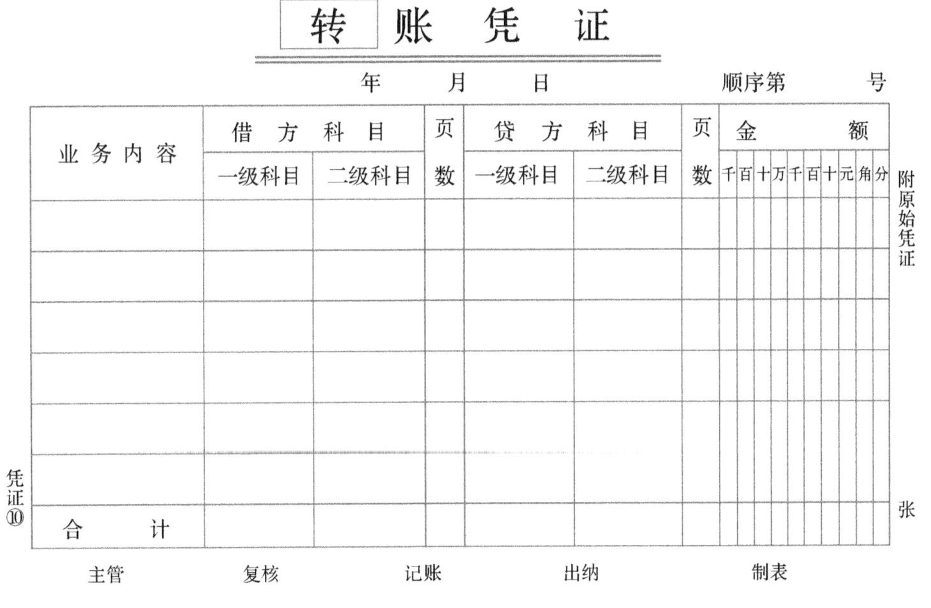

转 账 凭 证

年　　月　　日　　　　顺序第　　号

业务内容	借方科目		页数	贷方科目		页数	金额									
	一级科目	二级科目		一级科目	二级科目		千	百	十	万	千	百	十	元	角	分
合　计																

附原始凭证　　张

凭证⑩

主管　　复核　　记账　　出纳　　制表

图 2-12　转账凭证

记 账 凭 证

年　月　日　　顺序第　号

业务内容	借方科目		页数	贷方科目		页数	金额									
	一级科目	二级科目		一级科目	二级科目		千	百	十	万	千	百	十	元	角	分
合　计																

附原始凭证　张

凭证⑩

主管　复核　记账　出纳　制表

图 2-13　通用凭证

收款凭证和付款凭证既是登记现金日记账、银行存款日记账、明细账、总账等有关账簿的依据，也是出纳人员收付款项的根据。为了强化内部管理，有效登记货币资金的使用，出纳人员不能直接根据记录现金和银行存款收付业务的原始凭证来收付款项，而必须根据会计主管人员审核批准的收付款记账凭证办理款项的收付。另外，为了加强对现金和银行存款收付款业务的控制，对于收款业务，应该“先收款，再记账”；对于付款业务，应该“先记账，再付款”。

通用记账凭证适用于经济业务量较少的单位。

2.单式记账凭证和复式记账凭证

按其填制方式不同，可分为单式记账凭证和复式记账凭证。

(1)单式记账凭证

单式记账凭证又称单科目记账凭证，是在每张凭证上只填列一个账户的凭证。填列借方账户的即为借项记账凭证，填列贷方账户的即为贷项记账凭证。一项经济业务涉及几个账户就填制几张凭证，并采用一定的编号方法将它们联系起来。

(2)复式记账凭证

复式记账凭证又称多科目记账凭证，是在每张凭证上填列一笔经济业务的全部账户名称的凭证。前述收款凭证、付款凭证和转账凭证和通用记账凭证都为复式记账凭证。

复式凭证的优点是：能完整地反映经济业务的全貌及账户的对应关系，且填写方便，附件集中，便于凭证的分析、审核和差错的查找。其缺点是：不便于分工记账，也不便于科目汇总。

（三）原始凭证和记账凭证的区别

(1)原始凭证多种多样，其形状、大小、格式、繁简、填写内容因经济业务的不同而不同。记账凭证则有较固定的格式和填写内容，必须确定应借、应贷会计科目和金额。

(2)原始凭证是经办单位或人员在经济业务发生时取得或填制的。记账凭证是会计人员根据已审核的原始凭证填制的。

(3)原始凭证具有法律效力，发挥会计凭证记录经济业务、明确经济责任的作用。记账凭证发挥会计凭证作为记账依据的作用。

三、原始凭证的填制要求

原始凭证大部分是由本单位业务经办部门和人员填制或取得的。为了完整、清晰、准确、及时地记录经济业务，使原始凭证真正具有法律效力，必须使经办人员充分认识到原始凭证在经营管理中的作用，了解和掌握原始凭证的填制要求和方法。概括而言，原始凭证的填制要求主要有以下几方面。

1.数据真实、手续完备

要求严肃认真地记录各项业务的实际发生和完成情况。凭证上的日期、编号、经济业务内容、有关人员的签名和盖章等都必须真实可靠，不允许有任何歪曲和弄虚作假的行为。从外单位取得的原始凭证应盖有填制单位公章或有关部门的专用章，从个人取得的原始凭证应有填制人员的签字或盖章，对外开出的原始凭证应加盖有本单位公章或有关部门的专用章。对于购买实物的原始凭证，必须有验收证明，对于支付款项的原始凭证，必须有收款单位和收款人的证明。

2.内容完整、书写清楚

要求严格按规定的格式和内容逐项规范填写经济业务的完成情况，不得遗漏或简略。具体要求如下。

(1)一式几联的凭证，必须用双面复写纸(发票和收据本身具备复写功能的除外)套写，单页凭证必须用蓝黑墨水书写或打字机打印。

(2)凭证上的文字要工整、清晰，易于辨认；汉字不得使用未经国务院批准的简化字；阿拉伯数字要逐个填写，不能连笔书写。

(3)小写数字(即阿拉伯数字)合计金额前应书写币种符号(如人民币符号“￥”、美元符号“US＄”、港币符号“HK＄”)，币种符号和金额数字之间不得留有空白。凡是数字前面写有币种符号的，数字后面不再写货币单位。所有以元为单位的阿拉伯数字，除表示单价等情况外，一律填写到角、分，无角、分的可以写“0”或用符号“—”代替，如123.00元，不得空格。

(4)阿拉伯数字的书写应符合要求，应使用既容易辨认，又不容易涂改的正楷字书写，如壹、贰、叁、肆、伍、陆、柒、捌、玖、拾、佰、仟、万、亿、元、角、分、零、整等，不得用一、二、三、四、

五、六、七、八、九、十、百、千、块、毛、另或0代替。大写金额前应有货币名称(如人民币),币种名称和金额数字之间不得留有空白。

(5)阿拉伯数字中间有“0”时,汉字大写金额要填写“零”字;阿拉伯金额数字中间连续有几个“0”时,应在最后写上“整”字。如合计9005.80元,小写金额应为“¥9005.80”,大写金额应为“人民币玖仟零伍元捌角整”。但填空式大写金额应填“零”字。另外,填空式大写金额前的空格用特殊符号(如“⊗”叉号外画圈)填充。

(6)大小写金额要一致,已印刷好的金额栏空白行要划斜线或“S”线注销。

3.连续编号,及时填制

各种凭证都必须连续编号,以备查考。一些事先印好编号的重要凭证作废时,在作废的凭证上应加盖“作废”戳记,连同存根一起保存,不得随意撕毁。经办人员在每项经办业务发生或完成后,必须及时填制或取得原始凭证,并及时按规定的程序将原始凭证送交财会部门。原始凭证上的日期一律以填制当日日期为准。

4.发现错误,规范修改

发现原始凭证有错误时,不得涂改、挖补,否则即为无效凭证。原始凭证记载的内容有错误的,应当由出具单位重开或更正,并在更正处加盖出具单位印章。原始凭证金额有错误的,应当由出具单位重新开具,不得在原始凭证上更正。

四、原始凭证的审核

原始凭证是各单位经济业务发生的最初原始记录,它的正确与否直接影响会计信息的真实性,因此,原始凭证的审核是一项十分重要的工作。会计人员必须坚持原则、坚持制度,认真严格地审核原始凭证。原始凭证的审核一般包括以下几方面内容。

1.合法性审核

根据国家有关财经法规、法令、制度和单位的合同、预算、计划等审核经济业务是否符合规定,有无弄虚作假、违法乱纪、贪污舞弊等行为。

2.合理性审核

合理性审核主要审核经济业务的办理是否符合规定的审批权限;财产物资的收发、领退和报废是否符合有关的手续;费用的开支是否符合成本开支范围和规定的开支标准,是否贯彻了勤俭节约的原则,有无挥霍浪费、私费公报等现象。

3.合规性审核

合规性审核主要是审核原始凭证的填制是否符合要求,项目是否填写齐全,数字是否计算正确,大小金额是否一致,日期是否相符,数字和文字是否清晰,有无涂改、挖补现象,有关签名、盖章是否齐全等。

在审核中,会计人员对内容不完整、手续不齐全、书写不规范、计算不准确的原始凭证,应退回有关部门或人员及时补办或更正；对不真实、不合法的原始凭证，有权不予接受，并向单位负责人报告；对于严重违法、损害国家和社会公众利益的收支，应向主管单位或财政、税务、审计机关报告。

五、记账凭证的填制要求

记账凭证的填制，必须以审核无误的原始凭证为依据，做到内容完整，科目运用正确，摘要简练，字迹工整，书写清晰，编写及时。具体讲，应符合如下要求：

(1)各种记账凭证的使用格式应相对稳定，特别是在同一会计年度内，不宜随便更换，以免引起编号、装订、保管方面的不便和混乱。

(2)记账凭证可以根据每一张原始凭证填制，也可以根据若干张反映同类经济业务的原始凭证填制，还可以根据原始凭证汇总表填制，但不得将反映不同业务内容的原始凭证汇总填制在一张记账凭证上。

(3)记账凭证的填制应当采用钢笔或碳素笔，并用蓝黑墨水或碳素墨水书写。

(4)记账凭证的填写日期一般是填财会人员填制记账凭证的当天日期，也可以根据管理需要，填写经济业务发生的日期或月末日期。如报销差旅费的记账凭证填写报销当日的日期；现金收、付款记账凭证填写办理收、付现金的日期；银行收款业务的记账凭证一般按财会部门收到银行进账单或银行回执的戳记日期填写；银行付款业务的记账凭证，一般以财会部门开出银行存款付出单据的日期或承付的日期填写；属于计提和分配费用等转账业务的记账凭证，应以当月最后的日期填写。

(5)记账凭证必须按月连续编号，以便于记账、查账、防止散落、丢失。记账凭证编号的方法一般有三种：

第一种是对全部记账凭证统一编号，也就是按记账凭证的时间先后顺序编号，编为“记字第××号”。

第二种是分别按款项收入、款项付出、转账业务三类进行编号，分别编为“收字第××号”、“付字第××号”、“转字第××号”。

第三种是分别按现金收入、现金付出、银行存款收入、银行存款付出，转账业务五类进行编号，分别编为“现收字第××号”、“现付字第××号”、“银收字第××号”、“银付字第××号”、“转字第××号”。

在编号时，同一笔经济业务如果涉及两张或两张以上的记账凭证，应采用分数编号法，比如 $4\frac{1}{2}$、$4\frac{2}{2}$。

(6)记账凭证的摘要应简明扼要，概括清楚，对现金、银行存款的收付应写明收付对象、结算种类。支票号码和结算款项内容；对财产物资的收付应写明物资名称、记账单位、规格、数量、收付单位；往来款项应写明对方单位和款项内容。

(7)应按照会计制度的规定，正确填写所使用的会计科目，包括总分类科目和明显分类科目，不得只写科目编号，不写科目名称，同时应保证借贷科目方向正确，对应关系清晰。

(8)记账凭证的金额必须与原始凭证的金额相符。在填写金额数字时，阿拉伯数字要靠右下方书写，行次、栏次的内容要对应明确，对位准确。合计小写金额栏前加"¥"，其他则不需要。金额栏空白行要划斜线或S线注销。

(9)除期末转账和更正错账的记账凭证可以不符原始凭证外，其他记账凭证必须附有原始凭证，并注明张数，例如两张或两张以上记账凭证依据同一张原始凭证，则应在未附原始凭证的记账凭证上注明：原始凭证×张，附于第××号凭证之后。

(10)如果在填制记账凭证时发生错误，应当重新填制，已经登记入账的记账凭证如果发生错误，应由专门的错账更正法予以更正。

(11)记账凭证上必须有填制人员、复核人员、记账人员和会计主管的签章。对于收、付款凭证，还必须有出纳人员的签章，以明确经济责任。

(12)对于已经办理完收、付款手续的凭证，出纳人员应当即加盖"收讫"戳记，以免重收、重付。对于已经计入有关账簿的记账凭证，可以在记账凭证的地方画"√"，表示已经入账。

六、记账凭证的审核

为了保证记账凭证的准确性，除编制人员应当认真规范填写和审核外，必须由专人在登记账簿前，对已编制好的记账凭证进行严格的审核。审核的主要内容如下：

(1)审核记账凭证是否附有原始凭证，并对所附的原始凭证按原始凭证的审核要求进行审核。

(2)审核记账凭证与所附的原始凭证内容是否相符、金额是否一致等。对一些需要单独保管的原始凭证和文件，应在凭证中加注说明。

(3)审核记账凭证中应借、应贷科目和金额是否正确，账户对应关系是否清楚。

(4)审核记账凭证所需填写的项目是否齐全、完整，有关人员是否都已签字或盖章。在审核中如果发现记录不全或有错误，应重新填制或按规定办理更正手续。只有经过审核无误的记账凭证才能作为登记账簿的依据。

七、会计凭证的传递和保管

(一)会计凭证的传递

会计凭证的传递是指会计凭证从其填制或取得起，经过填制、记账、登账、装订到归档为止，在本单位各有关职能部门和人员之间，按照规定的时间、路线办理业务手续和进行处理的过程。科学、合理地组织会计凭证的传递，有利于有关部门和人员及时了解经济活动的情况，加速对经济业务的处理，以便及时提供真实准确的数据资料；同时，有利于加强各有关部门的经济责任管理，也有利于实现会计监督，充分发挥会计的监督作用。

由于企业生产经营活动的组织和管理要求不同，会计凭证的传递过程是各具特点的。但每个单位都应当根据本单位经济业务的特点、机构设置、人员分工和经营管理的需要，结合岗位责任制，尽可能科学、合理地确定每一种凭证的传递程序和方法，作为业务部门和会计部门处理会计凭证的工作规范。在组织会计凭证的传递时，一般要考虑以下几点：

1.规定科学的传递程序

要明确会计凭证填制要求的联次、用途和传递程序。既要保证会计凭证经过必要的处理和审批环节，又要避免会计凭证在不必要的环节停留，确保有关部门和人员在及时了解情况、掌握资料、划清责任的前提下，提高工作效率。

2.规定合理的传递时间

要考虑有关部门和人员办理经济业务的各项手续对时间的合理需要，既要防止凭证积压，又要避免凭证时间过紧，匆忙完成任务，以致影响工作质量。

一切会计凭证的传递都必须在报告期内完成，不允许跨期，否则会影响会计信息的及时性和使用价值。

3.规定严密的传递手续

应该做到既严密完备，又简单易行，确保凭证的收发、交接都能按照规定的手续和制度办理，确保会计凭证的安全和完整。

凭证的传递程序、时间和手续明确后，可以制成凭证流程图，这样，更有利于促使凭证的传递有条不紊，迅速有效，并形成经营管理的一条规章制度。

（二）会计凭证的保管

会计凭证的保管是指会计凭证登账后的整理、装订和归档存查工作。会计凭证是各项经济活动的历史记录，是重要的经济资料，所以必须对会计凭证精心整理，妥善保管，确保其安全完整。

1.会计凭证的装订

(1)会计凭证装订前的准备

会计凭证装订前的准备，是指对会计凭证进行排序、粘贴和折叠。因为原始凭证的纸张面积与记账凭证的纸张面积不可能全部一样，有时前者大于后者，有时前者小于后者，这就需要会计人员在制作会计凭证时对原始凭证加以适当整理，以便下一步装订成册。对于纸张面积大于记账凭证的原始凭证，可按记账凭证的面积尺寸，先自右向后，再自下向后两次折叠。注意应把凭证的左上角或左侧面让出来，以便装订后，还可以展开查阅。对于纸张面积过小的原始凭证，一般不能直接装订，可先按一定次序和类别排列，再粘在一张同记账凭证大小相同的白纸上，粘贴时宜用胶水。证票应分张排列，同类、同金额的单据尽量粘在一起；同时，在一旁注明张数和合计金额。如果是板状票证，可以将票面票底轻轻撕开，厚纸板弃之不用。对于纸张面积略小于记账凭证的原始凭证，可先用回形针或大头针别在记账凭证后面，待装订时再抽去回形针或大头针。有的原始凭证不仅面积大，而且数量多，可以单独装订，如工资单、耗料单等，但在记账凭证上应注明保管地点。原始凭证附在记账凭证后面的顺序应与记账凭证所记载的内容顺序一致，不应按原始凭证的面积大小来排序。会计凭证经过上述的加工整理之后，就可以装订了。

(2)会计凭证的装订法

会计凭证的装订是指把定期整理完毕的会计凭证按照编号顺序，外加封面、封底，装订成册，并在装订线上加贴封签。在封面上应写明单位名称、年度、月份、记账凭证的种类、起讫日期、起讫号数，以及记账凭证和原始凭证的张数，并在封签处加盖会计主管的骑缝图章。如果采用单式记账凭证，在整理装订凭证时，必须保持会计分录的完整。为此，应按凭证号码顺序还原装订成册，不得按科目归类装订。对各种重要的原始单据，以及各种需要随时查阅和退回的单据，应另编目录，单独登记保管，并在有关的记账凭证和原始凭证上相互注明日期和编号。汇总装订后的会计凭证封面如图 2-14 所示。

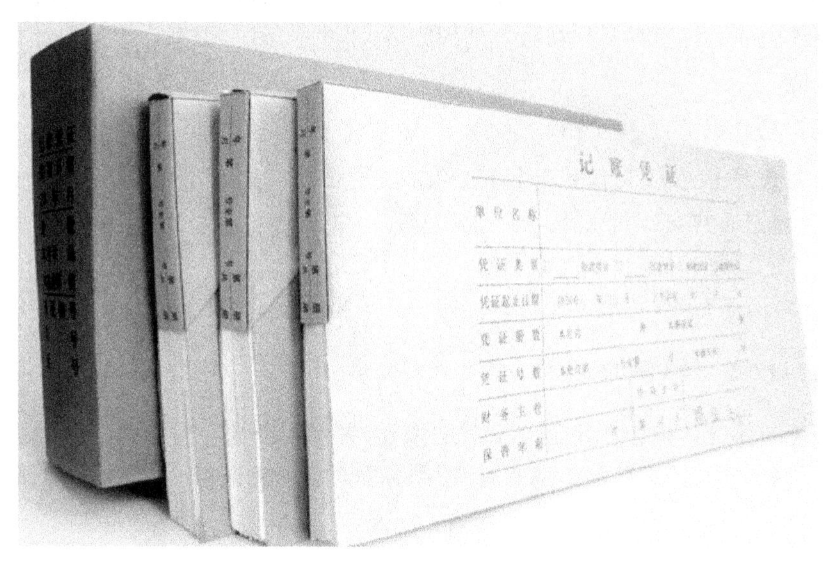

图 2-14　装订好的凭证

会计凭证的装订要求是既美观又大方又便于翻阅，所以在装订时要先设计好装订册数及每册的厚度。一般来说，一本凭证，厚度以 1.5～2.0cm 为宜，太厚了不便于翻阅核查，太薄了又不利于戳立放置。凭证装订册数可根据凭证多少来定，原则上以月份为单位装订，每月订成一册或若干册。有些单位业务量小，凭证不多，把若干个月份的凭证合并订成一册就可以，只要在凭证封面注明本册所含的凭证月份即可。为了使装订成册的会计凭证外形美观，在装订时要考虑到凭证的整齐均匀，特别是装订线的位置，如果太薄时可用纸折一些三角形纸条，均匀地垫在此处，以保证它的厚度与凭证中间的厚度一致。

有些会计在装订会计凭证时采用角订法，装订起来简单易行，也很不错。它的具体操作步骤如下：

1)将凭证封面和封底裁开，分别附在凭证前面和后面，再拿一张质地相同的纸(可以再找一张凭证封皮，裁下一半用，另一半为订下一本凭证备用）放在封面上角，做护角线。

2）在凭证的左上角画一边长为 5cm 的等腰三角形，用夹子夹住，用装订机在底线上分布均匀地打两个眼儿。

3）用大针引线绳穿过两个眼儿。如果没有针，可以将回形别针顺直，然后将两端折向同一个方向，将线绳从中间穿过并夹紧，即可把线引过来，因为一般装订机打出的眼儿是可以穿过的。

4）在凭证的背面打线结。线绳最好在凭证中端系上。

5）将护角向左上侧折，并将一侧剪开至凭证的左上角，然后抹上胶水。

6）向后折叠，并将侧面和背面的线绳扣粘死。

7）待晾干后，在凭证本的脊背上面写上"某年某月第几册共几册"的字样。装订人在装订线封签处签名或者盖章。现金凭证、银行凭证和转账凭证最好依次顺序编号，一个月从头编一次序号，如果单位的凭证少，可以全年顺序编号。装订步骤如图 2-15 所示。

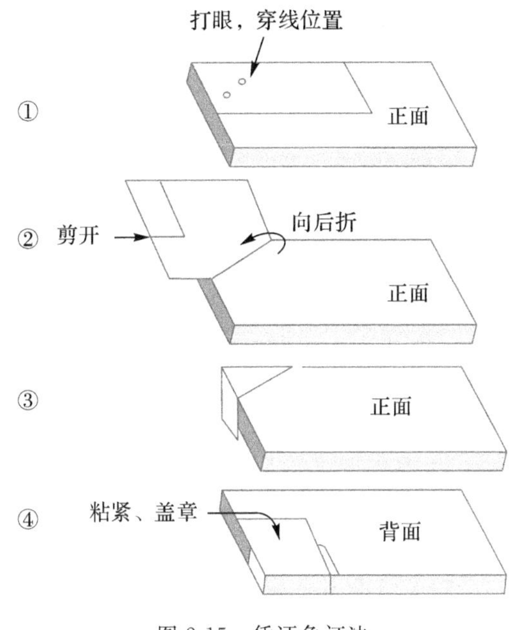

图 2-15　凭证角订法

2. 会计凭证整理保管的要求

保管会计凭证的安全与完整是全体财会人员的职责，在立卷存档之前，会计凭证的保管由财会部门负责。保管过程中应注意以下问题：

（1）会计凭证应及时传递，不得积压。记账凭证在装订成册之前原始凭证一般是用回形针或大头针固定在记账凭证后面的。在这段时间内，凡使用记账凭证的财会人员都有责任保管好原始凭证和记账凭证。使用完后要及时传递，并且要严防在传递过程中散失。

（2）凭证在装订以后存档以前要妥善保管，防止受损、弄脏、霉烂以及被鼠咬虫蛀等。

(3)对于性质相同、数量过多或各种随时需要查阅的原始凭证,如收料单、发料单、工资卡等,可以单独装订保管,在封面上注明记账凭证种类、日期、编号,同时在记账凭证上注明“附件另订”和原始凭证的名称及编号。

(4)各种经济合同和涉外文件等凭证,应另编目录,单独装订保存,同时在记账凭证上注明“附件另订”。

(5)原始凭证不得外借,其他单位和个人经本单位领导批准调阅会计凭证,要填写“会计档案调阅表”,详细填写借阅会计凭证的名称、调阅日期、调阅人姓名和工作单位、调阅理由、归还日期、调阅批准人等。调阅人员一般不准将会计凭证携带外出。需复制的,要说明所复制的会计凭证名称、张数,经本单位领导同意后在本单位财会人员监督下进行,并应登记与签字。

(6)会计凭证装订成册后,应由专人负责分类保管,年终应登记归档。

第六节　账簿登记与管理

一、会计账簿的概念与种类

所谓账簿,就是以会计凭证为依据,延续地、系统地、全面地、综合地记录和反映各项经济业务内容的簿籍,由相互联系的专门格式和账页所组成。设置和登记账簿是会计核算的一种专门方法,也是会计核算的主要环节。账簿可以从不同的角度划分。

(一)按性质和用途分类

账簿按性质和用途来分,可分为日记账、分类账和备查账。

1.日记账

日记账也称序时账簿,是按经济业务和发生时间的先后顺序记录经济业务的账簿。该种账簿按照所记录的经济业务范围的不同,又分为普通日记账和特种日记账。普通日记账用来序时记录所有的经济业务;特征日记账用来记录某种经济业务。例如,现金日记账、银行存款日记账等都是特种日记账。日记账要天天记,天天结出余额。

2.分类账

分类账是按照账户分类记录各项经济业务的账簿。该账簿按照分类账详细程度的不同,分为总分类账簿和明细分类账簿。总分类账簿,简称总账,是根据一级会计科目设立的总分类账户,是按照总括分类记录全部经济业务的账簿,它可以提供各种资产、负债、费用、成本、收入等总括核算资料。明细分类账簿简称明细账,是按照二级科目或明细会计科目设立的分类账户。

3.备查账

备查账又称辅助账，是对日记账和分类账簿中不能记载或记载不全的经济业务进行补充登记的账簿。它主要用来记录一些供日后查考的有关经济事项，如租入、租出固定资产登记账簿，代销商品登记簿等。

（二）按外在形式分类

账簿按照外在形式来分，可分为订本账、活页账、卡片账。

1.订本账

订本账是将账页固定装订成册的账簿。这种账簿可避免账页散失，防止抽损账页，易于归档保管，因此，一般规定总分类账簿和现金日记账、银行存款日记账采用订本式。

2.活页式

活页式是将账页固定装订在账夹中的账簿。此种账簿可根据需要增加账页，便于记账工作的分工，但易于散失或被抽损。这种账簿在使用前腰连续编号，登记使用完后装订成册。明细分类账多为活页账。

3.卡片账

卡片账是将卡片装在张卡箱中的账簿，特点是比较灵活，可根据需要增添、调整，但也容易散失。

（三）怎样装订会计账簿

账簿在使用过程中，应妥善保管。账簿的封面颜色，同一年度内力求统一，逐年更换颜色，便于区别年度。这样，在找账、查账时就会比较方便。账簿内部应编好目录，建立索引。注意贴上相应数额的印花税票。

活页账本可以用线绳系起来。下面介绍活页摇夹的使用方法：

(1)用摇手插入账簿侧面的孔中，向右旋转，开启摇夹。

(2)旋去螺帽，取去簿盖。

(3)将账簿活页装入，可随意装用，最多可装 300 页。

(4)覆上簿盖，旋上螺帽，再用摇手向左旋转，锁紧摇夹。活页摇夹的链条长 50mm，在账页装入或取出过程中，摇手旋转链条时要注意加让账页夹入链条节头。当账页被夹住时，摇手会旋转不动，此时千万不要强旋，请用手轻轻摇动链条节头，不使账页轧住，然后开启或锁紧摇夹。这样可保证活页摇夹长期使用。

摇夹使用的优点是比较安全，因为账簿摇紧后，其他人员如果没有专门工具，不容易随意抽取、更换账页，从而使得账页不易散失；其缺点是成本相对高。

每过一年后，应将账簿装订整齐，活页账要编好科目目录、页码，用线绳系死，然后贴上封皮，在封皮上写明账簿的种类、单位、时间，在账簿的脊背上，也要写明账簿种类、时间。

会计业务量小的公司，账簿可以不贴口取纸；会计业务量大的公司，账簿上应该贴口取纸，可以按一级科目或材料大类，按账页顺序由前往后、自上而下地粘贴，当合起账簿时，全部口取纸应该整齐，均匀，并能够显露出科目名称，不要在账簿上下两侧贴口取纸，而应在右侧粘贴，这样，可保证整齐，存档时可以竖立放置，以便抽取。

二、现金日记账

（一）什么是现金日记账

现金出纳账簿，主要指现金日记账，是出纳用以记录和反映现金增减变动和结存情况的账簿。出纳人员既是现金、银行存款的保管者，同时又是现金日记账和银行存款日记账的记录者。日记账是按照经济业务发生的时间顺序，逐日、逐项登记的账簿，故又称“序时账”，主要包括现金日记账和银行存款日记账。从其实质来讲，现金日记账和银行存款日记账分别属于现金、银行存款的明细账，但由于现金、银行存款需要非常严格的管理，在发生和现金、银行存款有关的业务后，需要马上进行记录，银行将现金、银行存款的明细账叫作日记账。

（二）现金日记账的内容

由于各个单位、各行业特点以及业务活动对现金出纳工作的要求不同，现金出纳的内容略有不同，但一般应具备以下基本内容：

1. 封面

在账簿封面上应标明账簿名称及单位名称，以及所属年份。

2. 启用登记表

每本账簿的扉页都要填明启用日期、截止日期、页数、册数、经管人员一览表和签章，以及单位公章等（如图 2-16 所示）。

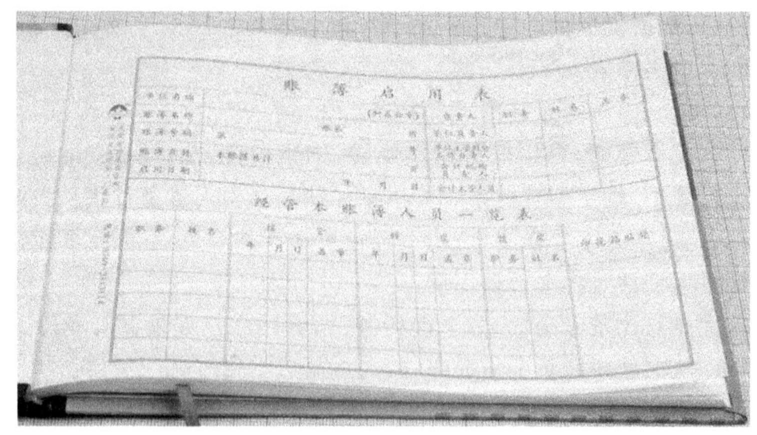

图 2-16　账簿启用表

3.账页

账页应包括记账日期(年、月、日)、凭证种类及编号、经济业务摘要、收入金额、付出金额、结存金额、对应科目等。

(三)现金日记账的设置

任何一个单位,只要有现金收付业务发生,就必须设置现金日记账,做到有钱就有账,以账管钱,收付有记录,清查有手续,保证现金的安全与合理使用。

现金日记账的设置必须遵循一定的原则,必须符合《会计人员工作规则》和国家统一的会计制度要求,力求以简明的格式,及时、准确、全面地反映现金收付及其结存情况。为了加强现金管理,采用手工记账的单位的现金日记账必须采用订本式账簿。各单位应根据本单位业务量和出纳人员的情况设置日记账。现金和银行存款种类较多并由多名出纳人员分管的,或者实行定额备用金制度和管理要求较高的,设置现金日记账的明细户数也可以多一些,格式也可以细一些。现金日记账的账页格式,有“三栏式”和“收付分页式”两种。

(四)现金日记账的启用

现金日记账是各单位重要的经济档案之一,因此,为了保证账簿使用的合法性,明确责任,保证账簿资料的完整和便于查找,各单位在启用账簿时,首先要按规定内容逐项填写“账簿启用表”和“启用目录表”

在账簿启用表中,应写明单位名称、账簿名称、账簿编号和启用日期;在经管人员一栏中写明经管人员姓名、职别、接管或移交日期,由会计主管人员签名盖章,并加盖单位公章。在一本日记账中设置有两个以上现金账户的,应在第二页“账户目录表”中注明各账户的名称和页码,以方便登记和查核。

(五)现金日记账的登记方法

现金日记账应该做到账款相符,即指将现金日记账每天的日末账面余额与所保管的实际库存现金核对相符。每日终了时,应计算本日现金收入、支出合计数和结存数(时间条件许可的话还可以与库存的现金实存数核对相符),做到账款相符,日清月结。

按照会计制度规定,现金日记账由出纳员根据审核后的现金、付款凭证进行逐日逐笔序时登记。同时。由其他会计人员根据收、付款凭证,汇总登记总分类账。由于从银行提取现金业务,只填银行存款和付款凭证,不填现金收款凭证,因此,从银行提取现金的收入数应根据银行存款付款凭证登入“借方(收入)”栏。具体来讲,现金日记账的登记方法如下:

(1)将登记时的日期填入“日期”栏。

(2)将登账所依据的反映银行存款增减业务的收、付款凭证及编号填入“凭证号”栏内,以便日后核对、查询。

(3)按照收、付款的摘要内容填入日记账的“摘要栏”内。

(4)根据收、付款凭证中的会计分录,将与银行存款科目相对应的科目名称填入“对方科目”栏。

(5)按不同业务内容,将银行存款的增减金额填入“借”或“贷”栏内,并结出余额。

(6)日记账必须逐笔登记,不能合并。

(7)日记账每日要结出当日的发生额和余额,并画红线结账。现金日记账的登记方法和银行存款日记账的方法相同,其依据的收、付款凭证主要反映现金增减变化的经济业务。

现金日记账要逐笔登记,每日结出发生额和余额,其余额数要与库存现金实有数相对应。如果发现账存与实存不符,需立即查找原因。现金日记账的格式与银行存款日记账的格式相似(如图 2-17 所示)。

现 金 日 记 账

20××年度　　　　第1页

××年 月	××年 日	凭证 字	凭证 号	摘要	对方科目	收入（千百十万千百十元角分）	支出（千百十万千百十元角分）	金额（千百十万千百十元角分）
4	1			月初余额				400000
	2	收	2	零售收现	主营业务收入	80000		
		付	3	预支差旅费	其他应收款		40000	
		付	4	付困难补助	应付福利费		60000	
		付	11	购办公品	管理费用		136000	
4	2			本日小计		80000	236000	244000
				……	……			
				本月合计		2268000	1208000	1460000

图 2-17　现金日记账

(六)登记日记账的要求

登记现金日记账的总的要求是:分工明确,专人负责,凭证齐全,内容完整,登记及时,账款相符,数字真实,表达准确,书写工整,摘要清楚,便于查阅,不重记,不漏记,不错记,按期结账;不拖延积压,按规定方法更正错账等。具体要求是:

(1)根据复核无误的收、付款记账凭证记账。如果原始凭证上注明“代记账凭证”字样,经有关人员签章后,也可作为记账的依据。

(2)所记载的内容必须同会计凭证相一致,不得随便增减。出纳员登记出纳账簿时,应将会计凭证的日期、编号、业务内容摘要和其他有关资料逐项填入账内,做到数字准确、摘要清楚、登记及时,字迹工整。

(3)逐笔、序时登记日记账,并于当日结出余额,不得拖延、积压。

(4)连续登记,不得跳行、隔页,不得随便更换账页,不准撕毁账页,作废的账页也应留在账簿中。在一个会计年度内，账簿尚未用完时，不得以任何借口更换账簿或重抄账页。不得跳行或隔页登记，如不慎发生跳行、隔页时，应在空页或空行中间画线加以注销，或注明“此行空白”、“此页空白”字样，并由记账人员盖章，以示负责。

(5)按时结账，账款相符，做到日清月结。现金日记账不得出现贷方(或红字)与数额。

(6)日记账中书写的文字和数字上面要留有适当空格，不要写满格，一般应占格距的二分之一。登记日记账要用蓝黑墨水书写，不得使用圆珠笔、铅笔书写，红色墨水只能在结账时画线更正错误和红字冲账时使用。

三、银行存款日记账

银行存款日记簿是专门用来记录银行存款收支业务的一种特种日记账，是逐日逐项记录一个单位银行存款收、付及结存情况的账簿。银行存款日记账必须采用订本式账簿。银行存款日记账的设置和现金日记账基本相同，不同之处是在摘要栏后要增设“结算凭证”和“对方科目”两栏，以便与银行对账单核对。其账页格式一般采用“收入”(借方)、“支出”(贷方)和“余额”三栏式。银行存款收入数额应根据有关的现金付款凭证登记。每日业务终了时，应计算、登记当日的银行存款收入合计数、银行存款支出合计数，登记账面结余额，以便检查监督各项收入和支出款项。

银行存款日记账也可以采用多栏式的格式，即将收入栏和支出栏分别按照对方科目设置若干专栏。多栏式银行存款日记账按照银行存款收、付的每一对应科目设置专栏进行序时、分类登记，月末根据各对应科目的本月发生额一次过记总账有关账户，因而不仅可以清晰地反映银行存款收、付的来龙去脉，而且可以简化总分类账的登记工作。在采用多栏式银行存款日记账的情况下，如果银行存款收、付的对应科目较多，为了避免账页篇幅大，可以分设银行存款收入日记账和银行存款支出日记账。

由出纳员根据审核后的有关银行存款收、付款凭证，逐日逐笔按顺序登记。登记银行存款日记账的要求基本同于登记现金日记账的要求。应当注意的是，“银行存款日记账”的余额应与银行存款的总账的余额核对相符。为了避免银行存款账目发生差错，企业应至少每月与银行对一次账，将银行存款日记账与银行对账单进行逐笔核对。

四、银行存款日记账的登录

银行日记账的登录与现金日记账的登录基本一致，银行存款日记账的登录如图 2-18 所示。

银行存款日记账

2009年		凭证		摘要	借方											贷方											借或贷	余额											核对
月	日	种类	号数		亿	千	百	十	万	千	百	十	元	角	分	亿	千	百	十	万	千	百	十	元	角	分		亿	千	百	十	万	千	百	十	元	角	分	
				承上页				2	6	3	5	0	0	0	0				1	2	3	5	0	0	0	0	借				1	4	0	0	0	0	0	0	
4	1	银付	11	付办公用品款																	2	0	0	0	0	0	借				1	3	8	0	0	0	0	0	
4	6	银付	18	付**公司贷款																1	5	8	6	2	0	0	借				1	2	2	1	3	8	0	0	
4	10	银收	20	收**公司账款					3	0	0	0	0	0	0												借				1	5	2	1	3	8	0	0	
4	30	银付	35	换现（日常报销）																	3	2	5	0	0	0	借				1	4	8	8	8	8	0	0	
				本月合计					3	0	0	0	0	0	0					2	1	1	1	2	0	0	借				1	4	8	8	8	8	0	0	
	通栏红线			本年累计				2	9	3	5	0	0	0	0				1	4	4	6	1	2	0	0	借				1	4	8	8	8	8	0	0	

图 2-18　银行存款日记账

第七节　印章的管理与使用

一、印章的保管

支票印鉴章一般应由会计主管人员或指定专人保管，支票和印鉴必须由两人分别保管。负责保管的人员不得将印章随意存放或带出工作单位。与出纳有关的印鉴主要是银行预留印鉴中的个人章。出纳人员应当将该印章妥善地保管在保险柜中。单位在印章管理中应注意以下几点：

1. 银行的预留印鉴主要用于支票

印鉴一般都留有两个：一个是单位负责人的个人印章；二是单位的财务专用章。个人印章由出纳保管，财务专用章由其他会计人员保管。绝对不能由出纳同时保管这两个印章，否则后患无穷。

2. 预留印鉴的更换必须按规定进行

如果单位负责人更换或印鉴损坏需要更换时，应填写“印鉴更换申请书”同时出具证明情况的公函一并交开户银行，经银行同意后，在银行发给的新印鉴卡的背面加盖原预留印鉴，在正面加盖新启用的印鉴。

3. 预留印鉴如果发生遗失，应当及时上报

预留印鉴如果发生遗失，应当及时上报有关领导。出纳人员如果遗失预留印鉴中的个人印章，应由本单位出具函证，如果遗失的是单位的财务专用章，则应由上级主管部门出具函证，经开户银行同意后，出纳人员再办理更换印鉴的手续。

二、印章的使用

印章具有标志、权威、凭证和法律作用。因此，使用印章是一项严肃的工作，为防止任何意外发生、保证公司利益必须严守单位制度。

(1)凡需加盖各类印章，必须经有关领导批准，其权限应分级掌握，原则是使用哪一级的印章，由哪一级领导批准。

(2)一般部门印章、公司印章、合同印章的使用由综合部经理负责，财务印章由财务部经理负责，盖章前责任人需对用印的文件的内容、手续、格式及出示证明的用途等进行把关检查，对不宜用印的，应对批准的领导说明情况，对不符合手续的要予以拒绝；审核时发现问题，要及时请示公司领导。

(3)凡申请使用印章，都应在《公司用印登记表》上进行详细的登记，注明用章文件的内容、份数、经办人和审批人。

(4)用印章要端正、清楚，要盖在落款的日期上。

(5)除有存根的介绍信及合同等有据可查的文件外，凡重要文件用印的，综合部均需保存一份原件备查，不能留原件的，应在加盖印章后留存一份复印件备查。

(6)印章限定在办公室范围内使用，不得私自动用印章，不得擅自携带印章外出。如需携带印章外出，须经部门经理或主管领导批准，并填写《印章领用单》，说明领用印章的用途事项和交回时间，并对印章的使用负全部责任。

第八节　出纳员交接工作

《会计法》规定："会计人员调动工作或者离职，必须与接管人员办清交接手续。一般会计人员办理交接手续，由会计机构负责人监交。"出纳员交接要按照会计人员交接的要求进行。出纳员交接要做到两点：一点是移交人员与接管人员要办清手续；另一点是在交接过程中要有专人负责监交。出纳员交接一般要经过交接准备和正式交接两个阶段。

一、出纳员交接准备

(一)出纳员需要进行交接的情况

(1)原出纳因辞职或离开单位。

(2)企业内部工作变动原出纳不再担任出纳工作。

(3)出纳岗位内部增加工作人员，重新进行分工。

(4)原出纳因病假、事假或临时调用，不能继续从事出纳工作。

(5)原出纳因特殊情况,如停职审查等,不宜继续从事出纳工作。

(6)其他需要办理交接的情况,如企业合并、分立、解散等。

(二)出纳员交接前的准备工作

(1)及时办理资金收付业务。未能办完的业务,列入未尽事宜加以详细说明。

(2)已受理的经济业务,及时登记入账。

(3)全部记账凭证登记入账后,进行结账工作。

(4)核对账目,自行进行财产清查,账实相符后,在最后一笔余额后加盖私章,若有不符,要找出原因,加以解决,在移交时做到账实相符。

(5)根据清理后的财物、凭证、其他资料及未尽事宜说明,准备编制移交清册。

二、出纳员移交工作

(一)出纳员移交清册编制

在实际工作中,移交清册是根据财务制度和本单位制度要求编制的,一般一式三份,交接双方各持一份,监交人存档一份。移交清册一般由以下几个部分构成。

1. 财产物资移交清单

编制财务移交清单时可以根据实际情况按不同财产类别分别编制移交清单,也可汇总编制,主要包括库存现金、银行存款、其他货币资金、有价证券及其他物品移交的数量或金额。移交清单填制时首先确定截止日期,按其实有数量逐项填写,可在备注栏加注其他情况说明,移交所保管的预留银行的印鉴时要在移交清单上用印。

2. 核算资料移交清单

核算资料移交清单的内容主要包括账簿、发票、银行结算凭证、收据及其他会计资料,编制时要与实物清单核对相符。

3. 交接情况说明书

交接情况说明书包括移交情况的补充说明、未尽事宜的说明以及其他无法列入或不便列入的内容说明。主要包括的内容有:单位名称、交接日期、交接双方和监交人员的职务和签名、交接责任的说明、交接意见、交接清单页数和其他需要说明的事项。

(二)进行正式交接

出纳工作交接一般在单位会计机构负责人、主管会计人员监督下进行。移交人员在办理移交时,要按移交手册逐项进行移交;接替人员要逐项核对点收。

(1)库存现金、有价证券要根据会计账簿有关记录进行点交。库存现金、有价证券必须与会计账簿记录保存一致。不一致时,移交人员必须限期查清。

(2)会计凭证、会计账簿、会计报表和其他会计资料必须完整无缺。如有短缺,必须查清原因,并在移交清册中注明,由移交人员负责。

(3)银行存款账户余额要与银行对账单核对,如果不一致,应该编制银行存款余额调节表,并调节相符,各种财物和债权、债务的明细账户余额要与总账有关账户余额核对相符。必要时,要抽查个别账户的余额,与实物核对相符,或者与往来单位、个人核对清楚。

(4)移交人员对经管的票据、印章和其他实物等,必须交接清楚;移交人员从事会计电算化工作的,要对有关电子数据在实际操作状态下进行交接。

(5)移交完毕后,由交接双方和监交人员在移交清册上签名或盖章。

职业能力训练

【实训目的】掌握会计数字书写和凭证填制。

一、数码字练习

1.阿拉伯数码字书写练习

请按标准阿拉伯数字字体练习。

阿拉伯数字书写练习用纸

	千	百	十	万	千	百	十	元	角	分	千	百	十	万	千	百	十	元	角	分	千	百	十	万	千	百	十	元	角	分	千	百	十	万	千	百	十	元	角	分

2. 汉字大写数字书写练习

请按下列大写数字标准练习大写数字的书写。

壹	贰	叁	肆	伍	陆	柒	捌	玖	拾	零							

大写数字书写练习用纸

3.把下列各数写成大写数字

(1)24675　　(2)382607　　(3)6000846

(4)5128723　　(5)875689430　　(6)48325

(7)243804　　(8)8000412　　(9)6243216

(10)454821760

二、凭证填制

【实训资料】某化工厂 2012 年 12 月发生的经济业务如下：

(1)10 日，从银行存款中提取现金 24000 元，备发工资。

(2)10，以现金支付职工工资 24000 元。

(3)11 日，向永明厂购入 A 材料 26300 元，增值税率 17%，该厂垫付运杂费 1000 元，货款以银行存款支付，材料已验收入库，按其实际采购成本转账。

(4)13 日，以现金支付上述购入材料的搬运费 700 元，并按其实际采购成本转账。

(5)14 日，收到兴华工厂还来欠款 4000 元存入银行。

(6)15 日，以银行存款支付上月应交税金 2300 元。

(7)31 日，用现金支付销售产品包装费、装卸费等销售费用 1000 元。

(8)31 日，出售多余 C 材料 4000 元，增值税额 680 元，款项存入银行，同时结转该材料的实际成本 2400 元。

【实训要求】填制上述业务的记账凭证。

第三章 现金收付业务

第一节 现金管理

一、现金的含义

会计范畴的现金又称库存现金，是指存放在企业并由出纳人员保管的现钞，包括库存的人民币和各种外币。现金是流动性最强的一种货币资金，它可以随时用以购买所需物资、支付日常零星开支、偿还债务等。

依国际惯例解释，"现金"是指随时可作为流通与支付手段的票证，不论是法定货币或信用票据，只要具有购买或支付能力，均可视为现金。所以，现金从理论上讲有广义与狭义之分。狭义现金是指企业所拥有的硬币、纸币，即由企业出纳员保管的作为零星业务开支之用的库存现款。广义现金则应包括库存现款和视同现金的各种银行存款、流通证券等。我们这里指的是狭义的现金。

由于现金是流动性最强的一种资产，它的支付能力强，直接由企业出纳人员保管，最容易被盗窃和挪用。因此，现金管理是各单位资金管理的重点，也是出纳人员最主要的日常工作。按照规定，出纳人员必须采用规范的程序和处理步骤办理各种现金出纳业务，从而保证办理现金出纳业务的工作质量，加强对企业现金的管理。

二、现金管理的基本要求

（一）现金使用范围

企业应在国务院颁布的《现金管理暂行条例》规定的范围内使用现金，并主动接受开户银行的监督。以下就是规定使用现金的范围：

(1)职工工资、各种工资性津贴。

(2)支付给个人的各种奖励。

(3)各种劳保、福利费用以及国家规定的对个人的其他现金支出。

(4)个人劳务报酬。

(5)单位出差人员必须随身携带的差旅费。

(6)收购单位向个人收购农副产品和其他物资的价款。

(7)结算起点(1000元)以下的零星支出。

(8)中国人民银行确定的需要现金支付的其他支出,如因采购地点不确定、交通不便、抢险救灾以及其他特殊情况,办理转账结算不够方便,必须使用现金的支出。

(9)除上述第(5)、(6)两项之外,各单位支付给个人的款项每人每次不得超过本单位的限额,超过限额部分,可根据提款人的要求在指定的银行转为个人储蓄存款或以支票、银行本票支付。确需全额支付现金的,应经开户银行审查批准后予以支付。

(10)在银行开户的个体工商户、农村承包经营户异地采购的货款应通过银行以转账方式进行结算。若遇前述第(8)项特殊情况需使用现金,应由开户人向开户银行提出申请,开户行根据需要支付现金。

(11)机关、团体、部队、全民所有制和集体所有制企业、事业单位购置国家规定的专项控制商品,必须采取转账结算方式,不得使用现金结算。

(二)收取现金范围

按照以上现金使用范围的规定,在银行开户的单位,也只有在以下范围内才能收到现金,其他收入则一律通过银行办理结算。

(1)剩余差旅费和归还备用金等个人的交款。

(2)对个人或不能转账的集体单位的销售收入。

(3)不足转账起点(1000元)的小额收款,如零星小额销售收入。

企业的一切款项,除以上规定范围可以用现金收付外其余都必须一律通过银行办理转账结算。

(三)库存现金限额管理

库存现金限额是指为了保证各单位日常零星支付按规定允许留存现金的最高数额。库存现金的限额,由开户银行根据开户单位的实际需要和距离银行远近等情况核定。其限额一般按照企业3~5天日常零星开支所需现金确定。远离银行机构或交通不便的单位可依据实际情况适当放宽,但最高不得超过15天。

库存现金限额=每日平均零星开支×核定天数

单位每日的现金结存数不得超过核定的限额,超过限额部分应及时送存银行;不足部分,可签发现金支票向银行提取现金补足限额。单位因业务发展需要而变更库存现金限额时,可向银行提出申请,由开户银行重新核实。

(四)单位办理现金收付业务有关规定

根据《现金管理暂行条例》的规定,单位现金收支应当依照下列规定办理:

(1)单位现金收入应当于当日送存开户银行。当日送存确有困难的,由开户银行确定送存时间。

(2)单位支付现金,可以从本单位库存现金限额中支付或者从开户银行提取,不得从本单位的现金收入中直接支付(即坐支)。因特殊情况需要坐支现金的,应当事先报经开户银行审查批准,由开户银行核定坐支范围和限额。坐支单位应当定期向开户银行报送坐支金额和使用情况。

(3)单位根据条例的规定,从开户银行提取现金,应当写明用途,由本单位财会部门负责人签字盖章,经开户银行审核后,予以支付现金。

(4)因采购地点不固定、交通不便、生产或者市场急需、抢险救灾以及其他特殊情况必须使用现金的,开户单位应当向开户银行提出申请,由本单位财会部门负责人签字盖章,经开户银行审核后,予以支付现金。

(五)日常现金收付管理有关规定

(1)到银行办理现金存、取必须明确来源和用途;向银行送存现金必须在“现金交款单”上注明来源;从银行提取现金必须在现金支票上注明真实用途,不准编造和谎报用途套取现金。

(2)不准利用支票和转账凭证套换现金。

(3)不准用银行账户代其他单位和个人存入或支取现金。

(4)不准用借条、白条等不符合会计制度的凭证顶替库存现金(白条抵库)。

(5)不准将单位的库存现金收入以个人储存名义存入银行(公款私存),不准保留账外公款,不得私设“小金库”。

第二节　现金业务处理

一、现金收入业务处理

(一)现金收入的内部控制

由于现金是支付手段中最便捷的,具有很高的流动性,在现金的收付业务中,如果不加强对现金的控制,容易造成非正常的现金流失,从而导致别有用心人员侵占、挪用现金,使企业蒙受不必要的损失。

企业应对现金内部控制系统中不相容的职务实行分工负责,主要是建立钱账分管制度。签发收款凭证(即收据)应与收款的职责分开,由两个经办人分工负责办理。即一般由业务部门人员填制发票和单据,由出纳人员据以收款,会计人员据以记账,从而确保发票、收款人和入账金额的一致性，防止交由一个人经办可能产生的弊端。即发生每笔现金收入必须填制收款凭证，对于已经收讫的凭证，应在有关原始凭证上盖上“现金收讫”戳记，并立即登记入账。

（二）现金收入的来源

企业的现金收入来源如图 3-1 所示。

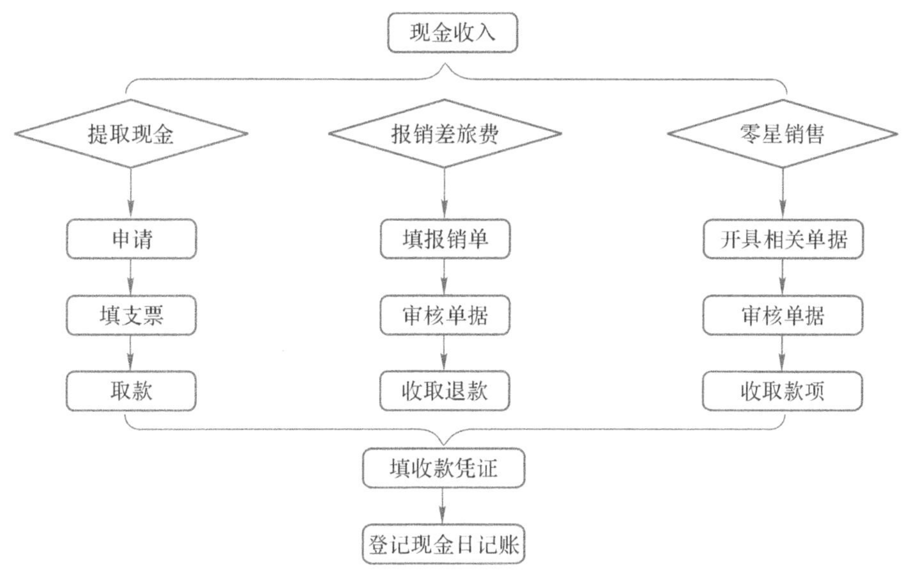

图 3-1 企业的现金收入来源

（三）典型的现金业务办理

1. 提取现金业务

要掌握以下的现金支票知识要点：

(1)现金支票只能用于支取现金，不能用于转账，不得背书转让。

(2)签发支票应使用墨汁或碳素墨水填写，如果发生未按规定填写或被涂改冒领的，由签发人负责。支票上各项内容要填写齐全，内容要真实，字迹要清晰，数字要标准，大小写金额要一致。支票大小写金额、签发日期和收款人不得更改，其他内容如果有更改，必须由签发人加盖预留银行印鉴之一证明。单位和银行的名称用全称（异地结算应冠以有省（自治区、直辖市）、县（市）字样）。军队一类保密单位使用的银行结算凭证可免填用途。

(3)出票日期数字必须大写，大写数字写法为：零、壹、贰、叁、肆、伍、陆、柒、捌、玖、拾。注意：

1)壹月、贰月前零字必须写，叁月至玖月前零字可写可不写。拾月至拾贰月必须写成壹拾月、壹拾壹月、壹拾贰月（前面多写了“零”字也认可，如零壹拾月）。

2)壹日至玖日前零字必写，拾日至拾玖日必须写成壹拾日及壹拾×日(前面多写了“零”字也认可，如零壹拾伍日，下同)，贰拾日至贰拾玖日必须写成贰拾日及贰拾×日，叁拾日至叁拾壹日必须写成叁拾日及叁拾壹日。

(4)“收款人”名称必须填写全称。

1)现金支票收款人可写为本单位名称，此时现金支票背面“被背书人”栏内加盖本单位的财务专用章和法人章，之后收款人可凭现金支票直接到开户银行提取现金。(由于有的银行各营业点联网，所以也可到联网营业点取款，具体要看联网覆盖范围。)

2)现金支票收款人可写为收款人个人姓名，此时现金支票背面不盖任何章，收款人在现金支票背面填上身份证号码和发证机关名称，凭身份证和现金支票签字领款。

例 1 2013 年 9 月 5 日广西南方食品有限公司为了零星支出的需要到银行提取现金 8500元。

【相关岗位】出纳、制单会计、总账会计、财务负责人

【办理流程】

(1)出纳填写支票领用登记簿(见表 3-1)，交财务经理审核签字。

表 3-1 填写支票领用登记簿

日期	票据类型	票据号码	收款单位	金额	领用人	核准人
2013.9.5	现金支票	57664	南方食品公司	¥8,500.00	李乐	李丽

(2)出纳填写现金支票(见图 3-2)，财务经理在支票正面(见图 3-3)和背面(见图 3-4)加盖财务专用章和法人印鉴。

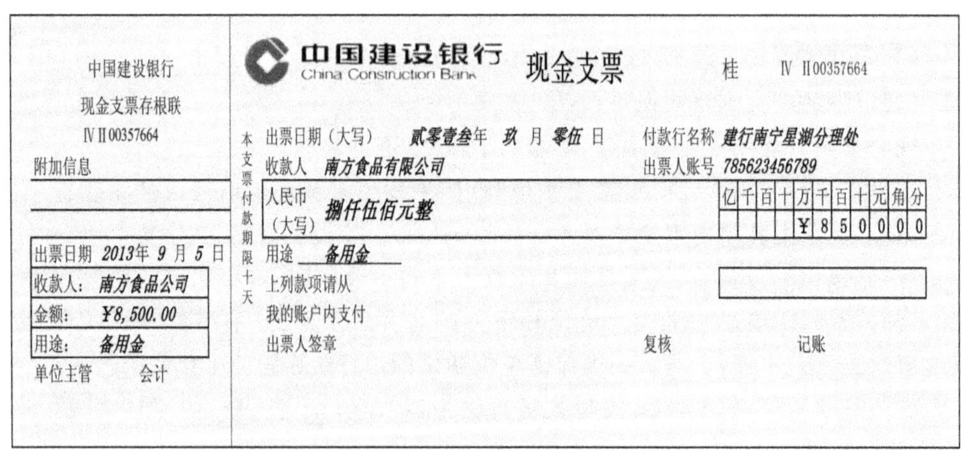
中国建设银行
现金支票存根联
Ⅳ Ⅱ00357664
附加信息
出票日期 2013年 9 月 5 日
收款人: 南方食品公司
金额: ¥8,500.00
用途: 备用金
单位主管 会计

中国建设银行 China Construction Bank 现金支票 桂 Ⅳ Ⅱ00357664
本支票付款期限十天
出票日期（大写） 贰零壹叁年 玖 月 零伍 日 付款行名称 建行南宁星湖分理处
收款人 南方食品有限公司 出票人账号 785623456789
人民币（大写） 捌仟伍佰元整

亿	千	百	十	万	千	百	十	元	角	分
				¥	8	5	0	0	0	0

用途 备用金
上列款项请从
我的账户内支付
出票人签章 复核 记账

图 3-2 填写现金支票

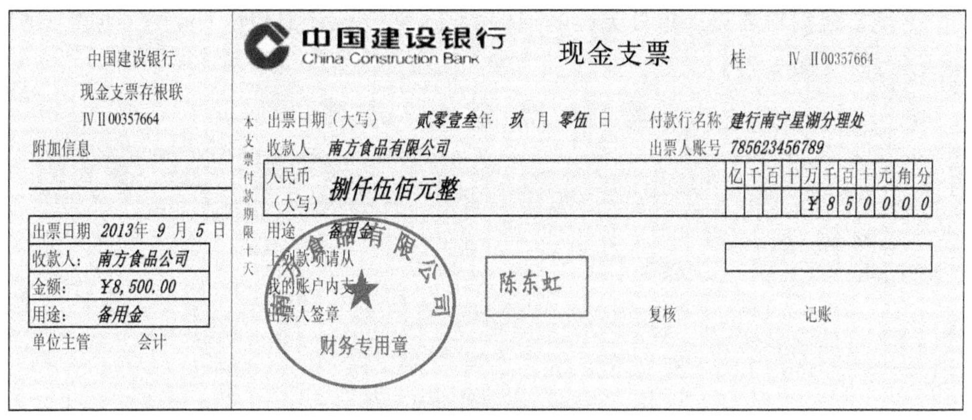

中国建设银行
现金支票存根联
Ⅳ Ⅱ00357664
附加信息

出票日期 2013年 9 月 5 日
收款人：南方食品公司
金额：¥8,500.00
用途：备用金
单位主管　　会计

中国建设银行 China Construction Bank　　现金支票　　桂　　Ⅳ Ⅱ00357664

本支票付款期限十天

出票日期（大写）　贰零壹叁年　玖　月　零伍　日　　付款行名称　建行南宁星湖分理处
收款人　南方食品有限公司　　出票人账号　785623456789

人民币（大写）	亿	千	百	十	万	千	百	十	元	角	分
捌仟伍佰元整					¥	8	5	0	0	0	0

用途　备用金
上列款项请从
我的账户内支付
出票人签章　　　　复核　　　　记账

南方食品有限公司 财务专用章
陈东虹

图 3-3　财务经理在支票正面加盖财务专用章和法人印鉴

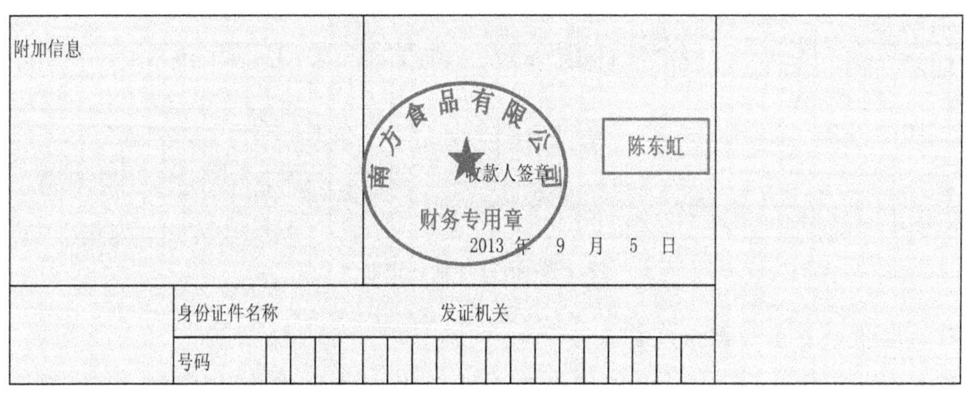

附加信息

南方食品有限公司 财务专用章
陈东虹
收款人签章
2013 年 9 月 5 日

身份证件名称　　　　发证机关
号码

图 3-4　财务经理在支票反面加盖财务专用章和法人印鉴

(3)出纳将现金支票正联剪下，送交银行，办理提现手续。

(4)出纳员将“现金支票存根联”传给制单会计制单(见图 3-5)。

付　款　凭　证

贷方科目　银行存款　　2013 年　9　月　5　日　　付 字　1　号

摘要	借方科目		√	金额										
	总账科目	明细账科目		千	百	十	万	千	百	十	元	角	分	附件
提现备用	库存现金							8	5	0	0	0	0	壹
														张
							¥	8	5	0	0	0	0	

会计主管　　记账　　出纳　李乐　　复核　　制单　张丽

图 3-5　付款凭证

(5)出纳员根据财务经理审核无误的记账凭证，复核后登记现金日记账(见图 3-6)和银行存款日记账(见图 3-7)。

库存现金日记账

2013 月	日	凭证 字	号数	摘要	对方科目	借方	贷方	余额	√
9	1			期初余额				560000	
	5	付	1	提现	银行存款	850000		1410000	

图 3-6 库存现金日记账

银行存款日记账

2013 月	日	凭证 字	号数	摘要	对方科目	借方	贷方	余额	√
9	1			期初余额				45510000	
	5	付	1	提现			850000	44660000	

图 3-7 银行存款日记账

2. 收取报销差旅费剩余现金业务

例 2 2013 年 9 月 15 日职工周宏星出差回来报销差旅费 4650 元，原预借差旅费 5000元。

【相关岗位】出差人员、主管领导、出纳、收入费用会计、财务主管

【办理流程】

(1)出差人员填写差旅费报销单(见图 3-8)。

差旅费报销单

2013 年 09 月 15 日

姓名：周宏星、黄宏　　部门：采购部　　出差事由：采购材料　　单据张数 10 张

起止日期 月	日	月	日	起止地点	交通费	市内交通	住宿费	途中伙食补贴 标准	天数	金额	住勤补贴 天数	金额	合计
9	4	9	5	南宁-北京	993.00		1544.00	60	4	480.00	4	640.00	
9	10	9	11	北京-南宁	993.00								
合计					1986.00		1544.00			480.00		640.00	4650.00
人民币(大写) 肆仟陆佰伍拾捌元整						应退(补) 350.00							

审核：张亮　　部门主管：林伟　　财务主管：陈秀　　经手：周宏星

图 3-8 差旅费报销单

(2)领导审核签字。

(3)会计人员审核,开具收款凭证(见图 3-9)。

收 款 收 据

2013年 9 月 15 日

今收到 周宏星

人民币合计(大写):叁佰贰拾伍元整　　　　¥: 350.00

该款系 差旅费报销退回余款

单位盖章　　　　会计主管　　　　出纳　　　　经手人

图 3-9 收款收据

(4)制单会计审核后编制现金收款凭证(见图 3-10)。

收 款 凭 证

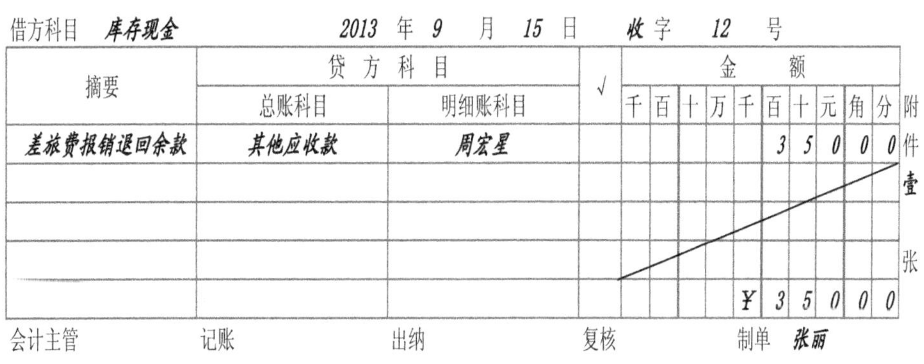

借方科目 库存现金　　　　2013 年 9 月 15 日　　　　收 字 12 号

摘要	贷方科目		√	金额										附件
	总账科目	明细账科目		千	百	十	万	千	百	十	元	角	分	
差旅费报销退回余款	其他应收款	周宏星							3	5	0	0	0	壹
														张
								¥	3	5	0	0	0	

会计主管　　　记账　　　出纳　　　复核　　　制单 张丽

图 3-10 现金收款凭证

(5)会计人员审核后在审核栏签章后交出纳办理收款业务。

(6)出纳员再次审核办理收款手续,并在收据上加盖财务专用章和现金收讫章(见图3-11)。

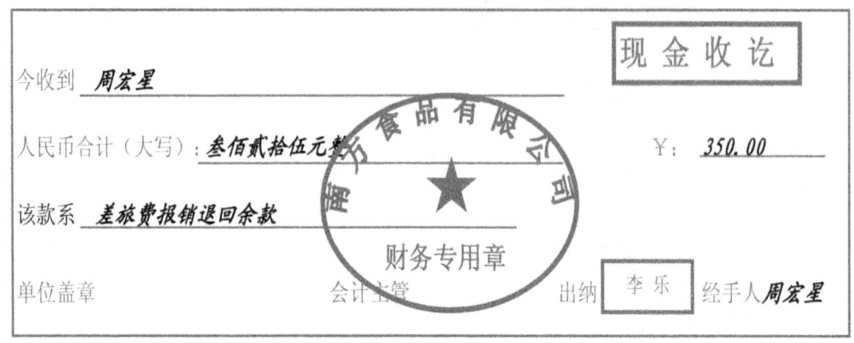

收 款 收 据

2013年 9 月 15 日

现金收讫

今收到 周宏星

人民币合计（大写）：叁佰贰拾伍元整 ￥：350.00

该款系 差旅费报销退回余款

南方食品有限公司 财务专用章

单位盖章 会计主管 出纳 李乐 经手人 周宏星

图 3-11 在收据上加盖财务专用章和现金收讫章

(7)出纳员根据收款凭证记现金日记账（见图 3-12）。

库存现金日记账

2013		凭证		摘要	对方科目	借方										贷方										余额										√
月	日	字	号数			千	百	十	万	千	百	十	元	角	分	千	百	十	万	千	百	十	元	角	分	千	百	十	万	千	百	十	元	角	分	
9	1			期初余额																										5	6	0	0	0	0	
	5	付	1	提现	银行存款					8	5	0	0	0	0														1	4	1	0	0	0	0	
	15	收	12	退回多余差旅费	其他应收款						3	5	0	0	0														1	4	4	5	0	0	0	

图 3-12 记现金日记账

(8)出纳将会计凭证传给相关人员登记总账和相关明细账。

3. 零星收入

例 3 2013 年 9 月 20 日，销售部出售给顾客张琳黑芝麻糊 20 包，单价 15 元；饼干 2 箱，单价 65 元，作为零星收入以现金收取款项。

【相关岗位】顾客、出纳、收入费用会计、财务主管

【办理流程】

(1)销售部人员销售商品后，开出一式三联的销售小票（见图 3-13）。

(2)顾客或销售人员将销售小票交给出纳，作为收取现金的依据。

南方食品公司销售发货通知单 №963258

购货单位张琳 2013年 9 月20 日

品名	商品编码	单位	数量	单价	金额								
					百	十	万	千	百	十	元	角	分
黑芝麻糊	7561	包	20	15					3	0	0	0	0
饼干	6823	箱	2	65					1	3	0	0	0
合　计	人民币（大写）肆佰叁拾元整							¥	4	3	0	0	0

销售员 黄奕

第一联 记账联

南方食品公司销售发货通知单 №963258

购货单位张琳 2013年 9 月20 日

品名	商品编码	单位	数量	单价	金额								
					百	十	万	千	百	十	元	角	分
黑芝麻糊	7561	包	20	15					3	0	0	0	0
饼干	6823	箱	2	65					1	3	0	0	0
合　计	人民币（大写）肆佰叁拾元整							¥	4	3	0	0	0

销售员 黄奕

第二联 顾客联

南方食品公司销售发货通知单 №963258

购货单位张琳 2013年 9 月20 日

品名	商品编码	单位	数量	单价	金额								
					百	十	万	千	百	十	元	角	分
黑芝麻糊	7561	包	20	15					3	0	0	0	0
饼干	6823	箱	2	65					1	3	0	0	0
合　计	人民币（大写）肆佰叁拾元整							¥	4	3	0	0	0

销售员 黄奕

第三联 存根联

图 3-13 一式三联的销售小票

(3)出纳人员对销售小票进行审核，审核单价、金额是否正确，相关内容是否填写完整，签章是否齐全。审核无误后办理收款手续，在第二联小票上签章加盖“现金收讫”章(见图3-14)，将此联交给交款人用以开具发票，第三联留存，第一联交制单会计制单。

南方食品公司　销售发货通知单　　　　№963258

购货单位张琳　　　　　　　　　　　　　　2013年 9 月20 日

品名	商品编码	单位	数量	单价	金额 百	十	万	千	百	十	元	角	分
黑芝麻糊	7561	包	20	15					3	0	0	0	0
饼干	6823	箱	2	65					1	3	0	0	0
合　计	人民币（大写）肆佰叁拾元整							¥	4	3	0	0	0

第二联顾客联

销售员　黄奕

南方食品有限公司 收款专用章　现金收讫

图 3-14　在第二联销售小票上签章加盖“现金收讫”章

(4)交款人持盖有章的销售小票到销售部领货物并开具一式三联的发票(见图 3-15)。

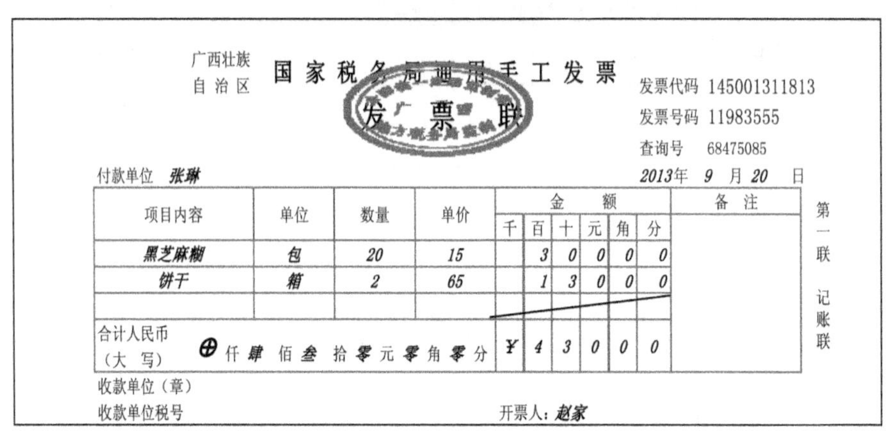

广西壮族自治区　**国家税务局通用手工发票**　发票联

发票代码 145001311813
发票号码 11983555
查询号 68475085

付款单位 张琳　　　　　　2013年 9 月 20 日

项目内容	单位	数量	单价	金额 千	百	十	元	角	分	备注
黑芝麻糊	包	20	15		3	0	0	0	0	
饼干	箱	2	65		1	3	0	0	0	
合计人民币（大写）	⊕ 仟 肆 佰 叁 拾 零 元 零 角 零 分			¥	4	3	0	0	0	

第一联 记账联

收款单位（章）
收款单位税号　　　　开票人：赵家

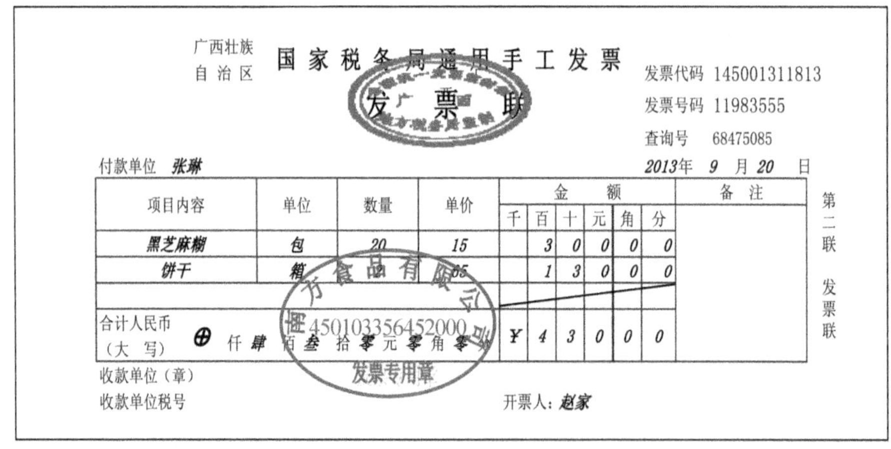

广西壮族自治区　**国家税务局通用手工发票**　发票联

发票代码 145001311813
发票号码 11983555
查询号 68475085

付款单位 张琳　　　　　　2013年 9 月 20 日

项目内容	单位	数量	单价	金额 千	百	十	元	角	分	备注
黑芝麻糊	包	20	15		3	0	0	0	0	
饼干	箱	2	65		1	3	0	0	0	
合计人民币（大写）	⊕ 仟 肆 佰 叁 拾 零 元 零 角 零 分			¥	4	3	0	0	0	

第二联 发票联

收款单位（章）
收款单位税号　　　　开票人：赵家

南方食品有限公司 450103356452000 发票专用章

图 3-15　开具发票

(5)销售部将发票记账联传给制单会计制单。

(6)制单会计审核发票和销售小票后无误,编制收款凭证(见图 3-16)。

收　款　凭　证

借方科目　**库存现金**　　　2013 年 9 月 20 日　　　收字 16 号

摘要	贷方科目：总账科目	贷方科目：明细账科目	√	金额（千百十万千百十元角分）
销售收款	主营业务收入	食品		36752
	应交税费	应交增值税（销项税额）		6248
				¥43000

附件贰张

会计主管　　记账　　出纳　　复核　　制单 张丽

图 3-16　收款凭证

(7)稽核人员审核无误后签章。

(8)出纳人员对上述收款凭证审核签章(见图 3-17)。

收　款　凭　证

借方科目　**库存现金**　　　2013 年 9 月 20 日　　　收字 16 号

摘要	贷方科目：总账科目	贷方科目：明细账科目	√	金额（千百十万千百十元角分）
销售收款	主营业务收入	食品		36752
	应交税费	应交增值税（销项税额）		6248
				¥43000

附件贰张

会计主管　　记账　　出纳：李乐　　复核 文锦　　制单 张丽

图 3-17　收款凭证审核签章

(9)出纳员根据收款凭证记现金日记账(见图 3-18)。

库存现金日记账

2013 月	日	凭证 字	号数	摘要	对方科目	借方（千百十万千百十元角分）	贷方（千百十万千百十元角分）	余额（千百十万千百十元角分）	√
9	1			期初余额				560000	
	5	付	1	提现	银行存款	850000		1410000	
	15	收	12	退回多余差旅费	其他应收款	35000		1445000	
	20	收	16	销售收款	主营业务收入	43000		1488000	

图 3-18　记现金日记账

二、现金支付业务处理

现金支付业务是指各单位在其生产经营过程和非生产经营过程中对外支付现金的业务。它包括各单位向外购买货物、接受劳务而支付现金的业务、发放工资业务、费用报销业务以及向有关部门支付备用金等。现金支付时，一定要有有效的支出凭证，并严格审查支出凭证的审批手续。现金支付业务涉及原始凭证、记账凭证的填制审核，以及日记账的登记。

（一）现金支出内部控制

企业的现金支出主要用于前述文的现金开支范围，它的控制关键是应有一定的审批手续。只有经过审批的款项，并符合现金管理规定及在现金使用范围内才能支付。现金支出的内部控制主要注意以下要点：

1. 必要的原始凭证

一切现金付款业务都应有原始凭证，由经办人员填制付款凭证，并经主管人员审核同意签字，然后送交财务部门审核认可后，出纳人员据以付款。对于已付讫的凭证，应在有关原始凭证上加盖“现金付讫”戳记，以防止重复付款。

2. 大额支出应签发支票

一般日常零星开支付款凭证，经审核无误后即可由现金支付，如果是数额较大的现金支出（规定限额以外），每笔均应使用银行支票支付，每笔银行支票出具至少应有一人会签，并作支票登记。

3. 空白收据、发票和票据保管

空白收据、发票和票据应由非收款人和开票人员专人保管，并建立收据和发票的领用和核销制度。

在银行存款的额度内，开户单位均可向开户银行领购支票，企业一般都保留一定数量的空白支票以备使用。支票是一种支付凭证，一旦填写了有关内容，并加盖了在银行留有印样的图章后，即可成为直接从银行提取现金或与其他单位进行结算的凭据。所以，在空白支票使用上必须加强管理，同时要采取必要措施，妥善保管，以免发生非法使用和盗用、遗失等情况，给国家和企业造成不必要的经济损失。

存有空白支票的企业，必须明确指定专人妥善保管。要贯彻票、印分管的原则，空白支票和印章不得由一人负责保管。这样，可以明确责任，形成制约机制，防止舞弊行为。

空白收据即未填制的收据。空白收据一经填制，并加盖有关印鉴，即可成为办理转账结算和现金支付的一种书面证明，直接关系到资金结算的准确、及时和安全，因此，必须按规定加以保管和使用。

空白收据一般应由主管会计人员保管。要建立“空白收据登记簿”，填写领用日期、单位、起始号码，并由领用人签字，收据用完后，要及时归还、核销。使用单位不得将收据带出工作单位使用，不得转借、赠送或买卖，不得弄虚作假、开具实物与票面不相符的收据，更不能开具存根联与其他联不符的收据，作废的收据要加盖“作废”章，各联要连同存根一起保管，不要撕毁、丢失。

3. 合理适当延迟付款

单位应采用一定的策略与方法，妥善安排现金支出的数额和时间。例如，企业应在不损害本企业信誉的前提下，尽可能延迟现金支出的实际支付时间，从而使企业的资金延长在其账户的停留时间，增大企业的现金机动余地。对于各项支出，不要提前支付，而应在到期日按期支付。在结算方法选用上，尽可能多使用汇票，而少使用支票付款，充分利用汇款的承兑和付款期来延长现金支付的实际时间。总之，要充分利用现金付款的在途时间，延长现金在企业的停留时间。

（二）现金支出的原始凭证

涉及现金支出业务的原始凭证主要有以下几种：

1. 发票

单位在购买商品、接受劳务以及从事其他经营活动中支付现金，应收取发票作为付款凭证。

2. 非经营性收据

单位按照规定向国家机关、事业单位等支付规定费用和咨询服务费用时，应收取非经营性收据作为付款收据。

3. 内部收据

对于单位内部职能部门或与职工之间的现金往来及与外部单位和个人之间的非经营性现金支付，可采用内部收据。

4. 其他单据

内部结算使用的工资表或者借款单（请款单）等，以及将现金存入银行时填写的现金存款单等也都是现金支付的原始凭证。借款单一般一式三联：第一联会计部门作为支出凭证；第二联作为暂付款清算单；第三联由借款人留存。

5. 现金支出的处理程序

现金支出的处理程序如图 3-19 所示。

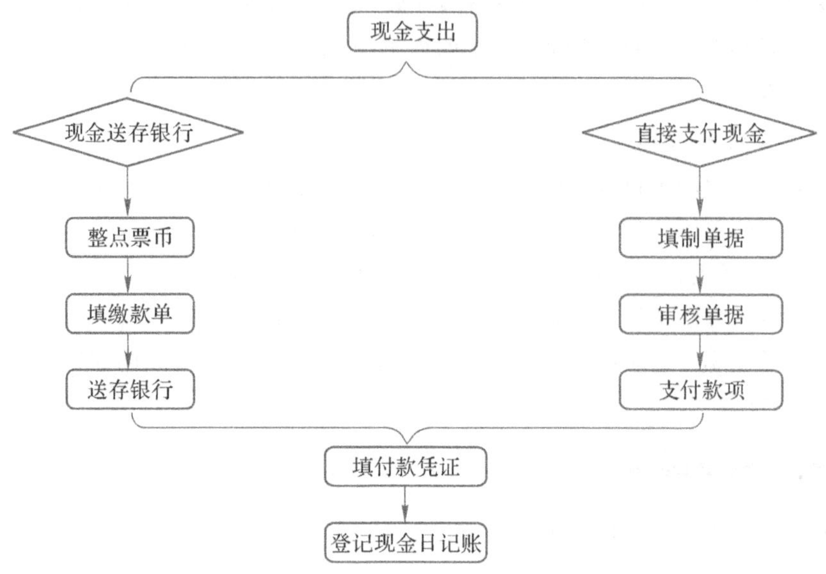

图 3-19　现金支出的处理程序

(三)典型业务办理

1. 预借差旅费

例 4　2013 年 9 月 25 日采购员吴英出差预借差旅费 4000 元。

【岗位人员】出差人员、主管领导、出纳、财务主管

【业务办理】

(1)出差人员到财务处领取并填写借款单(见图 3-20)。

借　　款　　单

借款理由 出差	
借款金额(大写)　肆仟元整　　　　￥4000.00 借款人签章 吴英　　2013 年 9 月 25 日	
单位负责人意见	会计主管人员意见

图 3-20　填写借款单

(2)部门领导、单位负责人审核后批准签字(见图 3-21)。

<table>
<tr><td colspan="2" align="center">借 款 单</td></tr>
<tr><td colspan="2">借款理由 出差</td></tr>
<tr><td colspan="2">借款金额(大写) 肆仟元整 ¥4000.00
借款人签章 吴英 2013 年 9 月 25 日</td></tr>
<tr><td>单位负责人意见
同意
陈东虹 2013年9月25日</td><td>会计主管人员意见
陈秀
2013年9月25日</td></tr>
</table>

图 3-21 领导审核后批准签字

(3)制单会计审核后编制付款凭证(见图 3-22)。

付 款 凭 证

贷方科目 库存现金 2013 年 9 月 25 日 付 字 30 号

摘要	借方科目		√	金额										附件壹张
	总账科目	明细账科目		千	百	十	万	千	百	十	元	角	分	
预借差旅费	其他应收款	吴英						4	0	0	0	0	0	
							¥	4	0	0	0	0	0	

会计主管 记账 出纳 李乐 复核 制单 张丽

图 3-22 编制付款凭证

(4)审核会计审核后签章交出纳办理付款手续。

(5)出纳审核后支付现金并在借款单上加盖"现金付讫章"(见图 3-23)。

(6)出纳员根据付款凭证登记现金日记账(见图 3-24),并将会计凭证传给相关人员登记总账和相关明细账。

借　款　单

借款理由 *出差*	
借款金额（大写） *肆仟元整*　　　现金付讫　　　*￥4000.00*	
借款人签章 *吴英*　　　*2013* 年 *9* 月 *25* 日	
单位负责人意见 *同意* *陈东虹　2013年9月25日*	会计主管人员意见 *同意* *陈秀　2013年9月25日*

图 3-23　在借款单上加盖“现金付讫”章

库存现金日记账

2013		凭证		摘要	对方科目	借方										贷方										余额										✓
月	日	字	号数			千	百	十	万	千	百	十	元	角	分	千	百	十	万	千	百	十	元	角	分	千	百	十	万	千	百	十	元	角	分	
9	1			期初余额																										5	6	0	0	0	0	
	5	付	1	提现	银行存款					8	5	0	0	0	0														1	4	1	0	0	0	0	
	15	收	12	退回多余差旅费	其他应收款						3	5	0	0	0														1	4	4	5	0	0	0	
	20	收	16	销售收款	主营业务收入						4	3	0	0	0														1	4	8	8	0	0	0	
	25	付	30	预借差旅费	其他应收款															4	0	0	0	0	0				1	0	8	8	0	0	0	

图 3-24　登记现金日记账

2\. 库存现金缴存业务

例 5　2013 年 9 月 26 日，南方食品公司将零星收入的现金 3600 元送存银行。

【相关岗位人员】出纳、制单会计、总账会计、财务主管

【业务办理】

（1）整点票币。送款前应将送存款清点整理，按币别、币种分开。纸币要平铺整齐，每百元张 100 张为 1 把，每 10 把为 1 捆，以此类推，用纸条在腰中捆扎好，余为零头；硬币每百枚为一卷，10 卷为 1 捆，不足 1 卷为零头；最后合计出需要存款的金额。

（2）填写现金进账单（缴款单）（见图 3-25）。根据整点好的存款金额填写进账单，各种币别的金额合计数应与存款金额一致。

（3）向银行提交进账单和整点好的票币。票币要一次性交清，当面清点，若有差异，应当面复核。

（4）开户银行受理后，在现金进账单上加盖“现金收讫”和银行印鉴后退回交款人一联（见图 3-26），表示款项已收妥。

中国建设银行 China Construction Bank　　现金缴款单

币别 人民币　　2013 年 9 月 26 日

单位填写	收款单位	南方食品有限公司	交款人	李乐
	账号	265-48372	款项来源	销售收入
	（大写）叁仟陆佰元整		亿 千 百 十 万 千 百 十 元 角 分	¥ 3 6 0 0 0 0
银行确认栏	现金回单（无银行打印记录及银行盖章无效）			

图 3-25　现金缴款单

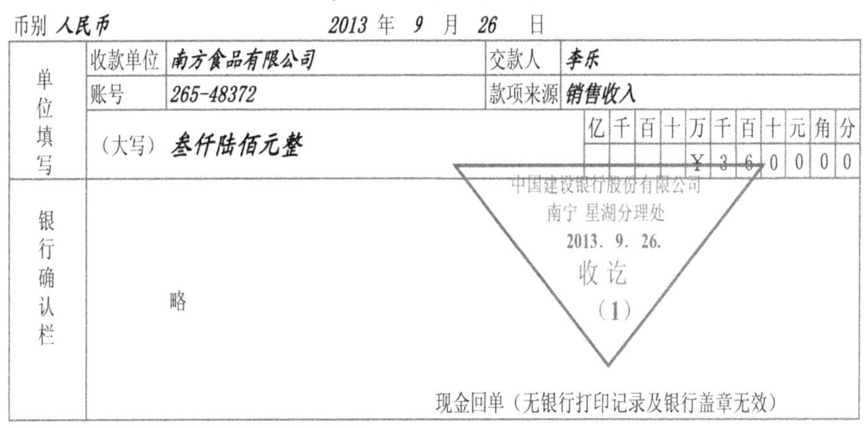

中国建设银行 China Construction Bank　　现金缴款单

币别 人民币　　2013 年 9 月 26 日

单位填写	收款单位	南方食品有限公司	交款人	李乐
	账号	265-48372	款项来源	销售收入
	（大写）叁仟陆佰元整		亿 千 百 十 万 千 百 十 元 角 分	¥ 3 6 0 0 0 0
银行确认栏	略　中国建设银行股份有限公司 南宁 星湖分理处 2013. 9. 26. 收讫 (1)　现金回单（无银行打印记录及银行盖章无效）			

图 3-26　开户银行加盖“现金收讫”和银行印鉴

(5)根据银行退回盖有“收讫”印鉴的一联现金缴款单，编制付款凭证(见图 3-27)。

(6)根据记账凭证登记现金日记账(见图 3-28)。

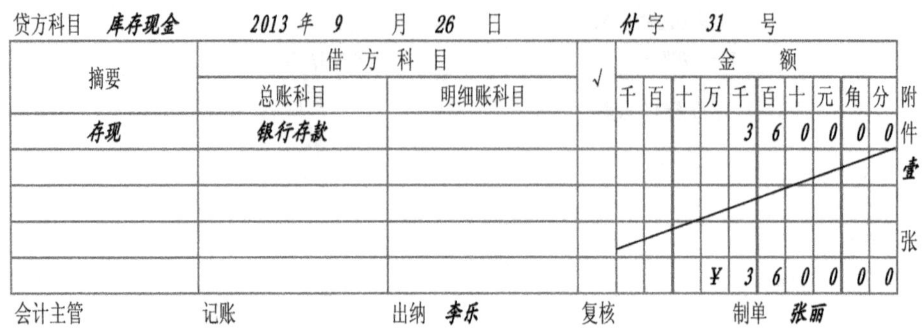

付　款　凭　证

贷方科目　库存现金　　2013 年 9 月 26 日　　付 字 31 号

摘要	借方科目 总账科目	明细账科目	√	金额（千百十万千百十元角分）
存现	银行存款			360000
				¥360000

附件 壹 张

会计主管　　记账　　出纳　李乐　　复核　　制单　张丽

图 3-27　编制付款凭证

库存现金日记账

2013 月	日	凭证 字	号数	摘要	对方科目	借方（千百十万千百十元角分）	贷方（千百十万千百十元角分）	余额（千百十万千百十元角分）	√
9	1			期初余额				560000	
	5	付	1	提现	银行存款	850000		1410000	
	15	收	12	退回多余差旅费	其他应收款	35000		1445000	
	20	收	16	销售收款	主营业务收入	43000		1488000	
	25	付	30	预借差旅费	其他应收款		400000	1088000	
	26	付	31	存现	银行存款		360000	728000	

图 3-28　登记现金日记账

3.现金报销费用办理

例 6　2013 年 9 月 27 日，销售科李元报销销售部门销售门面物业费 368 元，用现金支付。

【相关岗位】经办人员、出纳、会计、财务负责人

【业务办理】

(1)经办人员根据发票(见图 3-29)填写“费用支出单”(见图 3-30)，办理报销审批手续。

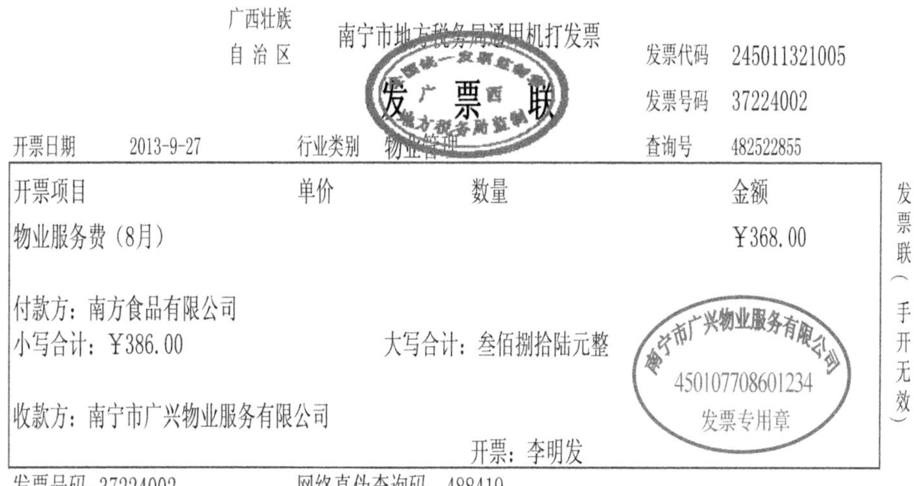

广西壮族自治区 南宁市地方税务局通用机打发票

发票联

发票代码 245011321005

发票号码 37224002

开票日期 2013-9-27　行业类别 物业管理　查询号 482522855

开票项目	单价	数量	金额
物业服务费（8月）			¥368.00

付款方：南方食品有限公司

小写合计：¥386.00　大写合计：叁佰捌拾陆元整

收款方：南宁市广兴物业服务有限公司

开票：李明发

南宁市广兴物业服务有限公司 450107708601234 发票专用章

发票联（手开无效）

发票号码：37224002　网络真伪查询码：488419

图 3-29 发票

费用报销单

填报日期 2013年 9 月 27 日

部门	销售部	姓名	罗曼
报销事由	销售部门面物业管理费		
报销单据 壹 张	合计金额 ⊕万 ⊕仟 叁 佰 陆 拾 捌 元 零 角 零 分	小写¥ 368.00	
单位领导	部门领导	填报人 罗曼	
会计主管	会计	出纳	

图 3-30 填写费用报销单

（2）审核。审核会计审核所附原始凭证的真实性、完整性、准确性，审核其是否符合本企业费用支出财务制度的规定和现金管理条例，审核后在费用支出报销单上签章；部门负责人审核主要审核费用的真实性、合理性，然后签章（见图 3-31）。再由会计主管审核凭证的真实性、合法性、完整性、正确性，签章后交制单会计编制付款凭证。

费用报销单			
填报日期 2013年 9 月 27 日			
部门	销售部	姓名	罗曼
报销事由	销售部门面物业管理费		
报销单据 壹 张	合计金额 ⊕万 ⊕仟 叁 佰 陆 拾 捌 元 零 角 零分 小写￥ 368.00		
单位领导 同意报销 陈东虹 2013年12月27日	部门领导 同意 文清213-12-27		填报人 罗曼
会计主管	会计	出纳	

图 3-31　审核报销单

(3)制单会计编制付款凭证并签章(见图 3-32)。

付　款　凭　证

贷方科目 库存现金　　2013 年 9 月 27 日　　付字 32 号

摘要	借方科目		√	金额										附件
	总账科目	明细账科目		千	百	十	万	千	百	十	元	角	分	
支付物业管理费	销售费用								3	6	8	0	0	贰
														张
								￥	3	6	8	0	0	

会计主管　　记账　　出纳　　复核　　制单 赵丽

图 3-32　编制付款凭证并签章

(4)出纳人员再次审核上述凭证后支付现金,并在费用支出报销单上加盖“现金付讫”章和个人名章(见图 3-33)。

费 用 报 销 单

填报日期　2013年 9 月 27 日

部门	销售部	姓名	罗曼
报销事由	销售部门面物业管理费 现金付讫		
报销单据 壹 张	合计金额 ⊕万 ⊕仟 叁 佰 陆 拾 捌 元 零 角 零分 小写￥ 368.00		
单位领导　同意报销 陈东虹 2013年12月27日	部门领导　同意 文清213-12-27	填报人	罗曼
会计主管	会计	出纳	李乐

图 3-33　出纳在销单上加盖“现金付讫”章和个人名章

(5)根据记账凭证登记现金日记账(见图 3-34)。

库 存 现 金 日 记 账

2013 月	日	凭证 字	号数	摘要	对方科目	借方	贷方	余额	√
9	1			期初余额				5600.00	
	5	付	1	提现	银行存款	8500.00		14100.00	
	15	收	12	退回多余差旅费	其他应收款	350.00		14450.00	
	20	收	16	销售收款	主营业务收入	430.00		14880.00	
	25	付	30	预借差旅费	其他应收款		4000.00	10880.00	
	26	付	31	存现	银行存款		3600.00	7280.00	
	27	付	32	报销门面物业费	销售费用		368.00	6912.00	

图 3-34　登记现金日记账

第三节　现金的保管与清查

一、现金保管制度

现金是流动性最强的资产，无须变现即可挥霍使用，因而现金是犯罪分子谋取的最直接目标。因此各单位应建立健全现金保管制度，防止由于制度不严、工作疏忽而给犯罪分子以可乘之机，给国家和单位造成损失。现金保管制度一般应包括如下内容：(1)超过库存限额以外的现金应在下班前送存银行。(2)为加强对现金的管理，除工作时间需要的小量备用金可放在出纳员的抽屉内，其余则应放入出纳专用的保险柜内，不得随意存放。(3)限额内的库存现金当日核对清楚后，一律放在保险柜内，不得放在办公桌内过夜。(4)单位的库存现金不准以个人名义存入银行，以防止有关人员利用公款私存取得利息收入，也防止单位利用公款私存形成账外小金库。银行一旦发现公款私存，可以对单位处以罚款，情节严重的，可以冻结单位现金支付。(5)库存现金，包括纸币和铸币，应实行分类保管。各单位的出纳员对库存票币分别按照纸币的票面金额和铸币的币面金额，以及整数(即大数)和零数(即小数)分类保管。

纸币一定要打开铺平存放，并按照纸币的票面金额，以每 100 张为 1 把，每 10 把为 1 捆扎好。凡是成把、成捆的纸币即为整数(即大数)，均应放在保险柜内保管，随用随取；凡不成把的纸币是为零数(或小数)，也要按照票面金额，每 10 张为一扎，分别用曲别针别好，放在传票箱内或抽屉内，一定要存放整齐，秩序井然。

铸币也是按照币面金额，以每 100 枚为 1 卷，每 10 卷为 1 捆，同样将成捆、成卷的铸币放在保险柜内保管，随用随取；不成卷的铸币，应按照不同币面金额，分别存放在特别的卡数器内。

二、现金日清月结制度

日清月结是出纳员办理现金出纳工作的基本原则和要求，也是避免出现长款、短款的重要措施。所谓日清月结就是出纳员办理现金出纳业务，必须做到按日清理、按月结账。

这里所说的按日清理，是指出纳员应对当日的经济业务进行清理，全部登记日记账，结出库存现金账面余额，并与库存现金实地盘点数核对相符。按日清理的内容包括：

(1)清理各种现金收付款凭证，检查单证是否相符。也就是说各种收付款凭证所填写的内容与所附原始凭证反映的内容是否一致；同时还要检查每张单证是否已经盖齐“收讫”、“付讫”的戳记。

(2)登记和清理日记账。将当日发生的所有现金收付业务全部登记入账，在此基础上，看看账证是否相符，即现金日记账所登记的内容、金额与收、付款凭证的内容、金额是否一致。清理完毕后，结出现金日记账的当日库存现金账面余额。

(3)现金盘点。出纳员应按券别分别清点其数量，然后加总，即可得出当日现金的实存数。将盘存得出的实存数和账面余额进行核对，看两者是否相符。如果发现有长款或短款，应进一步查明原因，及时进行处理。所谓长款，指现金实存数大于账存数；所谓短款，是指现金实存数小于账面余额。如果经查明长款属于记账错误、丢失单据等，应及时更正错账或补办手续；如果属少付他人则应查明后退还原主；如果确实无法退还，应经过一定审批手续可以作为单位的收益。对于短款，如果查明属于记账错误应及时更正错账；如果属于出纳员工作疏忽或业务水平问题，一般应按规定由过失人赔偿。

(4)检查库存现金是否超过规定的现金限额。如果实际库存现金超过规定库存限额，则出纳员应将超过部分及时送存银行；如果实际库存现金低于库存限额，则应及时补提现金。

三、现金清查制度

在坚持日清月结制度，由出纳员自身对库存现金进行检查清查的基础上，为了加强对出纳工作的监督，及时发现可能发生的现金差错或丢失，防止贪污、盗窃、挪用公款等不法行为的发生，确保库存现金安全完整，各单位应建立库存现金清查制度，由有关领导和专业人员组成清查小组，定期或不定期地对库存现金情况进行清查盘点，重点放在账款是否相符、有无白条抵库、有无私借公款、有无挪用公款、有无账外资金等违纪违法行为上。

一般来说，现金清查多采用突击盘点方法，不预先通知出纳员，以防预先做手脚。盘点时间最好在一天业务没有开始之前或一天业务结束后，由出纳员将截止清查时现金收付账项全部登记入账，并结出账面余额。这样可以避免干扰正常的业务。清查时出纳员应始终在场，并给予积极的配合。清查结束后，应由清查人填制“现金清查盘点报告表”，填列账存、实存以及溢余或短缺金额，并说明原因，上报有关部门或负责人进行处理。“现金清查盘点报告表”格式如表 3-2 所示。

表 3-2　库存现金盘点报告表

单位名称：　　　　　　　　　　　年　　月　　日

实存金额	账存金额	对比结果		备注
		盘盈	盘亏	
现金使用情况				
处理意见				

负责人签章：　　　　　　　　盘点人签章：　　　　　　　　出纳员签章：

造成现金差错的原因是很多的，有人为的责任性差错，也有事故性、技术性差错，在处理时，要区别对待。对于一贯坚持按制度办事，工作认真负责，只是由于一时技术操作不慎而造成的长款或短款，如果金额较少，可在教育本人的基础上按“长款归公、短款报损”的原则处理；对于一时查不清原因的差错，经领导批准后，可将多余或短缺的现金列入“待处理财产损溢”科目挂账，查明原因后再作处理，但不能长期挂账，要积极查处，尽快处理。对于因出纳人员工作不认真造成的短款，无论金额大小，都要由出纳员个人赔偿，并要对其加强教育，必要时可将其调离出纳岗位；对于玩忽职守、违反纪律、有章不循等原因造成的重大责任性差错，应追究失职者的经济责任，给予适当的处分，数额较大、影响严重的，应追究法律责任。

四、典型业务办理

例 1　2013 年 9 月 30 日，南方公司进行现金清查，出纳员李乐、盘点人员姜珊、张金共同进行现金清查，由财务负责人孙科进行监督。

(1)出纳员李乐根据所有的收付款凭证登记现金日记账，并结出余额。

(2)出纳员李乐在盘点人员的监督下盘点所保管的现金及票证，并确定实数额。

(3)核对现金实有数额和现金日记账的余额，并监督有无违反现金管理条例的行为，在清查中发现现金短缺 50 元，无其他违纪行为。编制现金盘点报告表，并由出纳、盘点人员、会计机构负责人签字(见表 3-3)

表 3-3　库存现金盘点报告表

单位名称：南方食品有限公司　　　　2013 年 9 月 30 日

实存金额	账存金额	对比结果		备注
		盘盈	盘亏	
6862.00	6912.00		50.00	
现金使用情况	现金短缺 50 元，其余情况正常			
处理意见				

负责人签章：　　　　盘点人签章：姜珊　　　　出纳员签章：李乐

(4)根据现金盘点报告表编制付款凭证(见图 3-35)，并登记现金日记账(见图 3-36)。

付　款　凭　证

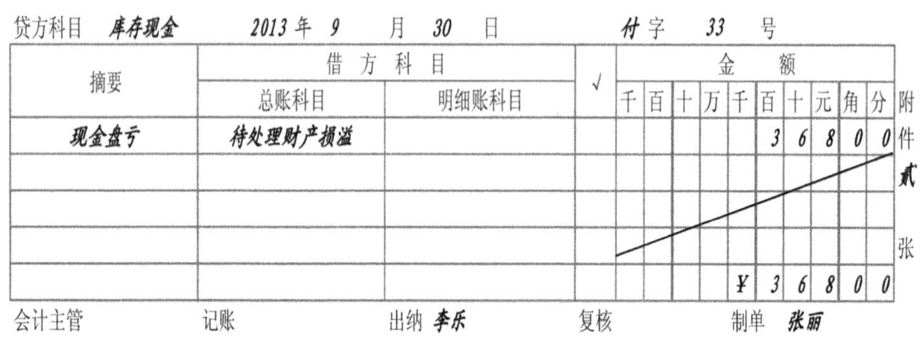

贷方科目 库存现金　　2013 年 9 月 30 日　　付字 33 号

摘要	借方科目		√	金额										
	总账科目	明细账科目		千	百	十	万	千	百	十	元	角	分	附件
现金盘亏	待处理财产损溢								3	6	8	0	0	贰
														张
								¥	3	6	8	0	0	

会计主管　　记账　　出纳 李乐　　复核　　制单 张丽

图 3-35　编制付款凭证

(5)经查，少的 50 元现金不是出纳失职所致，提出处理意见(见表 3-4)，转为管理费用处理。

库存现金日记账

2013 月	日	凭证 字	号数	摘要	对方科目	借方	贷方	余额	√
9	1			期初余额				560000	
	5	付	1	提现	银行存款	850000		1410000	
	15	收	12	退回多余差旅费	其他应收款	35000		1445000	
	20	收	16	销售收款	主营业务收入	43000		1488000	
	25	付	30	预借差旅费	其他应收款		400000	1088000	
	26	付	31	存现	银行存款		360000	728000	
	27	付	32	报销门面物业费	销售费用		36800	691200	

图 3-36　登记现金日记账

表 3-4　库存现金盘点报告表

单位名称:南方食品有限公司　　　　　2013 年 9 月 30 日

实存金额	账存金额	对比结果		备注
		盘盈	盘亏	
6862.00	6912.00		50.00	
现金使用情况	现金短缺 50 元,其余情况正常			
处理意见	管理费用处理			

负责人签章:陈东虹　　　　盘点人签章:姜珊　　　　出纳员签章:李乐

(6)制单人员根据现金盘点报告批复意见编制转账凭证(见图 3-37)。

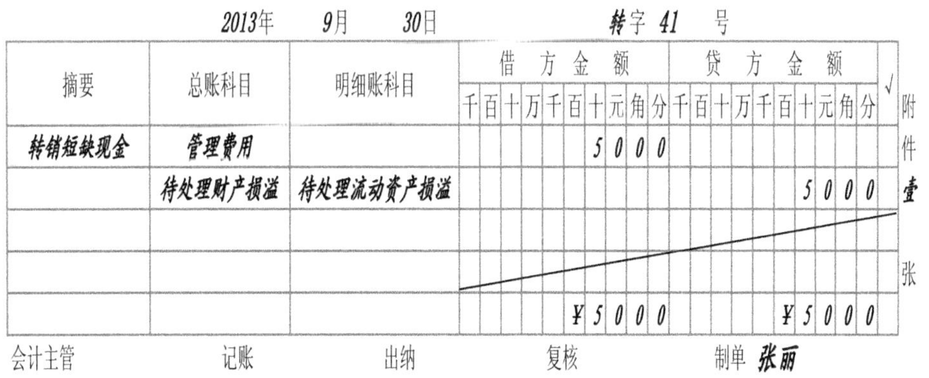

转　账　凭　证

2013年　9月　30日　　　　转字 41 号

摘要	总账科目	明细账科目	借方金额	贷方金额	√
转销短缺现金	管理费用		5000		
	待处理财产损溢	待处理流动资产损溢		5000	
			¥5000	¥5000	

附件 壹 张

会计主管　　记账　　出纳　　复核　　制单 张丽

图 3-37　编制转账凭证

职业能力训练

【知识巩固】

一、单选题

1. 根据《现金管理暂行条例》的要求，结算起点为(　　)。

A. 1000 元以下　　B. 1000 元　　C. 2000 元以下　　D. 2000 元

2. 定额备用金管理与核算上的特点是(　　)。

A. 根据企业内部某部门或个人实际需要，一次付给库存现金

B. 使用后持有关原始凭证报销，余款交回

C. 使用后报销时，财会部门按照核准报销的金额付给库存现金，补足备用金定额

D. 一般用于临时性差旅费报销业务

3. 采购人员预借差旅费，以库存现金支付，应借记(　　)账户核算。

A. 库存现金　　B. 管理费用　　C. 其他应收款　　D. 其他应付款

4. 在清查中发现的现金短缺，应贷记(　　)。

A. "待处理财产损溢"　　B. "库存现金"　　C. "其他应收款"　　D. "管理费用"

5. 在清查中发现的库存现金溢余，经过批准处理时应贷记(　　)。

A. "营业外支出"　　B. "营业外收入"　　C. "其他应收款"　　D. "管理费用"

6. 采购人员预借差旅费，以库存现金支付，应借记(　　)账户核算

A. 库存现金　　B. 管理费用　　C. 其他应收款　　D. 其他应付款

7. 在清查中发现的库存现金短缺，应贷记(　　)。

A. 待处理财产损益　　B. 库存现金　　C. 其他应收款　　D. 管理费用

8. 根据《库存现金管理暂行规定》的要求，结算起点为(　　)。

A. 100 元以下　　B. 1000 元　　C. 大于 1000 元　　D. 1000 元以上

9. 库存现金日记账的账簿形式应该是(　　)。

A. 三栏式活页账簿　　B. 多栏式活页账簿

C. 两栏式订本序时账簿　　D. 三栏式订本序时账簿

10. 实行定额备用金制的某采购人员预借了差旅费，出差回来后向会计部门报销，会计部门以库存现金补足实额，该业务应借记(　　)账户进行核算。

A. 管理费用　　B. 其他应收款　　C. 库存现金　　D. 其他应付款

11. 不属于库存现金支付业务原始凭证的是(　　)。

A. 车船票　　B. 付款凭证　　C. 工资单　　D. 借款收据

12. 库存现金清查中无法查明原因的短缺，经批准后计入(　　)。

A. 管理费用　　B. 财务费用　　C. 其他应收款　　D. 营业外支出

二、多选题

1. 根据内部控制制度的要求，会计人员（非出纳人员）可以经办的是（　　）。

A. 债权、债务类账目的登记　　B. 库存现金管理业务

C. 库存现金收付业务　　D. 会计档案保管

2. 根据内部控制制度的要求，出纳人员不得经办的是（　　）。

A. 现金收付业务　　B. 收入、费用类账目的登记

C. 债权. 债务类账目的登记　　D. 各项业务的稽核

3. 采购员报销差旅费涉及的账户有（　　）。

A. 其他应收款　　B. 库存现金　　C. 其他应付款　　D. 管理费用

4. 备用金的管理方式有（　　）。

A. 定额管理　　B. 专人管理　　C. 预算管理　　D. 非定额管理

5. 按照库存现金保管制度的要求，出纳人员应该（　　）。

A. 超过库存限额以外的库存现金应在下班前送存银行

B. 限额内的库存现金当日核对清楚后，一律放入保险柜内，不得放在办公桌过夜

C. 单位的库存现金不准以个人名义存入银行

D. 库存的纸币和铸币应实行分类保管

6. 根据《库存现金管理暂行规定》，可以使用库存现金的是（　　）。

A. 颁发给个人的科学技术奖金　　B. 购买国家规定的专控商品

C. 向个人收购农副产品的价款　　D. 10000 元以下的零星支出

7. 根据内部控制制度的要求，出纳人员不得经办的是（　　）。

A. 库存现金收付业务　　B. 收入、费用类账目的登记

C. 债权、债务类账目的登记　　D. 各项业务的稽核

三、判断题

以下题目判断正确的在括弧里打√，判断错误的打×。

1. 对实行定额备用金制度的企业，在账务处理上需设置“其他应收款——备用金”账户进行核算，也可单独设置“备用金”账户核算。（　　）

2. 企事业单位在需要库存现金开支时，可以从本单位的库存现金中支付，也可以从本单位的库存现金收入中直接支付。（　　）

3. 出纳人员不得负责收入、费用、债权债务等账目的登记工作，但可以兼管会计档案保管。（　　）

4. 对现金进行日清月结是出纳员办理库存现金出纳工作的基本原则和要求，也是避免出现长短款的重要措施。（　　）

5. 出现库存现金短缺时，属于应由责任人赔偿的部分，应借记“其他应收款”。（　　）

6. 限额内的库存库存现金当日核对清楚后，可以放在办公桌内过夜。（　　）

职业能力训练

一、掌握原始凭证的填制与审核

1. 南方公司 2013 年 10 月 12 日，出售废旧报纸收到现金 800 元。请填写收款收据。

收　款　收　据

年　月　日

今收到＿＿＿＿＿＿＿＿＿＿			
人民币合计（大写）：＿＿＿＿＿＿＿＿		￥：＿＿＿＿	
该款系＿＿＿＿＿＿＿＿＿＿			
单位盖章	会计主管	出纳	经手人

2. 2013 年 10 月 15 日，南方公司采购部门采购员周虹斌预借差旅费 1500 元，出差回来后报销差旅费 1660 元。

(1)周虹斌填制请款单，并请领导签字。

(2)周虹斌填制差旅费报销单，经核算出差日期为 10 月 16 日至 10 月 20 日，16 日由南宁至武汉发生车船费 460 元，市内交通费 60 元，住宿费 400 元；19 日，由武汉至南宁车船费为 460 元，其他费用为 280 元。

要求：填制借款单、差旅费报销单、费用支出单。

借　　款　　单

借款理由	
借款金额（大写）＿＿＿＿＿＿＿＿＿＿　￥＿＿＿＿ 借款人签章　　　　年　月　日	
单位负责人意见	会计主管人员意见

差旅费报销单

姓名		职别				出差事由				
出差起止日期自　年　月　日起至　年　月　日止共　天　附单据　张										
日期		起止地点	天数	机票费	车船费	市内交通费	住宿费	出差补助	其他	小计
月	日									
总计金额(大写)　万　仟　佰　拾　元　角　分　预支______元　补退______元										

3.南方公司2013年10月22日,出纳员将当天的销售款11780元现金存入银行。请填写现金缴款单。

中国建设银行 China Construction Bank　　现金缴款单

币别　　　　年　月　日

单位填写	收款单位		交款人												
	账号		款项来源												
	(大写)			亿	千	百	十	万	千	百	十	元	角	分	
银行确认栏	现金回单(无银行打印记录及银行盖章无效)														

二、练习现金日记账填制

【实训资料】南方公司2013年9月30日现金余额为2300.8元,10月发生如下业务:

(1)卖废旧收取现金600元。

(2)收到包装物押金200元。

(3)张力预借差旅费2000元。

(4)到银行提现4000元备用。

(5)张力报销差旅费2312元,现金补付。

(6)以现金300元购买办公用品。

(7)发放过节费每人200元,共2600元。

(8)以现金400元支付运费。

要求编制记账凭证并登记现金日记账。

库存现金日记账

		凭证		摘要	对方科目	借方										贷方										余额										✓
月	日	字	号数			千	百	十	万	千	百	十	元	角	分	千	百	十	万	千	百	十	元	角	分	千	百	十	万	千	百	十	元	角	分	

第四章　银行账户管理

银行账户是各单位为办理结算和申请贷款在银行开立的户头，也是单位委托银行办理信贷和转账结算以及现金收付业务的工具。

各单位在各种经济业务中，除了按国家现金管理规定可以使用现金外，都必须通过银行办理转账结算。因此，每个单位都到当地银行或其他金融机构开设存款账户。

一、人民币银行存款账户的开立

（一）人民币银行存款账户种类及有关规定

《人民币银行结算账户管理办法》第七条规定："存款人可以自主选择银行开立银行结算账户。"我国人民币银行结算账户按照存款人的不同，只划分为单位银行结算账户和个人银行结算账户。这些存款账户主要有基本存款账户、一般存款账户、临时存款账户和专用存款账户。

1. 基本存款账户

基本存款账户是存款人办理日常转账结算和现金收付的账户。存款人工资、奖金等现金的支取，只能通过本账户办理。

2. 一般存款账户

一般存款账户是存款人在基本存款账户以外的银行借款转存、与基本存款账户的存款人不在同一地点的附属非独立核算单位开立的账户。存款人可以通过本账户办理现金的缴存和转账结算，但不能办理现金的支取。

3. 临时存款账户

临时存款账户是存款人因临时经营活动需要开立的账户。存款人可以通过本账户办理转账结算和根据国家现金管理规定办理现金收付。

4. 专用存款账户

专用存款账户是存款人因特定用途需要开立的账户，如基本建设资金存款、更新改造资金存款等。

(二)人民币银行基本存款账户的开立程序

下列存款人可以申请开列基本存款账户：

(1)企业法人；

(2)企业法人内部单独核算的单位；

(3)管理财政预算外资金的财政部门；

(4)实行财政预算管理的行政机关、事业单位；

(5)县级(含县级)以上军队、武警单位；

(6)外国驻华机构；

(7)社会团体；

(8)单位附设的食堂、招待所、幼儿园；

(9)外地常设机构；

(10)私营企业、个体经营户、承包户和个人。

存款人在银行开设基本存款账户首先应填制开户申请表(见表4-1),并出具有关证明文件,经银行审核同意后,由中国人民银行地方分支机构核发开户许可证(见图4-1)。

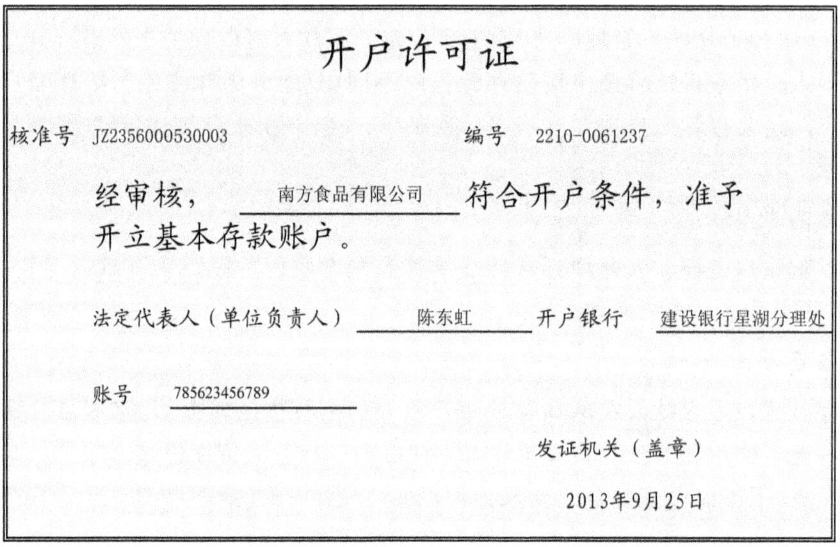

开户许可证

核准号 JZ2356000530003　　编号 2210-0061237

经审核，南方食品有限公司符合开户条件，准予开立基本存款账户。

法定代表人(单位负责人) 陈东虹　开户银行 建设银行星湖分理处

账号 785623456789

发证机关(盖章)

2013年9月25日

图4-1　银行开户许可证

表 4-1 开立单位银行结算账户申请书

存款人名称		电话	
地址		邮编	
存款人类别		组织机构代码	
法定代表人（ ） 单位负责人（ ）	姓名		
	证件种类	证件号码	
行业分类	A（ ） B（ ） C（ ） D（ ） E（ ） F（ ） G（ ） H（ ） I（ ） J（ ） K（ ） L（ ） M（ ） N（ ） O（ ） P（ ） Q（ ） R（ ） S（ ） T（ ）		
注册资金		地区代码	
证明文件种类		证明文件编号	
税务登记证（国税或地税）编号			
关联企业	关联企业信息填列在"关联企业登记表上		
账户性质	基本（ ） 一般（ ） 专用（ ） 临时（ ）		
资金性质		有效日期至	年 月 日
以下为存款人上级法人或主管单位信息：上级法人或主管单位名称			
基本存款账户开户许可证核准号		组织机构代码	
法定代表人（ ） 单位负责人（ ）	姓名		
	证件种类		
	证件号码		
以下栏目由开户银行审核后填写：			
开户银行名称		开户银行代码	
账户名称		账号	
基本存款账户开户许可证核准号		开户日期	
本存款人申请开立单位银行结算账户，并承诺所提供的开户资料真实、有效。 存款人（公章） 年 月 日	开户银行审核意见： 经办人（签章） 银行（签章） 年 月 日	人民银行审核意见： （非核准类账户除外） 经办人（签章） 人民银行（签章） 年 月 日	

填写说明：

1. 申请开立临时存款账户，必须填列有效日期；申请开立专用存款账户，必须填列资金性质。

2. 行业标准由银行在营业场所公告。"行业分类"中各字母代表的行业种类如下：A. 农、林、牧、渔业；B. 矿业；C. 制造业；D. 电力、燃气及水的生产供应业；E. 建筑业；F. 交通运输、仓储和邮政业；G. 信息传输、计算机服务及软件业；H. 批发和零售；I. 住宿和餐饮业；J. 金融业；K. 房地产业；L. 租赁和商务服务业；M. 科学研究、技术服务业和地质勘查业；N. 水利、环境和公共设施管理业；O. 居民服务和其他服务业；P. 教育业；Q. 卫生、社会保障和社会福利业；R. 文化、教育和娱乐业；S. 公共管理和社会组织业；T. 其他行业。

3. 带括号的选项填"√"。

4. 本申请书一式三联，一联开户单位留存，一联开户银行留存，一联中国人民银行当地分支行留存。

申请人申请开列基本存款账户时，应向开户银行出具下列证明文件之一：

(1)当地工商行政管理机构核发的《企业法人执照》或《营业执照》正本、税务登记证、代码证；

(2)中央或地方编制委员会、人事、民政等部门的批文和财政部门同意其开户的证明；

(3)军队军级以上、武警总队财务部门的开户证明；

(4)单位对附设机构同意开户的证明；

(5)驻地有权机构对外地常设机构的批文：

(6)承包双方签订的承包协议；

(7)个人的居民身份证和户口簿。

注意：每个单位只能开设一个基本存款账户，存款人在其账户内要有足够的资金保证支付。

(三)人民币其他银行存款账户的开立

1. 一般存款账户开列条件

符合下列情况的存款人可以申请开列一般存款账户：

(1)在基本存款账户以外的银行取得借款的存款人；

(2)与基本存款户的存款人不在同一地点的附属非独立核算单位。

2. 证明文件

申请人申请开列存款账户时，应向开户银行出具下列证明文件之一：

(1)借款合同或借款借据；

(2)基本存款账户的存款人同意其附属的非独立核算单位开户的证明。

3. 临时存款账户开户条件

符合下列情况的存款人可以申请开列临时存款账户：

(1)外地临时机构；

(2)临时经营活动需要。

二、人民币银行存款账户的变更、撤销

(一)人民币银行存款账户名称的变更

存款开户人由于人事变动或其他原因需要变更账户名称，应向银行交验上级主管部门批准的正式函件，企业单位和个体工商户需交验工商行政管理部门登记注册的新执照，经银行审查核实后，变更账户名称，或者撤销原账户，重立新账户。《人民币银行结算账户管理办法》规定，存款人下列账户资料变更后，应向开户银行办理变更手续：

(1)存款人的账户名称；
(2)单位的法定代表人或主要负责人；
(3)地址、邮编、电话；
(4)注册资本等信息；
(5)其他资料。

(二)人民币银行存款账户名称的撤销

存款人被撤并、解散、宣告破产或关闭的，注销、被吊销营业执照的，因迁址需要变更开户银行的，以及其他原因需要撤销银行结算账户的，存款人应向开户银行提出撤销银行结算账户的申请。

存款人撤销账户名称时，必须与开户银行核对账户余额，经开户银行审查同意后，由存款人填制一式四联的“单位申请撤销(转)银行账户审批表”(见表 4-2)，办理销户手续。存款人尚未清偿其开户银行债务的，不得申请撤销银行结算账户。

表 4-2　撤销银行账户申请书

<table>
<tr><td>账户名称</td><td colspan="3"></td></tr>
<tr><td>开户银行名称</td><td colspan="3"></td></tr>
<tr><td>开户银行代码</td><td></td><td>账号</td><td></td></tr>
<tr><td>账户性质</td><td colspan="3"></td></tr>
<tr><td>开户许可证核准号</td><td colspan="3"></td></tr>
<tr><td>销户原因</td><td colspan="3"></td></tr>
<tr><td colspan="2">开户银行：
本存款人申请撤销上述银行账户。

存款人(签章)
年　月　日</td><td colspan="2">开户银行审核意见：

开户银行(签章)
年　月　日</td></tr>
</table>

(三)人民币银行存款预留印鉴的更换

印鉴卡是开户单位与银行事先约定的一种具有法律效力的付款依据。印鉴卡上的户名和地址应与申请表一致，卡片上要加盖开户单位公章、单位负责人或财务机构负责人及出纳人员的印章(见表 4-3)。银行在办理结算业务时，凭开户单位预留的印鉴审核支付凭证的真伪。印鉴卡一式两份，一份开户单位留存，另一份开户银行留存。

表 4-3　××银行××分行××支行印鉴卡

<table>
<tr><td>户名</td><td colspan="5"></td></tr>
<tr><td>地址</td><td colspan="2"></td><td>电话</td><td colspan="2"></td></tr>
<tr><td>启用日期</td><td colspan="5">年　月　日</td></tr>
<tr><td colspan="2">申请开户单位印鉴</td><td colspan="2"></td><td>××银行印鉴</td><td></td></tr>
<tr><td colspan="3" rowspan="4">单位财务专用章</td><td rowspan="2">财务主管</td><td>签章</td><td rowspan="4"></td></tr>
<tr><td></td></tr>
<tr><td rowspan="2">出纳人员</td><td>签章</td></tr>
<tr><td></td></tr>
<tr><td colspan="6">印鉴使用说明</td></tr>
</table>

开户单位由于人事变动或其他原因需要变更单位财务专用章、财务主管印鉴或出纳员印鉴的，应更换预留印鉴卡。开户单位要更换预留印鉴时，应向开户行提出申请，填写“更换印鉴申请书”，并出具有关证明，经银行审查同意后，重新填写印鉴卡片，并加盖开户单位公章、单位负责人或财务机构负责人及出纳人员的印章，同时注销原预留的印鉴卡片。

（三）人民币银行存款账户的迁移

单位发生办公或经营地点搬迁时应到银行办理迁移账户手续。如果迁入、迁出在同一城市，可以凭迁出行出具凭证到迁入行开立新户；搬迁异地的则应按规定向迁入银行重新办理开户手续。在搬迁过程中，如果需要可要求原开户银行暂时保留原账户，但在搬迁结束已在当地恢复经营活动后，则应在一个月内到原开户银行结清原账户。

（四）人民币银行存款账户的注销

按照银行的有关规定，对于存款人开户一年未发生收付活动的账户，如果开户银行经过调查认为该账户无须继续保留，即可通知开户单位来银行办理销户手续。银行应通知存款人在发出通知 30 日内办理销户手续，逾期视同自愿销户，存款有余额的将作为银行收益。存款人销户时应交回各种空白凭证和开户许可证。

三、银行账户管理

（一）银行账户管理规定

为了规范银行账户的开立和使用，维护经济、金融秩序，银行存款的管理必须注意以下几点：

(1)存款人不得在多家银行机构开立基本存款账户，不允许在同一家银行的几个分支机构开立一般存款账户。

(2)存款人的账户只能办理存款人本身的业务,不得出租、出借和转让账户。

(3)各单位在银行的账户必须有足够的资金保证支付,不许签发空头支票和远期支票,套取银行信用。

(4)不准签发、取得和转让没有真实交易和债权、债务的票据,套取银行和他人的资金。

(二)银行存款内部控制

为了加强银行存款的管理,必须建立和健全银行存款的内部控制制度。各单位对银行存款要加强审批、认真稽核和监督,建立、健全以下内部控制制度:

1. 授权和审批制度

单位主管人员和财务主管人员需对即将发生的银行存款收付业务进行审批,并授权具体人员经办。

2. 记录和审批制度

出纳人员根据审批无误的银行存款收付业务的原始凭证,办理银行存款结算业务,并在原始凭证和结算凭证上加盖"收讫"、"付讫"戳记,会计人员根据审核无误的原始凭证编制记账凭证,经财会主管人员或有关授权人员对原始凭证、记账凭证审核签字后,出纳人员据此登记银行存款日记账,会计人员据此登记总账。

3. 内部牵制制度

为了保障银行存款的安全,在银行存款管理中不相容的职务应由不同人担任。如银行存款收付业务的经办人应与授权、审查记账人员相分离;票据保管要与印章保管和票据签发职务相分离;银行存款日记账的登记职位要与银行存款收付凭证的填制和登记总账职位相分离。

第五章　银行结算业务

第一节　支　票

支票是出票人签发的、委托办理支票存款业务的银行在见票时无条件支付确定的金额给收款人或者持票人的票据。单位、个体经济户和个人在同一票据交换区域内的商品交易和劳务供应及其他款项的结算均可使用支票。

一、支票样式

图 5-1 到图 5-4 是几家银行的支票样张。

中国建设银行　现金支票（苏）　XX00000000

出票日期(大写)　壹玖 玖柒年 零陆 月壹拾 捌日　　付款行名称：建行江苏无锡市XX办事处

收款人：张勇沛　　出票人帐号：XXX-XXX-XX

人民币（大写）	壹万元整	千	百	十	万	千	百	十	元	角	分
				¥	1	0	0	0	0	0	0

本支票付款期限十天

用途 货款　　科目(借)

上列款项请从　　对方科目(贷)

我帐户内支付　　付讫日期　年　月　日

出票人签章　　出纳　复核　记帐

财务专用章

贴对号单处　XX00000000

图 5-1　中国建设银行现金支票

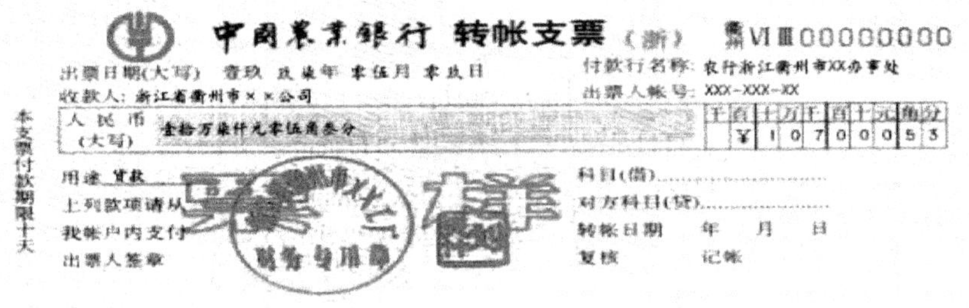

中国农业银行　转帐支票（浙）　VIⅢ00000000

出票日期(大写)　壹玖 玖柒年 零伍月 零玖日　　付款行名称：农行浙江衢州市XX办事处

收款人：浙江省衢州市××公司　　出票人帐号：XXX-XXX-XX

人民币（大写）	壹拾万柒仟元零伍角叁分	千	百	十	万	千	百	十	元	角	分
			¥	1	0	7	0	0	0	5	3

本支票付款期限十天

用途 货款　　科目(借)

上列款项请从　　对方科目(贷)

我帐户内支付　　转帐日期　年　月　日

出票人签章　　复核　记帐

财务专用章

图 5-2　中国农业银行转账支票

图 5-3　中国工商银行普通支票

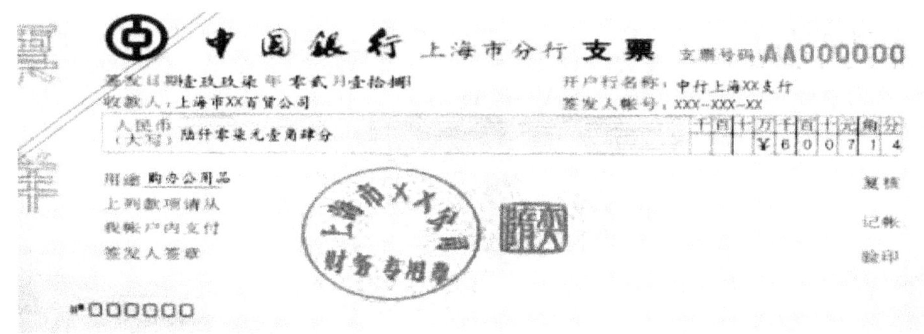

图 5-4　中国银行画线支票

二、支票的知识要点

（一）支票的适用范围及种类

支票有现金支票、转账支票、普通支票三种。支票上印有“现金”字样的为现金支票（如图 5-1 所示），现金支票只能用于支取现金。支票上印有“转账”字样的为转账支票（如图 5-2 所示），转账支票只能用于转账。未印有“现金”和“转账”字样的支票为普通支票（如图 5-3 所示），普通支票可用于支取现金，也可用于转账。在普通支票的左上角画两条平行斜线的，为画线支票（如图 5-4 所示），画线支票只能用于转账，不得支取现金。未经画线的普通支票，在不违反国家现金管理的前提下，既可以用于支取现金，也可以用于转账。支票一经画线，不得更改。

（二）支票业务的基本要求

1. 支票的使用规定

（1）支票的签发必须记载下列事项：①表明“支票”字样；②无条件支付委托；③确定的金

额;④付款人名称;⑤出票日期和出票人签章。欠缺记载上列事项之一的支票为无效支票。支票的付款人为支票上记载的出票人开户银行。

(2)支票的金额、收款人名称可以由出票人授权补记,未补记前不得背书转让和提示付款。

(3)签发支票应使用墨汁或碳素墨水填写。

(4)签发现金支票和用于支取现金的普通支票,必须符合国家现金管理规定。

(5)支票一律记名,提示付款期为10天(从签发的次日算起,到期日遇法定假日顺延)。

(6)用于支取现金的现金支票和未画线的普通支票均不得背书转让。转账支票和画线支票可以在票据交换区域内背书转让,未画线的普通支票若背书转让则不能用于支取现金。支票若遗失可挂失止付。

(7)出票人不准签发远期支票和空头支票,不得签发与其预留银行签章不符的支票,使用支付密码的出票人不得签发与支付密码不符的支票,否则,银行将按票面金额处以5%但不低于1000元的罚款,持票人有权要求出票人按票面金额的2%进行赔偿。

(8)只有存款人才可以领购支票凭证。存款人领购支票时,必须填写"票据和结算凭证领用单"并签章,签章必须与预留银行的签章相符。

2.支票填写应注意的几个问题

(1)出票日期必须大写,大写数字写法:零、壹、贰、叁、肆、伍、陆、柒、捌、玖、拾。例如"2008年8月5日",应写成:"贰零零捌年捌月零伍日",捌月前零字可写也可不写,伍日前的零字必写。

(2)应在人民币小写的最高金额的前一位空白格填上"¥"字符号,数字填写要求完整清楚。

(3)"用途"要正确填写。现金支票有一定限制,一般填写"备用金"、"差旅费"、"工资"、"劳务费"等。转账支票没有具体规定,可填写如"货款"、"代理费"等。

(4)支票正面必须盖财务专用章和法人章,缺一不可,印泥为红色,印章必须清晰。如果印章盖模糊了,只能将本张支票作废,换一张重新填写,重新盖章。支票背面是否盖章,应视如下情况而定:

1)当现金支票收款人为本单位时,现金支票背面"收款人签章"栏内应加盖本单位的财务专用章和法人章,凭盖章后的现金支票可直接到开户银行提取现金。

2)当收款人为个人时,现金支票背面不盖章,收款人可在现金支票背面填上身份证件名称、号码和发证机关,凭身份证件和现金支票签字取款。

3)转账支票背面本单位不盖章。收款单位取得转账支票后,在支票背面被背书栏内加盖收款单位财务专用章和法人章,并连同填写好的"银行进账单"交收款单位的开户银行委托其收款。

(5)支票正面不能有涂改痕迹,否则作废。

(6)支票的金额、收款人名称,可以由出票人授权示付款。

（三）支票的背书转让

转账支票可以根据需要在票据交换区域内背书转让。背书是指在票据背面记载有关事项并签章的票据行为。

（四）支票的挂失

已签发的转账支票万一遗失，银行不受理挂失，可请求收款人共同防范。但已签发的现金支票万一遗失，可以向银行申请挂失，挂失前已经支付的，银行不予受理。

（五）支票的领购与注销

企业向开户银行购买现金支票、转账支票等重要空白票据，需要填写一式四联的空白支票请购单。第一联银行作为转账借方凭证；第二联银行作为转账贷方凭证；第三联是银行凭证，作为配售凭证及销账用；第四联是银行回执，作为单位收据或记账凭证。

经过银行核对印鉴相符后，发给申请企业空白支票，按规定收取工本费和手续费，并在支票登记簿上注明领用日期、领用单位、支票起止号码等，以备查对。同时，在空白支票请购单上填列请购凭证的起止号码，并将银行收取的手续费回单交予请购人。

银行出售的每张转账支票上均要加盖银行名称和签发人账号。按照规定，每个账号一次只能购买一本，业务量大的可以适当放宽。企业因撤销、合并或其他原因注销账户时，应将剩余的空白支票交回银行注销。请购人取得空白支票后，在空白支票请购单"请购人签收"处签字。

企业要严格控制携带空白支票外出采购。对事先不能确定采购物资单价、金额的，经单位领导批准，可将填明收款人名称和签发日期、明确款项用途和款项限额的支票交采购人员，使用支票人员回单位后必须及时向财务部门结算。

三、典型业务办理

（一）支票结算收款业务

1. 正送支票业务办理

例 1　2013 年 9 月 5 日，南方食品有限公司向南宁市和顺副食品公司销售货物，开出发票（见图 5-5），同日收到和顺副食品公司签发的一张面额为 23400 元的转账支票一张，据此办理转账结算，收取款项。

广西增值税专用发票

发票联

开票日期：2013年9月5日

购货单位	名称：南宁市顺和副食品有限公司 纳税人识别号：450103356362410 地址、电话：南宁市中山路15号 0771-5826321 开户行及账号：中国工商银行中山分理处 5200234-4530				密码区	略	
货物或应税劳务名称	规格型号	单位	数量	单价	金额	税率	税额
豆浆晶		件	500	40	20000	17%	3400
合计					￥20,000.00		￥3,400.00
价税合计（大写）	贰万叁仟肆佰元整				（小写）￥23400.00		
销货单位	名称：南方食品有限公司 纳税人识别号：450103356452000 地址、电话：南宁市星湖路15号 0771-5826452 开户行及账号：中国建设银行星湖分理处 785623456789				备注		

收款人　　复核　　开票人 万敏　　销货单位：（章）

第一联：记账联　销货方记账凭证

图 5-5　发票

【相关岗位】出纳、制单会计、收入费用核算会计、财务负责人

【办理流程】

(1)审核转账支票

出纳人员接受转账支票(见图 5-5)后,应注意审核以下内容:支票收款人或背书人是否为本企业;支票签发日期是否在付款期内;大小写金额是否一致;背书转让的支票其背书是否连续,有无"不准转让"字样;大小写金额、签发日期和收款人有无更改;签发人盖章是否齐全。

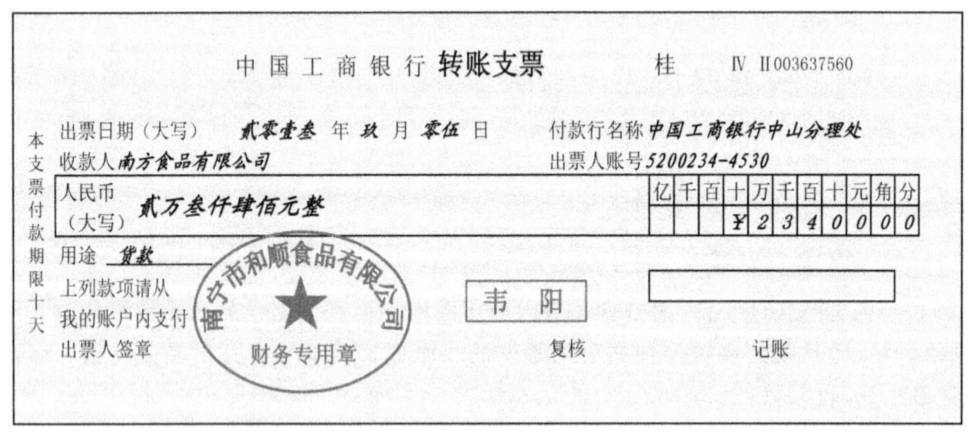

中国工商银行 转账支票　　桂　　Ⅳ Ⅱ003637560

本支票付款期限十天

出票日期（大写） 贰零壹叁 年 玖 月 零伍 日　　付款行名称 中国工商银行中山分理处

收款人 南方食品有限公司　　出票人账号 5200234-4530

人民币（大写）	亿	千	百	十	万	千	百	十	元	角	分
贰万叁仟肆佰元整				￥	2	3	4	0	0	0	0

用途 货款

上列款项请从

我的账户内支付

出票人签章　　韦阳　　复核　　记账

图 5-6　转账支票

(2)填写支票背面

收款人应在支票规定的付款期限(10 日)内，持转账支票到本单位的开户银行办理收款进账手续，逾期银行不予受理。办理收款进账手续时，应在转账支票背面(见图 5-7))背书人签章处加盖本企业银行预留印鉴，并填写签章的日期，同时在本栏填写“委托收款”字样；在被背书人栏填写本单位开户银行名称。如果收款业务是由付款人签发，委托其开户银行办理转账结算程序的转账支票结算，付款人按应支付的款项签发转账支票，加盖银行预留印鉴，并填制进账单后，直接交其开户银行，要求将上述款项划转到收款人开户银行，俗称“倒打”。

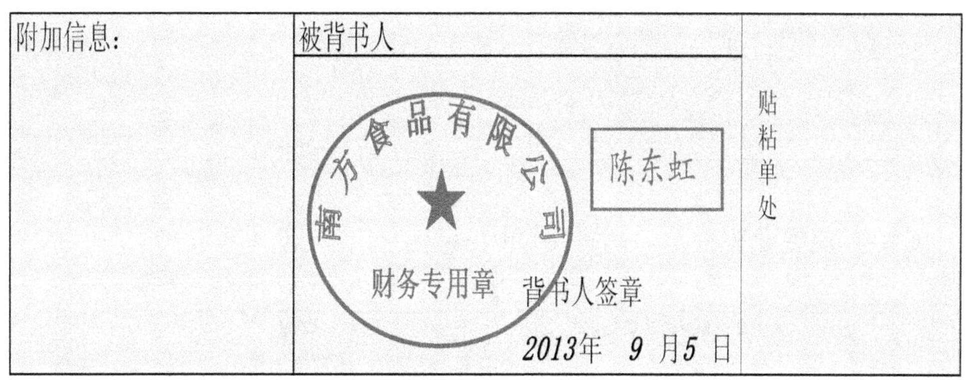

附加信息：	被背书人	贴粘单处
	南方食品有限公司 财务专用章　陈东虹 背书人签章 2013年 9 月5 日	

图 5-7　填写支票背面

(3)填写进账单

收款人审核无误后，填写一式三联进账单(见图 5-8(a)、(b)、(c))，将支票连同进账单一并交给开户银行办理进账，经银行审核无误后，在进账单的第一联回单上加盖银行印章，退回收款人。回单联不做进账、提货的证明，不做账务处理依据，仅供查询用。

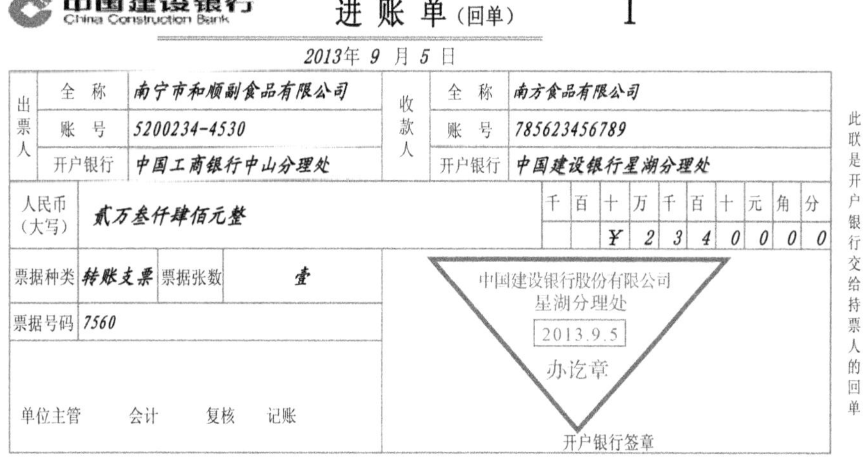

中国建设银行 China Construction Bank　　进 账 单(回单)　　1

2013年 9 月 5 日

出票人	全　称	南宁市和顺副食品有限公司	收款人	全　称	南方食品有限公司
	账　号	5200234-4530		账　号	785623456789
	开户银行	中国工商银行中山分理处		开户银行	中国建设银行星湖分理处

人民币(大写)	千	百	十	万	千	百	十	元	角	分
贰万叁仟肆佰元整			¥	2	3	4	0	0	0	0

票据种类	转账支票	票据张数	壹	中国建设银行股份有限公司 星湖分理处 2013.9.5 办讫章
票据号码	7560			
单位主管　会计　复核　记账				开户银行签章

此联是开户银行交给持票人的回单

(a)

中国建设银行 China Construction Bank　　**进 账 单**　　2

2013年 9 月 5 日

出票人	全　称	南宁市和顺副食品有限公司	收款人	全　称	南方食品有限公司
	账　号	5200234-4530		账　号	785623456789
	开户银行	中国工商银行中山分理处		开户银行	中国建设银行星湖分理处

人民币（大写）	贰万叁仟肆佰元整	千	百	十	万	千	百	十	元	角	分
				¥	2	3	4	0	0	0	0

票据种类	转账支票	票据张数	壹	
票据号码	7560			
单位主管　会计　复核　记账				开户银行签章

此联由收款人开户银行作贷方凭证

(b)

中国建设银行 China Construction Bank　　**进 账 单**（收账通知）　　3

2013年 9 月 5 日

签发人	全　称	南宁市和顺副食品有限公司	收款人	全　称	南方食品有限公司
	账　号	5200234-4530		账　号	785623456789
	开户银行	中国工商银行中山分理处		开户银行	中国建设银行星湖分理处

人民币（大写）	贰万叁仟肆佰元整	千	百	十	万	千	百	十	元	角	分
				¥	2	3	4	0	0	0	0

票据种类	转账支票	票据张数	壹	
票据号码	7560			
单位主管　会计　复核　记账				开户银行签章

此联收款人开户银行交给收款人的收账通知

(c)

图 5-8　一式三联进账单

（4）编制记账凭证

银行之间传递凭证，收款人开户银行办妥进账手续后，通知收款人收款入账，制单人员根据开户银行退回的第三联“收账通知”联（见图 5-9），编制记账凭证（见图 5-10），并交予会计审核。

中国建设银行 China Construction Bank　　进 账 单（收账通知）　　3

2013年 9 月 5 日

签发人	全　称	南宁市和顺副食品有限公司	收款人	全　称	南方食品有限公司
	账　号	5200234-4530		账　号	785623456789
	开户银行	中国工商银行中山分理处		开户银行	中国建设银行星湖分理处
人民币（大写）	贰万叁仟肆佰元整			千百十万千百十元角分	￥2340000
票据种类	转账支票	票据张数	壹		
票据号码	7560				

单位主管　会计　复核　记账

中国建设银行股份有限公司 星湖分理处 2013.9.7 转讫章

开户银行签章

此联收款人开户银行交给收款人的收账通知

表 5-9　银行退回的“收账通知”联

收　款　凭　证

借方科目　银行存款　　2013 年 9 月 7 日　　收 字 5 号

摘要	贷方科目 总账科目	明细账科目	√	金额（千百十万千百十元角分）
销售收款	主营业务收入	食品		2000000
	应交税费	应交增值税（销项税额）		340000
				￥2340000

附件贰张

会计主管　记账　出纳 李乐　复核 文锦　制单 张丽

图 5-10　编制记账凭证

(5)登记银行存款日记账

出纳人员曾丽根据审核无误的记账凭证，序时登记银行存款日记账（见图 5-11）。同时，在记账凭证中“记账”栏画上记账符号“√”。

银行存款日记账

2013 月	日	凭证 字	号数	摘要	对方科目	借方（千百十万千百十元角分）	贷方（千百十万千百十元角分）	余额（千百十万千百十元角分）	√
9	7			承前页				44660000	
	7	收	5	销售收入		2340000		47000000	

图 5-11　银行存款日记账

2. 倒送支票业务办理

如果收款业务是由付款人签发，委托其开户银行办理转账结算程序的转账支票结算，付款人应按支付的款项签发转账支票，加盖银行预留印鉴，并填制进账单后，直接交其开户银行，要求将上述款项划转到收款人开户银行。这俗称“倒打”。

(1)出纳收到开户银行签章后退回的进账单第三联收账通知(见图 5-9)后，将收账通知与发票核对。

(2)核对无误后，将发票和进账单收款通知传递给制证会计编收款凭证(见图 5-10)。

(3)审核人员审核记账凭证及所附原始凭证并在审核栏签章(见图 5-10)。

(4)出纳对上述凭证再次审核，根据记账凭证登记银行存款日记账(见图 5-11)，并在记账凭证上签章，最后将记账凭证传给总账会计登记总账和相关明细账。

(二)支票结算付款业务

支票签发人必须在银行账户余额内按照规定向收款人签发转账支票。不准签发空头支票或印章与预留银行印鉴不符的支票，否则银行除退票外，还要按票面金额处以 5%但不低于 1000 元的罚款。支票持有人有权要求出票人赔偿支票金额 2%的赔偿金。

1. 由付款人签发，委托开户银行办理转账结算程序

例 2 2013 年 9 月 8 日，南方食品有限公司向广西光明食品公司购买材料。

【相关岗位】出纳、制单会计、总账会计、财务负责人

【办理流程】

(1)出纳根据有关领导签字审批的支票付款书和购货发票(见图 5-12)签发转账支票(见图 5-13(a)、(b))，加盖银行预留印鉴并填制“进账单”后，直接交其开户银行，要求转账。

广西增值税专用发票

发票联

开票日期：2013年9月8日

购货单位	名称	南方食品有限公司				密码区	略	
	纳税人识别号	450103356452000						
	地址、电话	南宁市星湖路15号 0771-5826452						
	开户行及账号	中国建设银行星湖分理处 785623456789						
货物或应税劳务名称	规格型号	单位	数量	单价	金额	税率	税额	
面粉		包	200	90.00	18000.00	17%	3060.00	
白糖		包	100	350.00	35000.00	17%	5950.00	
合计					¥53,000.00		¥9,010.00	
价税合计（大写）	陆万贰仟零壹拾元整				（小写）¥62010.00			
销货单位	名称	光明食品公司				备注		
	纳税人识别号	450103237890023						
	地址、电话	南宁市中华路15号 2894231						
	开户行及账号	中国建设银行中华分理处 786300002310						

收款人　　复核　　开票人 万维　　销货单位：（章）

第二联：发票联 购货方报销凭证

图 5-12 购货发票

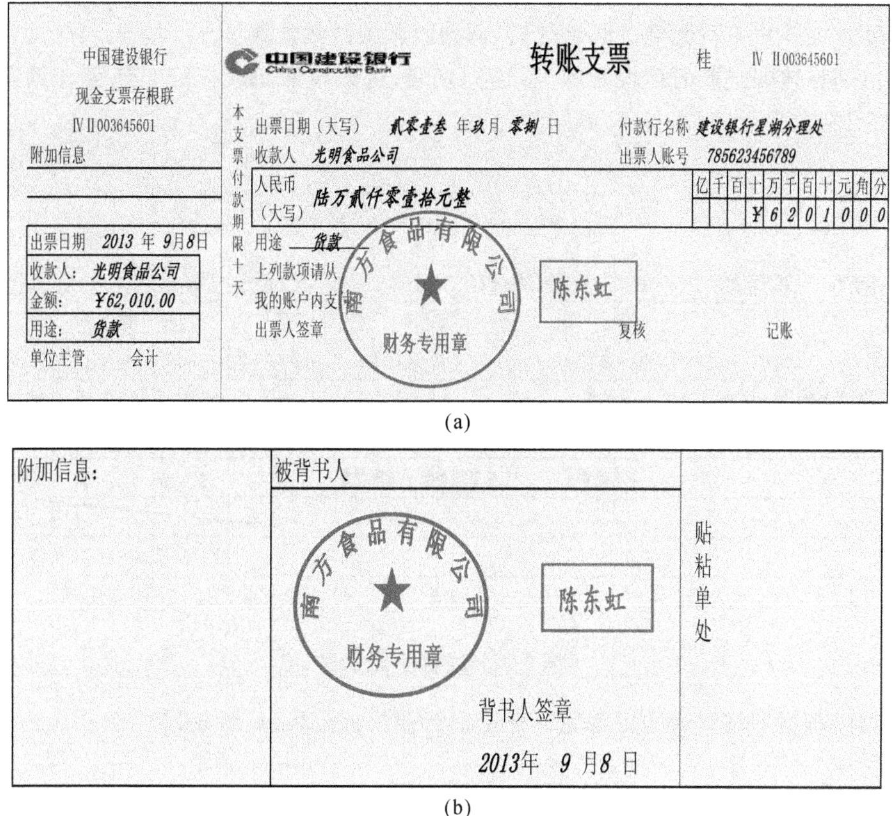

中国建设银行
现金支票存根联
ⅣⅡ003645601
附加信息

出票日期	2013 年 9月8日
收款人：	光明食品公司
金额：	￥62,010.00
用途：	货款

单位主管　会计

中国建设银行 China Construction Bank　转账支票　桂　ⅣⅡ003645601

本支票付款期限十天

出票日期（大写）　贰零壹叁 年玖月 零捌 日　付款行名称　建设银行星湖分理处
收款人　光明食品公司　出票人账号　785623456789

人民币（大写）	陆万贰仟零壹拾元整	亿	千	百	十	万	千	百	十	元	角	分
					￥	6	2	0	1	0	0	0

用途　货款
上列款项请从
我的账户内支付
出票人签章　南方食品有限公司 财务专用章　陈东虹　复核　记账

(a)

附加信息：

被背书人

南方食品有限公司 财务专用章　陈东虹

背书人签章

2013年　9 月8 日

贴粘单处

(b)

图 5-13　签发转账支票

(2)付款人开户银行受理后，退回“进账单”回单联（见图 5-14），然后将款项划转收款人开户银行。

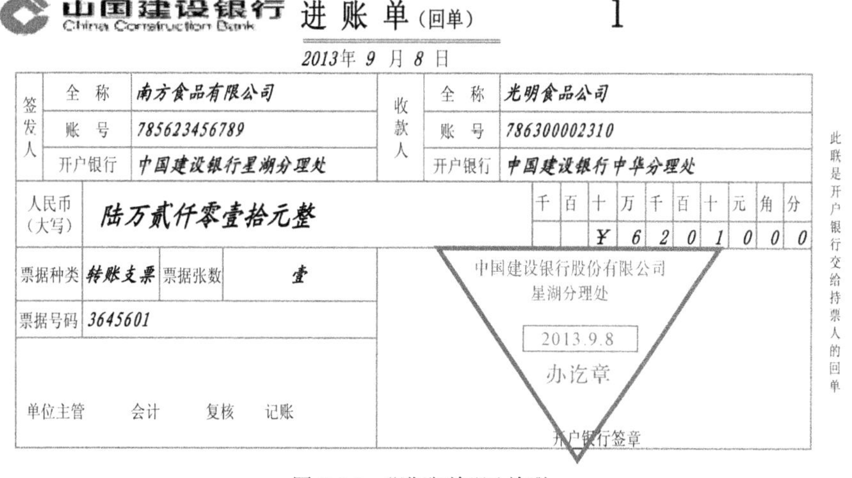

中国建设银行 China Construction Bank　进 账 单（回单）　1

2013年 9 月 8 日

签发人	全　称	南方食品有限公司	收款人	全　称	光明食品公司
	账　号	785623456789		账　号	786300002310
	开户银行	中国建设银行星湖分理处		开户银行	中国建设银行中华分理处

人民币（大写）	陆万贰仟零壹拾元整	千	百	十	万	千	百	十	元	角	分
			￥	6	2	0	1	0	0	0	

票据种类	转账支票	票据张数	壹
票据号码	3645601		

单位主管　会计　复核　记账

中国建设银行股份有限公司 星湖分理处 2013.9.8 办讫章

开户银行签章

此联是开户银行交给持票人的回单

图 5-14　“进账单”回单联

(3)银行之间传递凭证,并办理划转手续。

(4)收款人开户银行办妥进账手续后,通知收款人收款入账。

(5)出纳将转账支票的存根联剪下,连同发票、进账单回单联传给制证会计编制付款凭证(见图 5-15)。

付　款　凭　证

贷方科目　银行存款　　　　2013年9月8日　　　　付字　15　号

摘要	借方科目		√	金额										
	总账科目	明细账科目		千	百	十	万	千	百	十	元	角	分	附
购买材料,支付货款	原材料	面粉					1	8	0	0	0	0	0	件
		白糖					3	5	0	0	0	0	0	叁
	应交税费	应交增值税(进项税额)						9	0	1	0	0	0	
														张
						¥	6	2	0	1	0	0	0	

会计主管　　记账　　出纳　李乐　　复核　文锦　　制单　张丽

图 5-15　编制付款凭证

(6)出纳根据审核无误的记账凭证登记银行存款日记账(见图 5-16)。

银行存款日记账

2013		凭证		摘要	对方科目	借方										贷方										余额										√
月	日	字	号数			千	百	十	万	千	百	十	元	角	分	千	百	十	万	千	百	十	元	角	分	千	百	十	万	千	百	十	元	角	分	
9	7			承前页																								4	4	6	6	0	0	0	0	
	7	收	20	销售收入					2	3	4	0	0	0	0													4	7	0	0	0	0	0	0	
	8	付	15	支付材料款															6	2	0	1	0	0	0			4	0	7	9	9	0	0	0	

图 5-16　登记银行存款日记账

2. 由付款人签发,交收款人办理转账结算程序

例 3　例题同上。

【相关岗位】出纳、制单会计、总账会计、财务负责人

【办理流程】

(1)出纳根据有关领导签字审批的支票付款书和购货发票签发转账支票,并加盖银行预留印鉴后,交给收款人。

(2)收款人审查无误后,应作委托收款背书,在支票背面“背书人签章”栏签章,填写进账

单，一并交其开户银行办理转账。

(3)银行受理后，在“进账单”上加盖银行印章，退回收款人，作为收款入账的凭据。

(4)银行之间传递支票并清算资金。

(三)支票结算背书转让业务

转账支票和画线支票可以在票据交换区域内背书转让，未画线的普通支票若背书转让则不能用于支取现金，支票若遗失可挂失止付。

1. 转账支票的背书转让

例 4　2013 年 9 月 10 日，南方食品有限公司将收到的一张南宁市福润工贸公司转账支票转让给华信公司作为购买货物款项。

【相关岗位】出纳、制单会计、往来会计、财务负责人

【办理流程】

(1)出纳员对收到的支票(见图 5-17)进行审核，确定是否可以背书转让。

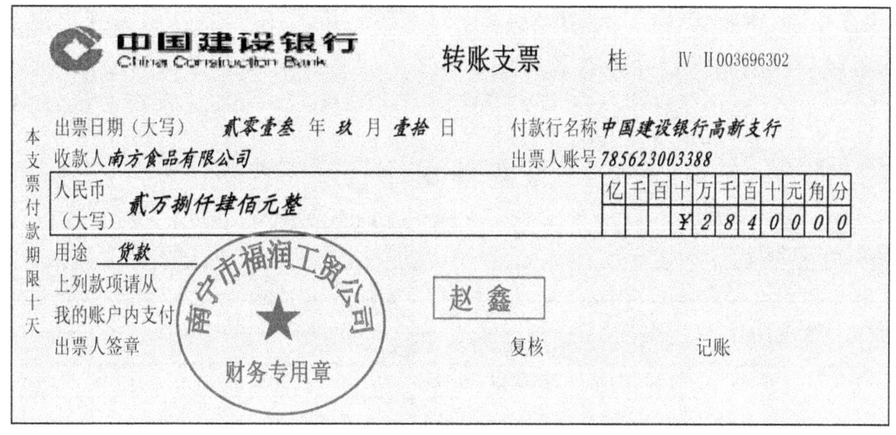

中国建设银行 China Construction Bank　转账支票　桂　Ⅳ Ⅱ003696302

本支票付款期限十天

出票日期(大写)　贰零壹叁 年 玖 月 壹拾 日　付款行名称 中国建设银行高新支行

收款人 南方食品有限公司　出票人账号 785623003388

人民币(大写)	亿	千	百	十	万	千	百	十	元	角	分
贰万捌仟肆佰元整				￥	2	8	4	0	0	0	0

用途 货款

上列款项请从

我的账户内支付

出票人签章　南宁市福润工贸公司 财务专用章　赵鑫

复核　记账

图 5-17　收到的支票

(2)对可以背书转让的支票，经批准后办理背书手续

(3)在支票背面(见图 5-18)的大方框里面盖上该公司在这家银行的预留印鉴(财务章、经办人名章)。

附加信息:

被背书人:华信公司

南方食品有限公司 财务专用章

陈东虹

背书人签章

2013年 9 月10 日

贴粘单处

图 5-18　在支票背面签章

（四）支票结算退票业务

例 5　2013 年 9 月 12 日，南方食品有限公司收到西门子公司交来的 11700 元转账支票后，进行认真审查，审查无误后填制进账单，连同支票一并送开户银行，根据开户银行盖章退回的进账单第 3 联编制银行存款收款凭证。9 月 14 日，公司收到银行的退票理由书（见图 5-19）。

退票理由书

出票单位：西门子有限公司　　　　账号：003326725

票据号码：CE352107　　　　2013年9月14日

项目	内容	退票理由
账户款项不足	1. 存款不足	√
	2. 超过放款批准额度或经费限额	
内容填写	3. 非用墨汁或碳素墨水填写	
	4. 金额大小写不全、不清楚	
	5. 未写款项用途或用途写不明	
	6. 未填写收款单位或收款人	
	7. 按照国家规定不能支付的款项	
日期	8. 出票日期已过有效期	
	9. 非即期支票	
背书签字	10. 背书人签章不清、不全、空白	
	11. 日期、账号等涂改处未盖预留银行印鉴证明	
涂改	12. 支票大小写金额和收款人名称涂改	
	13. 日期、账号等处涂改处未盖预留银行印鉴证明	
其他	14. 此户已结清、无此户	
	15. 已经出票人申请止付	
	16. 非该户领用此支票	
	17. 非本行承付支票	

中国建设银行股份有限公司 星湖分理处 2013年9月14日 退票专用章

图 5-19　银行退票理由书

(1)接到银行退票理由书后,应及时将情况汇报给主管会计。
(2)核对退票理由书,电话质询付款方,约定新的付款期限。

第二节 汇 兑

汇兑是指汇款人委托银行将其款项支付给收款人的结算方式。

一、汇兑票据样式

信汇票据一式四联如图 5-20(a)、(b)、(c)、(d)所示。电汇票据第一联如图 5-21 所示。

中国建设银行 China Construction Bank　信 汇 凭 证（回单）　1　　桂　003562

委托日期　　年　　月　　日

币别　　　　　　　　　　　　　　　　　　　　　流水号

汇款方式	□ 普通 □ 加急			
汇款人	全 称		收款人	全 称	
	账 号			账 号	
	汇出地			汇入地	
	汇出行名称			汇入行名称	
金额	（大写）		亿 千 百 十 万 千 百 十 元 角 分		
汇出行签章			支付密码 附加信息及用途		

此联汇出行给汇款人的回单

(a)

中国建设银行 China Construction Bank　信 汇 凭 证（借方凭证）　2　　桂　003562

委托日期　　年　　月　　日

币别　　　　　　　　　　　　　　　　　　　　　流水号

汇款方式	□ 普通 □ 加急				
汇款人	全 称		收款人	全 称	
	账 号			账 号	
	汇出地	省　市/县		汇入地	省　市/县
	汇出行名称			汇入行名称	
金额	（大写）		亿 千 百 十 万 千 百 十 元 角 分		
此汇款支付给收款人 汇款人签章			支付密码 附加信息及用途		

此联汇出行作借方凭证

中国建设银行 China Construction Bank　信 汇 凭 证（汇款依据）　3　　桂　003562

委托日期　　年　　月　　日

币别　　　　　　　　　　　　　　　　　　　　　　　　　流水号

汇款方式	□普通 □加急				
汇款人	全　称		收款人	全　称	
	账　号			账　号	
	汇出地	省　　　市/县		汇入地	省　　　市/县
	汇出行名称			汇入行名称	
金额	（大写）			亿 千 百 十 万 千 百 十 元 角 分	
			支付密码		
			附加信息及用途		

此联汇出行凭以汇出汇款

中国建设银行 China Construction Bank　信 汇 凭 证（收账通知）　4　　桂　003562

委托日期　　年　　月　　日

币别　　　　　　　　　　　　　　　　　　　　　　　　　流水号

汇款方式	□普通 □加急				
汇款人	全　称		收款人	全　称	
	账　号			账　号	
	汇出地	省　　　市/县		汇入地	省　　　市/县
	汇出行名称			汇入行名称	
金额	（大写）			亿 千 百 十 万 千 百 十 元 角 分	
款项已收入收款人账户			支付密码		
		汇入行签章	附加信息及用途		

此联汇出行凭以汇出汇款

图 5-20　信汇票据

中国建设银行 China Construction Bank　电 汇 凭 证（回单）　1　　桂　00375621

委托日期　　年　　月　　日

币别　　　　　　　　　　　　　　　　　　　　　　　　　流水号

汇款方式	□普通 □加急				
汇款人	全　称		收款人	全　称	
	账　号			账　号	
	汇出地			汇入地	
	汇出行名称			汇入行名称	
金额	（大写）			亿 千 百 十 万 千 百 十 元 角 分	
			支付密码		
		汇出行签章	附加信息及用途		

此联汇出行给汇款人的回单

图 5-21　电汇票据

二、汇兑知识要点

（一）汇兑的适用范围及分类

汇兑按划款方式不同分为信汇和电汇两种。信汇是指汇款人委托银行通过邮寄方式将款项支付给收款人。电汇是指汇款人委托银行通过电报方式将款项划给收款人。汇兑结算方式适用于异地之间单位和个人的各种款项结算，具有划拨款项简单、灵活的特点。

（二）汇兑业务的基本要求

（1）采用信汇时，汇款单位出纳员应填制一式四联的“信汇凭证”。“信汇凭证”第一联（回单）是汇出行受理信汇凭证后给汇款人的回单；第二联（借方凭证）是汇款人委托开户银行办理清汇时转账付款的支付凭证；第三联（贷方凭证）是汇入行将款项汇入收款人账户后的收款凭证；第四联（收账通知）是在直接记入收款人账户后通知收款人的收款通知，或不直接记入收款人账户时收款人凭以领取款项的取款收据。

（2）采用电汇时，汇款单位出纳员应填制一式三联的“电汇凭证”。“电汇凭证”第一联（回单）是汇出行给汇款人的回单；第二联（借方凭证）为汇出银行办理转账付款的支款凭证；第三联（汇款依据）是汇出行向汇入行电传的凭据。

三、典型业务办理

（一）汇兑付款业务

例1　2013年9月15日，南方食品有限公司根据协议通过电汇结算方式预付货款40000元。

【相关岗位】出纳、制单会计、往来会计、财务负责人

【办理流程】

（1）会计主管根据协议，通知出纳办理汇兑结算手续，出纳填写一式三联的电汇凭证（见图5-22(a)、(b)、(c)），并在第2联加盖汇款人签章和预留银行印鉴。

中国建设银行 China Construction Bank　**电汇凭证**（回单）　1　桂　00375621

委托日期　2013 年 9 月 15 日

汇款方式	□普通 □加急			
汇款人 全称	南方食品有限公司	收款人	全称	漓江贸易公司
账号	785623456789		账号	451025-23
汇出地	广西 省 南宁市		汇入地	广西 省 桂林市
汇出行名称	中国建设银行星湖分理处		汇入行名称	中国建设银行榕湖支行
金额	（大写）肆万元整		亿千百十万千百十元角分	¥4000000
汇出行签章			支付密码 附加信息及用途	

此联汇出行给汇款人的回单

(a)

中国建设银行 ChianConstructionBank　**电汇凭证**（借方凭证）　2　桂　00375621

委托日期　2013 年 9 月 15 日

币别　人民币　　流水号

汇款方式	□普通 □加急			
汇款人 全称	南方食品有限公司	收款人	全称	漓江贸易公司
账号	785623456789		账号	451025-23
汇出地	广西 省 南宁市		汇入地	广西 省 桂林市
汇出行名称	中国建设银行星湖分理处		汇入行名称	中国建设银行榕湖支行
金额	（大写）肆万元整		亿千百十万千百十元角分	¥4000000
此汇款支付给收款人 南方食品有限公司 财务专用章　陈东虹 汇款人签章			支付密码 附加信息及用途	

此联汇出行作借方凭证

中国建设银行 ChianConstructionBank　**电汇凭证**（汇款依据）　3　桂　00375621

委托日期　2013 年 9 月 21 日

币别　人民币　　流水号

汇款方式	□普通 □加急			
汇款人 全称	南方食品有限公司	收款人	全称	漓江贸易公司
账号	785623456789		账号	451025-23
汇出地	广西 省 南宁市		汇入地	广西 省 桂林市
汇出行名称	中国建设银行星湖分理处		汇入行名称	中国建设银行榕湖支行
金额	（大写）肆万元整		亿千百十万千百十元角分	¥4000000
			支付密码 附加信息及用途	

此联汇出行凭以汇出汇款

(c)

图 5-22　电汇凭证

(2)出纳将单据与款项交予银行,银行在电汇凭证第一联回单联加盖银行结算章(见图5-23),表示受理。

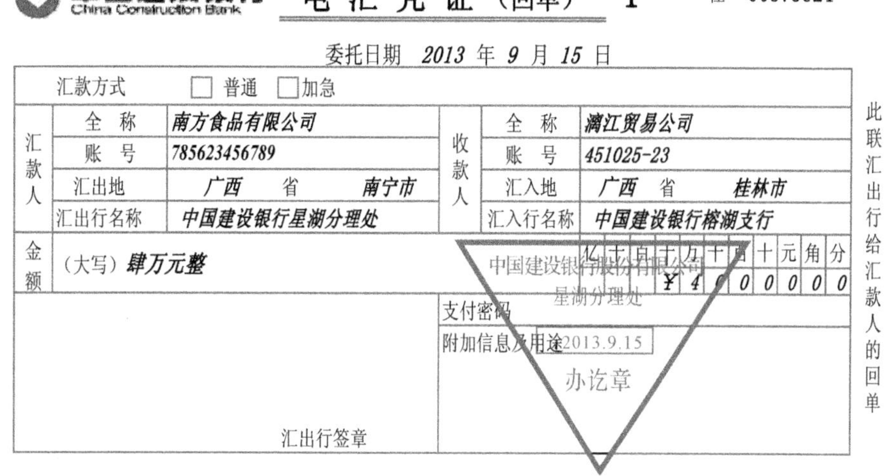

中国建设银行 China Construction Bank　电汇凭证(回单)　1　桂 00375621

委托日期 2013 年 9 月 15 日

汇款方式	□普通 □加急			
汇款人	全称	南方食品有限公司	收款人	全称	漓江贸易公司
	账号	785623456789		账号	451025-23
	汇出地	广西 省 南宁市		汇入地	广西 省 桂林市
	汇出行名称	中国建设银行星湖分理处		汇入行名称	中国建设银行榕湖支行
金额	(大写)肆万元整			亿千百十万千百十元角分	¥40000000
汇出行签章				支付密码 附加信息及用途	

此联汇出行给汇款人的回单

图 5-23　加盖了银行结算章的电汇凭证

(3)制证会计根据回单联编制记账凭证(见图5-24)。

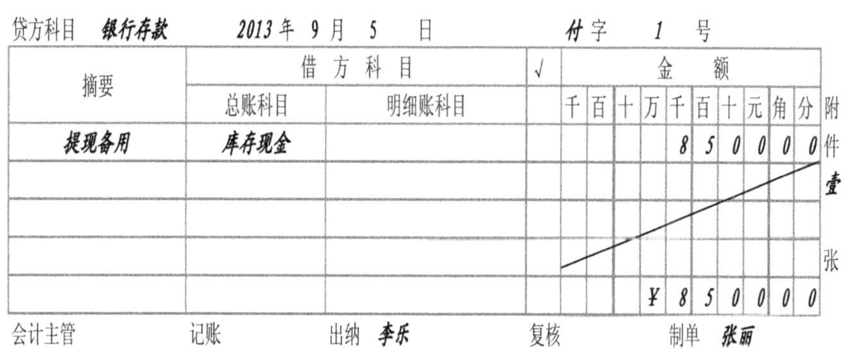

付　款　凭　证

贷方科目 银行存款　2013 年 9 月 5 日　付字 1 号

摘要	借方科目		√	金额									
	总账科目	明细账科目		千	百	十	万	千	百	十	元	角	分
提现备用	库存现金							8	5	0	0	0	0
							¥	8	5	0	0	0	0

附件 壹 张

会计主管　记账　出纳 李乐　复核　制单 张丽

图 5-24　编制记账凭证

(4)出纳登记日记账(见图5-25)。

银行存款日记账

2013		凭证		摘要	对方科目	借方										贷方										余额										✓
月	日	字	号数			千	百	十	万	千	百	十	元	角	分	千	百	十	万	千	百	十	元	角	分	千	百	十	万	千	百	十	元	角	分	
9	7			承前页																								4	4	6	6	0	0	0	0	
	7	收	20	销售收入					2	3	4	0	0	0	0													4	7	0	0	0	0	0	0	
	8	付	30	支付材料款															6	2	0	1	0	0	0			4	0	7	9	9	0	0	0	
	15	付	31	预付货款															4	0	0	0	0	0	0			3	6	7	9	9	0	0	0	

图 5-25　登记日记账

（二）汇兑收款业务

按照规定，汇入银行对开立账户的收款单位的款项应直接转入收款单位的账户。采用信汇方式的，收款单位开户银行（即汇入银行）在信汇凭证第四联上加盖“转讫”章后交给收款单位，表示汇款已由开户银行代为进账。采用电汇方式的，收款单位开户银行根据汇出行发来的电报编制三联联行电报划收款补充报单，在第三联上加盖“转讫”章作为收账通知交给收款单位，表明银行已代为进账。收款单位根据银行转来的信汇凭证第四联（信汇）或联行电报划收款补充报单（电汇）编制银行存款收款凭证。需要在汇入银行支取现金的，必须在信汇（或电汇）凭证的“汇款金额”栏注明“现金”字样。可以由收款人填制一联支款单连同信汇凭证第四联（或联行申报划收款补充报单第三联），并携带有关身份证件到汇入银行取款。汇入银行审核有关证件后一次性办理现金支付手续。未在汇款凭证上填明“现金”字样但需要在汇入银行支取现金的单位，由汇入银行按照现金管理的规定支付。

例 2　2013 年 9 月 16 日，南方食品有限公司收到贵州宏信公司汇来以前欠的货款56000元。

【相关岗位】出纳、制单会计、往来会计、财务负责人

【办理流程】

(1)出纳收到汇入行即开户银行的收账通知（见图 5-26）或电划贷方补充报单第三联，根据前期的账簿记录对其进行审核。

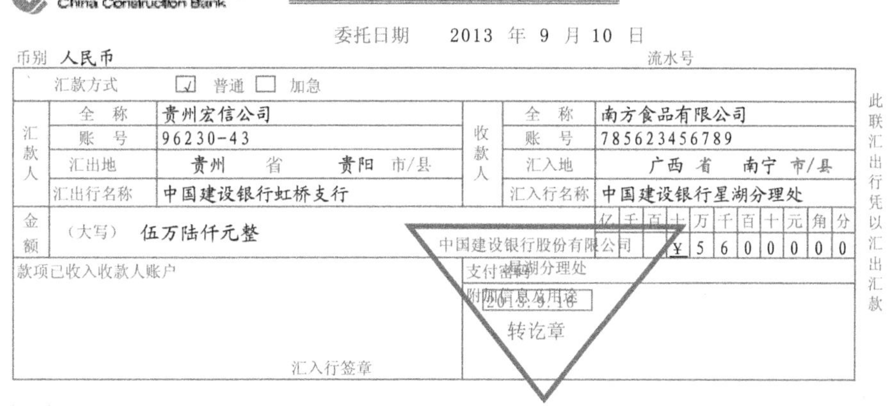
中国建设银行 China Construction Bank 信汇凭证（收账通知） 4 桂 003562

委托日期 2013 年 9 月 10 日

币别 人民币 流水号

汇款方式	☑普通 ☐加急			
汇款人	全称	贵州宏信公司	收款人 全称	南方食品有限公司
	账号	96230-43	账号	785623456789
	汇出地	贵州 省 贵阳 市/县	汇入地	广西 省 南宁 市/县
	汇出行名称	中国建设银行虹桥支行	汇入行名称	中国建设银行星湖分理处
金额	（大写） 伍万陆仟元整		亿千百十万千百十元角分	¥ 5 6 0 0 0 0 0
款项已收入收款人账户 汇入行签章			支付密码 附加信息及用途	

中国建设银行股份有限公司 星湖分理处 2013.9.16 转讫章

此联汇出行凭以汇出汇款

图 5-26 收账通知

(2)确认此款为本单位应收取的款项后，出纳将收款通知传递给制单会计，制单会计审核无误后据以编制收款凭证(见图 5-27)。

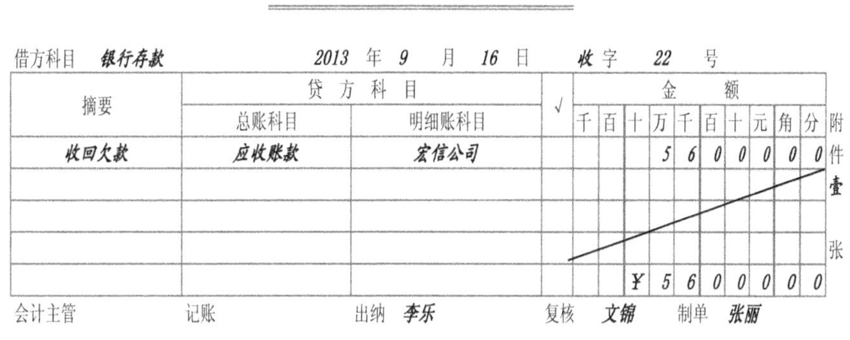
收 款 凭 证

借方科目 银行存款 2013 年 9 月 16 日 收字 22 号

摘要	贷方科目 总账科目	明细账科目	√	千	百	十	万	千	百	十	元	角	分
收回欠款	应收账款	宏信公司					5	6	0	0	0	0	0
						¥	5	6	0	0	0	0	0

附件 壹 张

会计主管 记账 出纳 李乐 复核 文锦 制单 张丽

图 5-27 编制收款凭证

(3)出纳员对收款凭证再审核，据此登记银行存款日记账(见图 5-28)，然后在收款凭证出纳栏处签章，并将记账凭证交由会计人员登记总账和相关明细账。

银行存款日记账

2013		凭证		摘要	对方科目	借方										贷方										余额										√
月	日	字	号数			千	百	十	万	千	百	十	元	角	分	千	百	十	万	千	百	十	元	角	分	千	百	十	万	千	百	十	元	角	分	
9	7			承前页																								4	4	6	6	0	0	0	0	
	7	收	20	销售收入					2	3	4	0	0	0	0													4	7	0	0	0	0	0	0	
	8	付	30	支付材料款															6	2	0	1	0	0	0			4	0	7	9	9	0	0	0	
	15	付	31	预付货款															4	0	0	0	0	0	0			3	6	7	9	9	0	0	0	
	16	收	22	收回宏信公司欠款					5	6	0	0	0	0	0													4	2	3	9	9	0	0	0	

图 5-28　银行存款日记账

（三）退汇款项的办理

(1)对于汇款是直接汇给收款单位的存款账户入账的，退汇由汇出单位自行联系，银行不予介入。

(2)对于汇款不是直接汇往收款单位存款账户入账的，由汇款单位备公函或持本人身份证件连同原信、电汇凭证回单交汇出行申请退汇，由汇出银行通知汇入银行，经汇入银行查实汇款确未解付，方可办理退汇。

(3)对于汇入银行接到退汇通知前汇款已经解付收款人账户或已被支取的，则由汇款人与收款人自行联系退款手续。

(4)对于汇款被收款单位拒绝接受的，由汇入银行立即办理退汇。

(5)汇款超过两个月，收款人尚未在汇入银行办理取款手续，或在规定期限内汇入银行已寄出通知但由于收款人地址迁移或其他原因致使该笔汇款无人受领时，汇入银行主动办理退汇。

(6)汇款单位收到汇出银行寄发的注有“汇款退回已代进账”字样的退汇通知书第四联(适用于汇款人申请退汇)或者由汇入银行加盖“退汇”字样，汇出银行加盖“转讫”章的特种转账贷方凭证(适用于银行主动退汇)后，即表明汇款已退回本单位账户。财务部门即可据此编制银行存款收款凭证，其会计分录则与汇出时银行存款付款凭证会计分录相反。

第三节　商业汇票

商业汇票是出票人签发的、委托付款人在指定日期无条件支付确定金额给收款人或持票人的票据。可由收款人签发，也可由付款人签发，其付款期最长可达 6 个月。

一、商业汇票样式

商业汇票样式如图 5-29(a)、(b)所示。

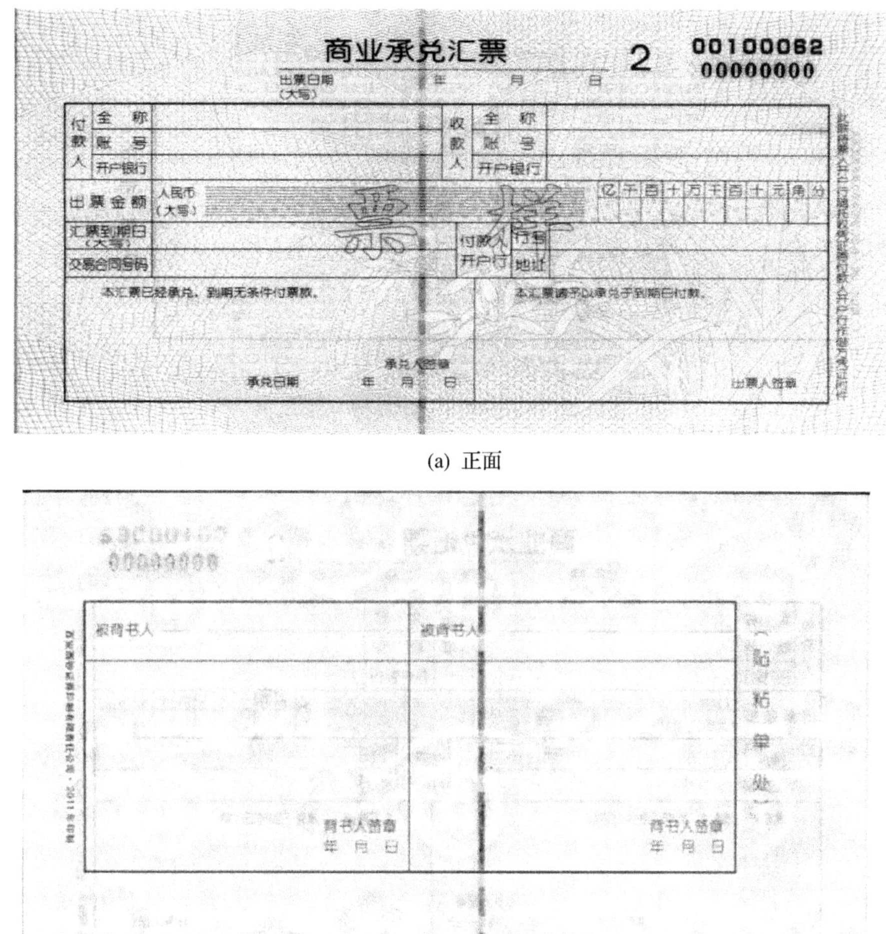

商业承兑汇票 2 00100062 00000000

出票日期（大写） 年 月 日

付款人 全称 / 账号 / 开户银行

收款人 全称 / 账号 / 开户银行

出票金额 人民币（大写） 亿 千 百 十 万 千 百 十 元 角 分

汇票到期日（大写）

付款人开户行 行号 / 地址

交易合同号码

本汇票已经承兑，到期无条件付票款。

承兑人签章 承兑日期 年 月 日

本汇票请予以承兑于到期日付款。

出票人签章

(a) 正面

被背书人

背书人签章 年 月 日

被背书人

背书人签章 年 月 日

（贴粘单处）

(b) 背面

图 5-29 商业汇票

二、商业汇票知识要点

(一)商业汇票的适用范围和分类

(1)在银行开立存款户账户的法人以及其他组织之间，必须具有真实的交易关系或债权债务关系才能使用商业汇票。商业汇票按承兑人的不同分为商业承兑汇票和银行承兑汇票。商业承兑汇票适用于在银行开立存款账户的法人及其他组织之间，按照购销合同先发货后收款或延期付款的商品交易，不管是同城还是异地，其款项结算都可以使用商业汇票的结算方式。

(2)商业汇票按其承兑人的不同，可以分为商业承兑汇票和银行承兑汇票两种。商业承兑汇票是指由收款人签发，经付款人承兑，或者由付款人签发并承诺在指定日期无条件支付确定金额给收款人或持票人的票据。

(二)商业汇票结算基本要求

商业承兑汇票一式三联，第一联由承兑人留存；第二联由持票人开户行随托收凭证寄付款人开户行，作借方凭证附件；第三联由出票人存查。

1. 商业汇票的结算要求

(1)商业汇票的签发必须载明下列事项：①标明"商业承兑汇票"和"银行承兑汇票"的字样；②无条件支付的委托；③确定的金额；④付款人名称；⑤收款人名称；⑥出票日期；⑦出票人签章。上述事项缺一不可，否则商业汇票无效。

(2)商业汇票的付款期限最长不得超过 6 个月，提示付款期限自汇票到期日起 10 日。

(3)商业汇票可以背书转让。符合条件的商业汇票持票人可持未到期商业汇票连同贴现凭证向银行申请贴现，标有"不得转让"字样的承兑汇票.银行不能办理贴现。

(4)商业汇票一律记名。

(5)商业汇票核算一般通过"应收票据"和"应付票据"账户。

(6)银行承兑汇票只能由在承兑银行开立存款账户的单位作为出票人。

(7)持票人向银行申请贴现时必须提供与其直接前手之间的增值税发票和商品发运单据复印件。

2. 商业汇票的结算规定

(1)商业承兑汇票可以由付款人签发并承兑，也可以由收款人签发交由付款人承兑。银行承兑汇票应由在承兑银行开立存款账户的存款人签发。

(2)商业汇票的付款期限，最长不得超过 6 个月：

1)定日付款的汇票付款期限自出票日起计算，并在汇票上记载具体的到期日。定日付款或者出票后定期付款的商业汇票，持票人应当在汇票到期日前向付款人提示承兑。

2)出票后定期付款的汇票付款期限自出票日起按月计算，并在汇票上记载。见票后定期付款的汇票付款期限自承兑或拒绝承兑日起按月计算，并在汇票上记载。见票后定期付款的汇票，持票人应当自出票日起 1 个月内向付款人提示承兑。

(3)商业汇票的提示付款期限，自汇票到期日起 10 日持票人应在提示付款期限内通过开户银行委托收款或直接向付款人提示付款。对异地委托收款的，持票人可匡算邮程，提前通过开户银行委托收款。持票人超过提示付款期限提示付款的，持票人开户银行不予受理。

(4)商业汇票的付款人接到出票人或持票人向其提示承兑的汇票时,应当向出票人或持票人签发收到汇票的回单,记明汇票提示承兑日期并签章。付款人应当自收到提示承兑的汇票之日起3日内承兑或者拒绝承兑。付款人拒绝承兑的,必须出具拒绝承兑的证明。

(5)付款人承兑商业汇票,应当在汇票正面记载“承兑”字样和承兑日期并签章。

(6)付款人承兑商业汇票,不得附有条件;承兑附有条件的,视为拒绝承兑。

(7)银行承兑汇票的承兑银行,应按票面金额向出票人收取万分之五的手续费。

(8)商业承兑汇票付款人的开户银行收到通过委托收款寄来的商业承兑汇票时,应将商业承兑汇票留存,并及时通知付款人。

1)付款人收到开户银行的付款通知,应在当日通知银行付款。付款人在接到通知日的次日起3日内(遇法定休假日顺延,下同)未通知银行付款的,视同付款人承诺付款,银行应于付款人接到通知日的次日起第4日(遇法定休假日顺延,下同)上午开始营业时,将票款划给持票人。

付款人提前收到由其承兑的商业汇票,应通知银行于汇票到期日付款。付款人在接到通知日的次日起3日内未通知银行付款,付款人接到通知日的次日起第4日在汇票到期日之前的,银行应于汇票到期日将票款划给持票人。

2)银行在办理划款时,付款人存款账户不足支付的,应填制付款人未付票款通知书,连同商业承兑汇票邮寄至持票人开户银行转交持票人。

3)付款人存在合法抗辩事由拒绝支付的,应自接到通知日的次日起3日内,做成拒绝付款证明送交开户银行,银行将拒绝付款证明和商业承兑汇票邮寄至持票人开户银行转交持票人。

(9)银行承兑汇票的出票人应于汇票到期前将票款足额交存其开户银行。承兑银行应在汇票到期日或到期日后的见票当日支付票款。承兑银行存在合法抗辩事由拒绝支付的,应自接到商业汇票的次日起3日内,做成拒绝付款证明,连同商业银行承兑汇票邮寄至持票人开户银行转交持票人。

(10)银行承兑汇票的出票人于汇票到期日未能足额交存票款时,承兑银行除向持票人无条件付款外,对出票人尚未支付的汇票金额按照每天万分之五计收利息。

(三)商业汇票的挂失及注销

商业承兑汇票遗失或未使用办理注销,不须向银行办理注销手续,而由收付款单位双方自行联系处理。持票单位若遗失银行承兑汇票,应及时向承兑银行办理挂失注销手续,待汇票到期日满一个月再办理如下手续:

(1)付款单位遗失的,应备函说明遗失原因,并附第三联银行承兑汇票送交银行申请注销,银行受理后,在汇票第三联注明“遗失注销”字样并盖章后即可注销。

(2)收款单位遗失的,由收款单位与付款单位协商解决,汇票到期满一个月后,付款单位确未支付票款,付款单位可要求收款单位办理遗失手续,其手续与付款单位遗失的手续相同。

三、典型业务办理

(一)商业承兑汇票付款业务办理

商业承兑汇票由收付双方约定签发。由收款人签发的商业承兑汇票,应交付款人承兑;由付款人签发的商业承兑汇票,由付款人本人承兑。

例 1 2013 年 7 月 17 日,南方食品有限公司从北流市红水河贸易公司购入设备,双方协商以期限 2 个月。面值 97200 元的商业承兑汇票结算货款。

【相关岗位】出纳、制单会计、往来会计、财务负责人

【办理流程】

(1)签发汇票。商业承兑汇票按照双方协定,可以由付款单位签发,也可以由收款人签发。商业承兑汇票一式三联(见图 5-30(a)、(b)、(c)),第一联为卡片,由承兑人(付款单位)留存;第二联为商业承兑汇票,由持票人开户银行随托收凭证寄付款人开户银行作为借方凭证附件;第三联为存根联,由出票人存查。

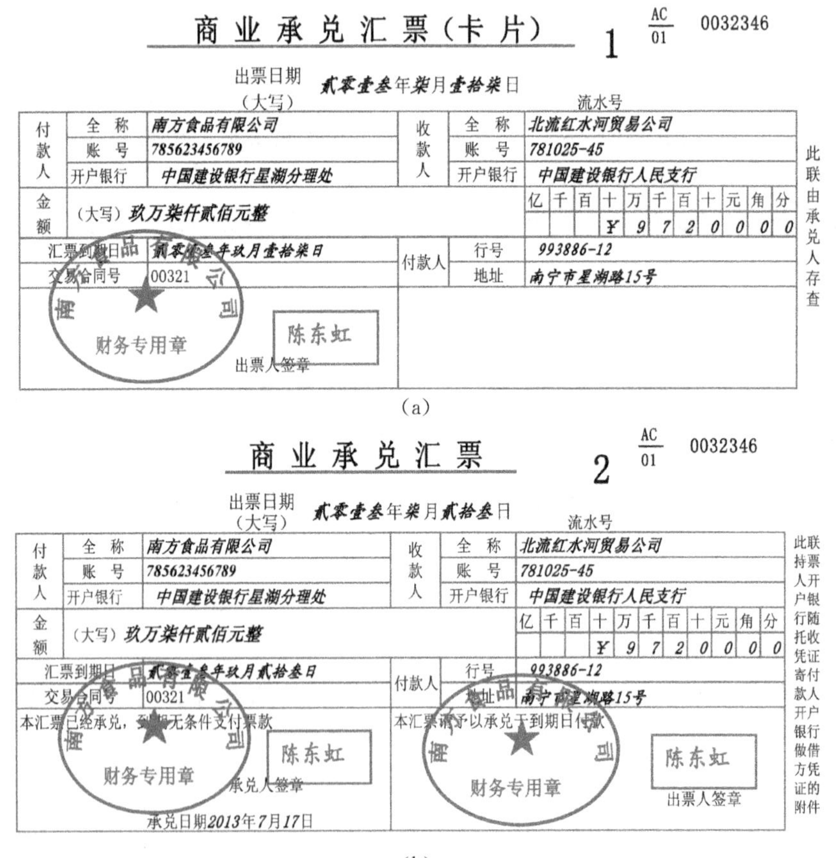

商业承兑汇票(卡片) 1 AC/01 0032346

出票日期(大写) 贰零壹叁年柒月壹拾柒日 流水号

付款人	全称	南方食品有限公司	收款人	全称	北流红水河贸易公司
	账号	785623456789		账号	781025-45
	开户银行	中国建设银行星湖分理处		开户银行	中国建设银行人民支行
金额	(大写)玖万柒仟贰佰元整		亿千百十万千百十元角分		¥9720000
汇票到期日	贰零壹叁年玖月壹拾柒日		付款人	行号	993886-12
交易合同号	00321			地址	南宁市星湖路15号
财务专用章 陈东虹 出票人签章					

此联由承兑人存查

(a)

商业承兑汇票 2 AC/01 0032346

出票日期(大写) 贰零壹叁年柒月贰拾叁日 流水号

付款人	全称	南方食品有限公司	收款人	全称	北流红水河贸易公司
	账号	785623456789		账号	781025-45
	开户银行	中国建设银行星湖分理处		开户银行	中国建设银行人民支行
金额	(大写)玖万柒仟贰佰元整		亿千百十万千百十元角分		¥9720000
汇票到期日	贰零壹叁年玖月贰拾叁日		付款人	行号	993886-12
交易合同号	00321			地址	南宁市星湖路15号
本汇票已经承兑,到期无条件支付票款 财务专用章 陈东虹 承兑人签章 承兑日期2013年7月17日			本汇票请予以承兑于到期日付款 财务专用章 陈东虹 出票人签章		

此联持票人开户银行随托收凭证寄付款人开户银行做借方凭证的附件

(b)

商业承兑汇票(存根) 3 AC/01 0032346

出票日期(大写) 贰零壹叁年柒月壹拾柒日　　流水号

付款人	全称	南方食品有限公司	收款人	全称	北流红水河贸易公司
	账号	785623456789		账号	781025-45
	开户银行	中国建设银行星湖分理处		开户银行	中国建设银行人民支行
金额	(大写)玖万柒仟贰佰元整			亿千百十万千百十元角分	¥9720000
汇票到期日	贰零壹叁年玖月壹拾柒日		付款人	行号	993886-12
交易合同号	00321			地址	南宁市星湖路15号
备注					

此联由出票人存查

(c)

图 5-30　商业承兑汇票

(2)承兑商业承兑汇票。商业承兑汇票由付款单位承兑,付款单位承兑时,无须填写承兑协议,也不通过银行办理,因而也就无须向银行支付手续费,只需在商业承兑汇票的第二联正面签署"承兑"字样并加盖预留银行的印鉴后,交给收款单位。由收款人签发的商业承兑汇票,应先交付款单位承兑,再交收款单位专门保管。

(3)编制记账凭证。南方公司根据发票、入库单、商业承兑汇票编制转账凭证(如图 5-31 所示)。

转　账　凭　证

2013年　7 月　17 日　　　　转字 45 号

摘要	总账科目	明细账科目	借方金额										贷方金额										√
			千	百	十	万	千	百	十	元	角	分	千	百	十	万	千	百	十	元	角	分	
购货	原材料					8	3	0	7	6	9	2											
	应交税费	应交增值税(进项税额)				1	4	1	2	3	0	8											
	应付票据	红河公司														9	7	2	0	0	0	0	
					¥	9	7	2	0	0	0	0			¥	9	7	2	0	0	0	0	

附件 叁 张

会计主管　　记账　　出纳　　复核　　制单 张丽

图 5-31　编制记账凭证

(4)出纳登记应付票据备查簿。

(5)到期兑付。商业承兑汇票到期,付款单位存款账户无款支付或不足支付时,付款单位开户银行将按规定即按照商业承兑汇票的票面金额的 5% 收取罚金,不足 50 元的按 50 元收取,并通知付款单位送回托收凭证及所附商业承兑汇票。付款单位应在接到通知的次日起 2 天内将托收凭证第五联(见图 5-32)及商业承兑汇票第二联退回开户银行。付款单位开户银行收到付款单位退回的托收凭证、商业承兑汇票和提交的拒付理由书后，将退回的托收凭证、商业承兑汇票和提交的拒付理由书第三联和第四联加盖银行业务公章，一并退回收款单位开户银行转交给收款单位，再由收款单位和付款单位自行协商票款的清偿问题。如果付款单位财务部门已将托收款证第五联及商业承兑汇票第二联做了账务处理而无法退回，可以填制一式二联的“应付款项证明单”，将其第一联送付款单位开户银行，由其连同其他凭证一并退回收款单位开户银行再转交收款单位。

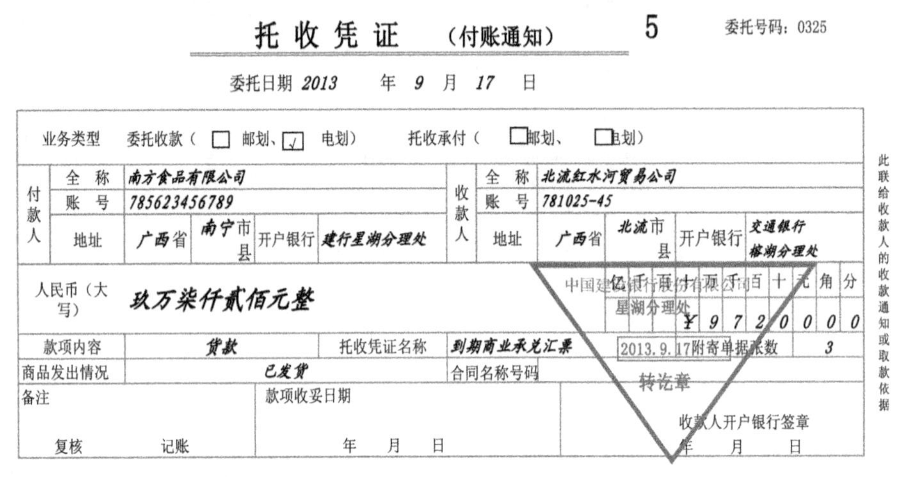

托收凭证 (付账通知) 5 委托号码：0325

委托日期 2013 年 9 月 17 日

业务类型	委托收款（□邮划、☑电划）			托收承付（□邮划、□电划）			
付款人	全称	南方食品有限公司		收款人	全称	北流红水河贸易公司	
	账号	785623456789			账号	781025-45	
	地址	广西省 南宁市/县	开户银行 建行星湖分理处		地址	广西省 北流市/县	开户银行 交通银行榕湖分理处
人民币（大写）	玖万柒仟贰佰元整				亿千百十万千百十元角分	¥ 9 7 2 0 0 0 0	
款项内容	货款	托收凭证名称	到期商业承兑汇票		附寄单据张数	3	
商品发出情况	已发货	合同名称号码					
备注 复核 记账	款项收妥日期 年 月 日			收款人开户银行签章 年 月 日			

中国建设银行股份有限公司 星湖分理处 2013.9.17 转讫章

此联给收款人的收款通知或取款依据

图 5-32 托收凭证

(6)编制付款凭证(见图 5-33)。

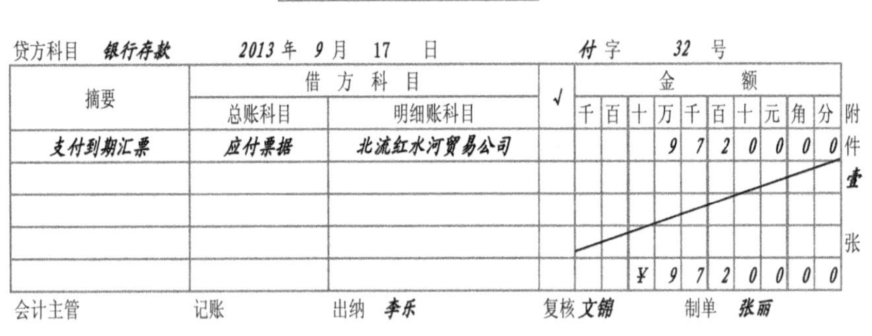

付 款 凭 证

贷方科目 银行存款 2013 年 9 月 17 日 付字 32 号

摘要	借方科目 总账科目	借方科目 明细账科目	√	千	百	十	万	千	百	十	元	角	分
支付到期汇票	应付票据	北流红水河贸易公司					9	7	2	0	0	0	0
						¥	9	7	2	0	0	0	0

附件 壹 张

会计主管 记账 出纳 李乐 复核 文锦 制单 张丽

图 5-33 编制付款凭证

(7)登记银行存款日记账(见图 5-34)。

银行存款日记账

2013		凭证		摘要	对方科目	借方										贷方										余额										✓
月	日	字	号数			千	百	十	万	千	百	十	元	角	分	千	百	十	万	千	百	十	元	角	分	千	百	十	万	千	百	十	元	角	分	
9	7			承前页																								4	4	6	6	0	0	0	0	
	7	收	20	销售收入					2	3	4	0	0	0	0													4	7	0	0	0	0	0	0	
	8	付	30	支付材料款															6	2	0	1	0	0	0			4	0	7	9	9	0	0	0	
	15	付	31	预付货款															4	0	0	0	0	0	0			3	6	7	9	9	0	0	0	
	16	收	22	收回宏信公司欠款					5	6	0	0	0	0	0													4	2	3	9	9	0	0	0	
	17	付	32	支付到期汇票															9	7	2	0	0	0	0			3	2	6	7	9	0	0	0	

图 5-34 登记银行存款日记账

（二）银行承兑汇票付款业务的办理

银行承兑汇票是由收款人或承兑申请人（付款人）签发，并由承兑申请人持汇票和注明采用银行承兑汇票结算方式的购销合同向其开户银行申请承兑的商业汇票。办理银行承兑汇票必须以商品交易为基础，禁止办理无真实商品交易的银行承兑汇票。办理的银行承兑汇票最长期限不得超过 6 个月。

1. 申请办理银行承兑汇票的条件

(1)在承兑银行开立存款账户并依法从事经营活动的法人或其他组织。

(2)具有支付汇票金额的可靠资金来源。

(3)近两年在开户银行无不良贷款、欠息及其他不良信用记录。

2. 承兑申请人应向开户行提交的资料

(1)银行承兑汇票承兑申请书，主要包括汇票金额、期限、用途以及承兑申请人承诺汇票到期无条件兑付票款等内容；此联是出票人开户银行交给出票人的回单。

(2)营业执照或法人执照复印件、法人代表人身份证明。

(3)上年度和当期的资产负债表、利润表和现金流量表。

(4)商品交易合同或增值税发票原件及复印件。

(5)按规定需要提供担保的，提交保证人有关资料（包括营业执照或法人执照复印件、当期资产负债表、利润表和现金流量表）或抵（质）押物的有关资料（包括权属证明、评估报告等）。

(6)银行要求提供的其他资料。

3. 收取保证金

企业在办理银行承兑汇票业务时，经办银行按照客户信用等级收取保证金。一般规定如下：

(1)AA 级（含）以上客户可免收保证金；

(2)AA⁻级客户收取 10%（含）以上保证金；

(3)A⁺、A 级客户收取 30%(含)以上的保证金;

(4)A⁻级客户收取 500%(含)以上的保证金;

(5)BBB 级(含)以下客户收取 100%的保证金。

例 2 2013 年 7 月 18 日,南方食品有限公司从贵港市糖业公司购买白糖 10 吨,单价 5800元,增值税 17%,双方协议以为期 3 个月的银行承兑汇票结算货款。

【相关岗位】出纳、制单会计、总账会计、财务负责人

【办理流程】

(1)填写银行承兑汇票申请书(见图 5-35)

银 行 承 兑 汇 票 申 请 书

编号0675

申请人全称	南方食品有限公司	法定代表人	陈东虹
企业性质	有限公司	地址	南宁市星湖路15号
经营范围	食品生产	营业执照号码	452378-0082
开户银行	785623456789		
申请事由	支付货款		
交易合同号	23706	合同标的额	¥64,350.00
供货单位名称	贵港市糖业公司	货物名称	白糖
约定付款期	2013年12月23日		
申请承兑金额(大写) 陆万肆仟叁佰伍拾元整		承兑期限	3个月
担保方式 保证金¥6435.00			
以上申请请予以处理 申请人(公章) 南方食品有限公司 财务专用章 法人代表(签章) 陈东虹 联系人 陈秀 电话 0771-5826452 2013年 9 月 18 日			

图 5-35 填写银行承兑汇票申请书

(2)审核盖章。会计主管审核后由出纳和法人印鉴保管人分别在申请书上盖上财务专用章和法人印鉴。

(3)填写银行承兑协议书(见图 5-36)。

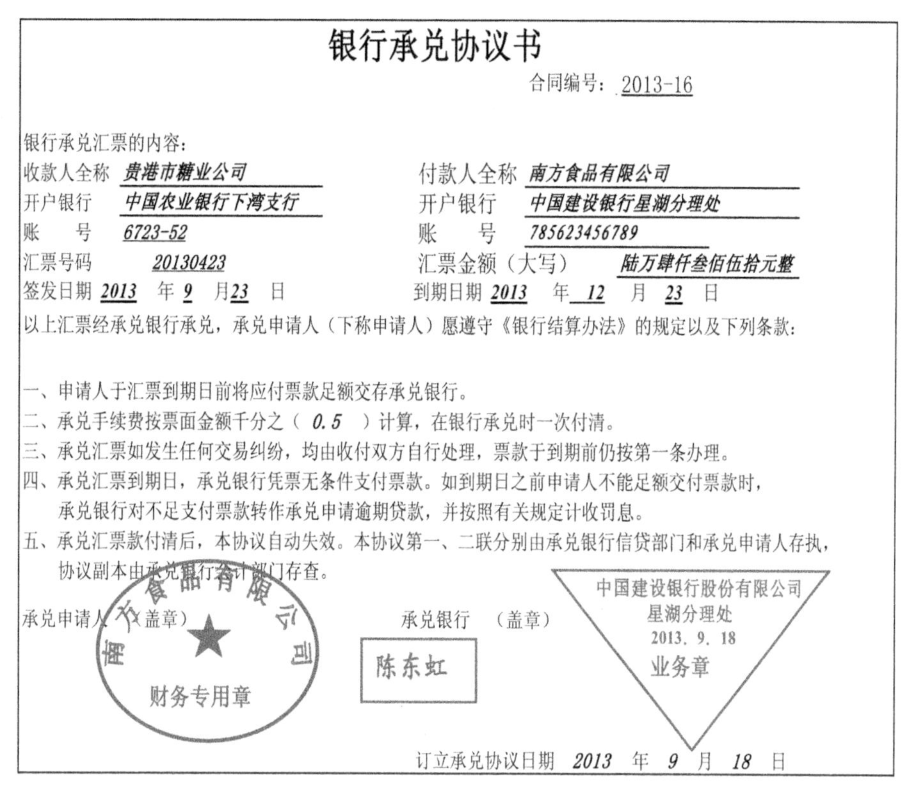

银行承兑协议书

合同编号：2013-16

银行承兑汇票的内容：

收款人全称 贵港市糖业公司　　付款人全称 南方食品有限公司

开户银行 中国农业银行下湾支行　　开户银行 中国建设银行星湖分理处

账　　号 6723-52　　账　　号 785623456789

汇票号码 20130423　　汇票金额（大写） 陆万肆仟叁佰伍拾元整

签发日期 2013 年 9 月 23 日　　到期日期 2013 年 12 月 23 日

以上汇票经承兑银行承兑，承兑申请人（下称申请人）愿遵守《银行结算办法》的规定以及下列条款：

一、申请人于汇票到期日前将应付票款足额交存承兑银行。

二、承兑手续费按票面金额千分之（ 0.5 ）计算，在银行承兑时一次付清。

三、承兑汇票如发生任何交易纠纷，均由收付双方自行处理，票款于到期前仍按第一条办理。

四、承兑汇票到期日，承兑银行凭票无条件支付票款。如到期日之前申请人不能足额交付票款时，承兑银行对不足支付票款转作承兑申请逾期贷款，并按照有关规定计收罚息。

五、承兑汇票款付清后，本协议自动失效。本协议第一、二联分别由承兑银行信贷部门和承兑申请人存执，协议副本由承兑银行会计部门存查。

承兑申请人（盖章）南方食品有限公司 财务专用章　　承兑银行（盖章）陈东虹　中国建设银行股份有限公司 星湖分理处 2013. 9. 18 业务章

订立承兑协议日期 2013 年 9 月 18 日

图 5-36　填写银行承兑协议书

(4)签发银行承兑汇票(见图 5-37(a)、(b)、(c))。

银行承兑汇票（卡片）　1　AB 01　007532

出票日期（大写） 贰零壹叁年玖月壹拾捌日　　流水号

付款人	全称	南方食品有限公司	收款人	全称	贵港市糖业公司
	账号	785623456789		账号	6723-52
	开户银行	中国建设银行星湖分理处		开户银行	中国农业银行下湾支行
金额	（大写）陆万肆仟叁佰伍拾元整			亿千百十万千百十元角分	￥6 4 3 5 0 0 0
汇票到期日	贰零壹叁年壹拾贰月贰拾叁日		付款人	行号	138
承兑协议号	2013-16			地址	南宁市星湖路15号
本汇票由你行承兑，此项汇票款我单位按承兑协议于到期前足额存交你行，到期请予以支付。（南方食品有限公司 财务专用章）陈东虹　出票人签章			备注		复核　记账

此联由承兑人存查。到期支付票款时作借方凭证附件

(a)

银行承兑汇票 2 $\frac{AB}{01}$ 007532

出票日期（大写） 贰零壹叁年玖月壹拾捌日　　流水号

付款人	全　称	南方食品有限公司	收款人	全　称	贵港市糖业公司
	账　号	785623456789		账　号	6723-52
	开户银行	中国建设银行星湖分理处		开户银行	中国农业银行下湾支行
金额	（大写）陆万肆仟叁佰伍拾元整			亿千百十万千百十元角分	¥ 6 4 3 5 0 0 0
汇票到期日	贰零壹叁年壹拾贰月贰拾叁日		付款人	行号	138
承兑协议号	2013-16			地址	南宁市星湖路15号
本汇票请你行承兑，到期无条件支付票款 财务专用章　陈东虹 承兑人签章 出票人签章			本汇票已经承兑，到期日由你行付款 汇票专用章 承兑汇票签章 承兑日期2013年9月18日		

此联收款人开户银行随托收凭证寄付款行作借方凭证附件

（b）

银行承兑汇票（存根） 3 $\frac{AB}{01}$ 007532

出票日期（大写） 贰零壹叁年玖月壹拾捌日　　流水号

付款人	全　称	南方食品有限公司	收款人	全　称	贵港市糖业公司
	账　号	785623456789		账　号	6723-52
	开户银行	中国建设银行星湖分理处		开户银行	中国农业银行下湾支行
金额	（大写）陆万肆仟叁佰伍拾元整			亿千百十万千百十元角分	¥ 6 4 3 5 0 0 0
汇票到期日	贰零壹叁年壹拾贰月贰拾叁日		付款人	行号	138
承兑协议号	2013-16			地址	南宁市星湖路15号
			备注		

此联由出票人存查

（c）

图 5-37　银行承兑汇票

（5）编制转账凭证（见图 5-38）

转　账　凭　证

2013年　9 月　18 日　　　　转字 50 号

摘要	总账科目	明细账科目	借方金额 千	百	十	万	千	百	十	元	角	分	贷方金额 千	百	十	万	千	百	十	元	角	分	✓
购材料	在途物质	白糖				5	5	0	0	0	0	0											
	应交税费	应交增值税（进项税额）					9	3	5	0	0	8											
	应付票据	贵港糖业公司														6	4	3	5	0	0	0	
					¥	6	4	3	5	0	0	0			¥	6	4	3	5	0	0	0	

附件 叁 张

会计主管　　记账　　出纳　　复核　　制单 张丽

图 5-38　编制转账凭证

(6)到期付款程序与商业承兑汇票相同。

(三)商业汇票收款业务办理

作为收款单位,计算从本单位至付款人开户银行的邮程,在汇票到期前,提前委托银行收款。委托银行收款时,应填写一式五联的“托收凭证”,在“托收凭据名称”栏内注明“商业承兑汇票”字样及汇票号码,在商业承兑汇票第二联背面加盖收款单位公章后,一并送交开户银行。开户银行审查后办理有关收款手续,并将盖章后的“托收凭证”第一联退回给收款单位保存。

例 3 2013 年 7 月 19 日,南方食品有限公司销售产品收到银行承兑汇票一张,9 月 19 日汇票到期办理托收。

【相关岗位】出纳、制单会计、往来会计、财务负责人

【办理流程】

(1)汇票到期,根据汇票(见图 5-39),出纳填写托收凭证办理商业汇票到期收款(见图5-40)。

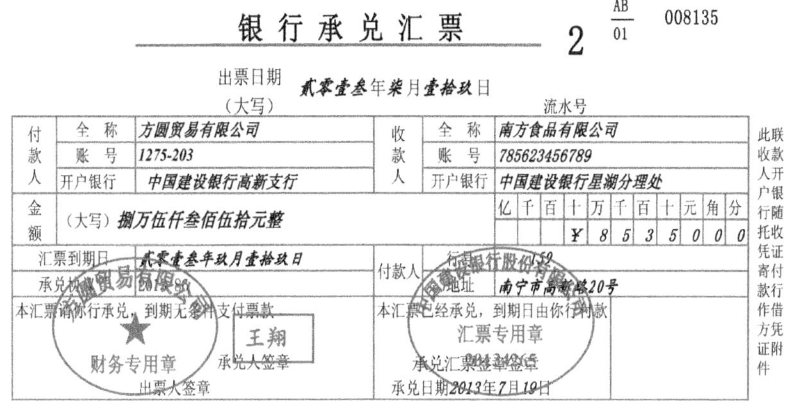

银行承兑汇票 2 AB/01 008135

出票日期(大写) 贰零壹叁年柒月壹拾玖日 流水号

付款人	全称	方圆贸易有限公司	收款人	全称	南方食品有限公司
	账号	1275-203		账号	785623456789
	开户银行	中国建设银行高新支行		开户银行	中国建设银行星湖分理处
金额	(大写)捌万伍仟叁佰伍拾元整				¥85350.00
汇票到期日	贰零壹叁年玖月壹拾玖日		付款人	行号	159
承兑协议编号				地址	南宁市高新路20号
本汇票请你行承兑,到期无条件支付票款 财务专用章 王翔 承兑人签章 出票人签章			本汇票已经承兑,到期日由你行付款 汇票专用章 承兑汇票签章签章 承兑日期2013年7月19日		

此联收款人开户银行随托收凭证寄付款行作借方凭证附件

图 5-39 汇票到期

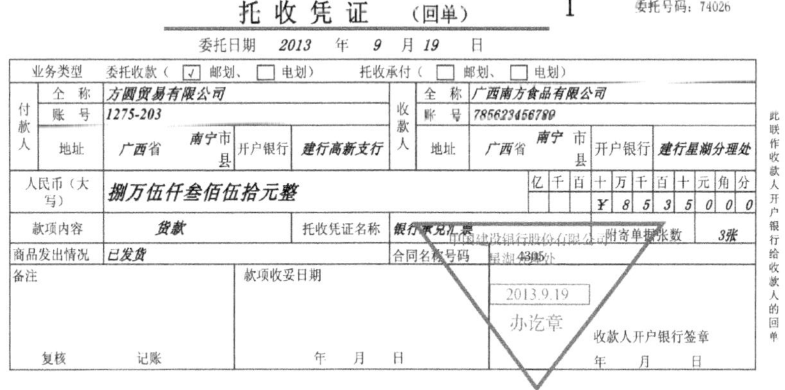

托收凭证 (回单) 1 委托号码:74026

委托日期 2013 年 9 月 19 日

业务类型	委托收款(☑邮划、□电划) 托收承付(□邮划、□电划)				
付款人	全称	方圆贸易有限公司	收款人	全称	广西南方食品有限公司
	账号	1275-203		账号	785623456789
	地址	广西省南宁市/县 开户银行 建行高新支行		地址	广西省南宁市/县 开户银行 建行星湖分理处
人民币(大写)	捌万伍仟叁佰伍拾元整				¥85350.00
款项内容	货款	托收凭证名称	银行承兑汇票	附寄单据张数	3张
商品发出情况	已发货	合同名称号码			
备注: 复核 记账	款项收妥日期 年 月 日		中国建设银行股份有限公司星湖分理处 2013.9.19 办讫章 收款人开户银行签章 年 月 日		

此联作收款人开户银行给收款人的回单

图 5-40 托收凭证

(2)收取款项。2013 年 9 月 29 日,收到银行收账通知(见图 5-41),交给制证会计编制收款凭证(见图 5-42)。

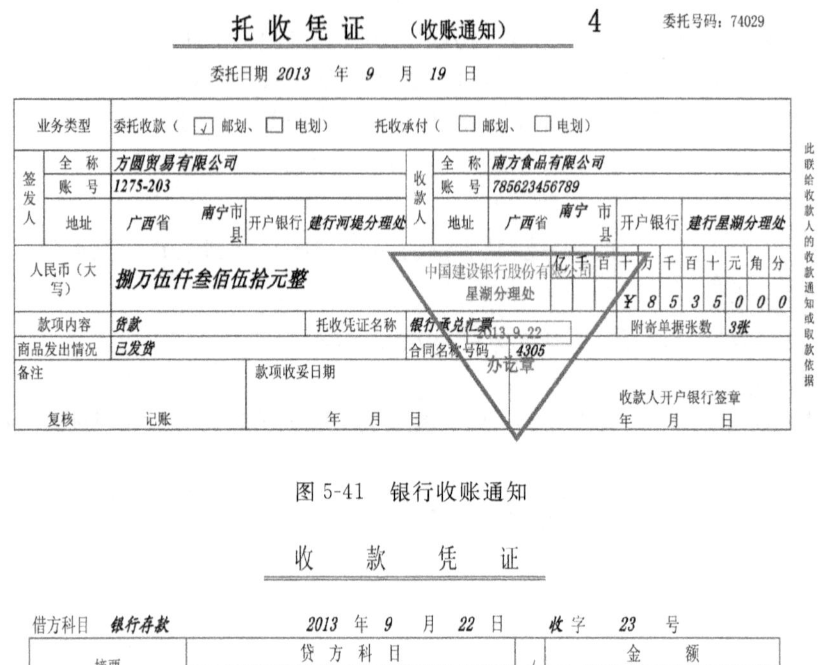

托收凭证 (收账通知) 4　　委托号码:74029

委托日期 2013 年 9 月 19 日

业务类型	委托收款(☑邮划、□电划)　托收承付(□邮划、□电划)					
签发人 全称	方圆贸易有限公司		收款人 全称	南方食品有限公司		
账号	1275-203		账号	785623456789		
地址	广西省 南宁市/县	开户银行 建行河堤分理处	地址	广西省 南宁市/县	开户银行 建行星湖分理处	
人民币(大写)	捌万伍仟叁佰伍拾元整			亿千百十万千百十元角分	¥8535000	
款项内容	货款	托收凭证名称	银行承兑汇票	附寄单据张数	3张	
商品发出情况	已发货	合同名称号码	4305			
备注 复核 记账		款项收妥日期 年 月 日		收款人开户银行签章 年 月 日		

中国建设银行股份有限公司 星湖分理处 2013.9.22 办讫章

此联给收款人的收款通知或取款依据

图 5-41　银行收账通知

收　款　凭　证

借方科目 银行存款　　2013 年 9 月 22 日　　收字 23 号

摘要	贷方科目 总账科目	贷方科目 明细账科目	√	金额(千百十万千百十元角分)
到期票据兑现	应收票据	方圆公司		8535000
				¥8535000

附件壹张

会计主管　　记账　　出纳 李乐　　复核 文锦　　制单 张丽

图 5-42　收款凭证

(3)出纳登记银行存款日记账(见图 5-43)。

银 行 存 款 日 记 账

2013 月	日	凭证 字	号数	摘要	对方科目	借方(千百十万千百十元角分)	贷方(千百十万千百十元角分)	余额(千百十万千百十元角分)	√
9	7			承前页				44660000	
	7	收	20	销售收入		2340000		47000000	
	8	付	30	支付材料款			6201000	40799000	
	15	付	31	预付货款			4000000	36799000	
	16	收	22	收回宏信公司欠款		5600000		42399000	
	17	付	32	支付到期汇票			9720000	32679000	
	22	收	23	收到到期汇票款		8535000		41214000	

图 5-43　登记银行存款日记账

（三）商业汇票贴现办理

贴现是指汇票持有人将未到期的商业汇票交给银行，银行按照票面金额扣收自贴现日至汇票到期日期间的利息，将票面金额扣除贴现利息后的净额交给汇票持有人。商业汇票持有人在资金暂时不足的情况下，可以凭承兑的商业汇票向银行办理贴现，以提前取得货款。商业汇票持有人办理汇票贴现的步骤如下：

1. 申请贴现

汇票持有人向银行申请贴现，应填制一式五联的“贴现凭证”。贴现凭证第一联（代申请书）交银行作贴现付出传票；第二联（收入凭证）交银行作贴现申请单位账户收入传票；第三联（收入凭证）交银行作贴现利息收入传票；第四联（收账通知）交银行作贴现申请单位的收账通知；第五联（到期卡）交会计部门按到期日排列保管，到期日作贴现收入凭证。

汇票持有单位（即贴现单位）出纳员应根据汇票的内容逐项填写贴现凭证的有关内容，如贴现申请人的名称、账号、开户银行，贴现汇票的种类、发票日、到期日和汇票号码，汇票承兑人的名称、账号和开户银行，汇票金额的大、小写等。其中，贴现申请人即汇票持有单位本身；贴现汇票种类指是银行承兑汇票还是商业承兑汇票；汇票承兑人对于银行承兑汇票来说为承兑银行。银行信贷部门要审查汇票是否合法、是否在本行开户、汇票联数是否完整、背书是否连续、贴现凭证的填写是否正确、汇票是否在有效期内、承兑银行是否已通知不应贴现以及是否超过本行信贷规模和资金承受能力等。审查无误后在贴现凭证“银行审批”栏签注“同意”字样，并加盖有关人员印章后送银行会计部门。

2. 办理贴现

银行会计部门对银行信贷部门审查的内容进行复核，并审查汇票盖印及压印金额是否真实有效。审查无误后即按规定计算并在贴现凭证上填写贴现率、贴现利息和实付贴现金额。其中，贴现率是国家规定的月贴现率；贴现利息是指汇票持有人向银行申请贴现而支付给银行的贴现利息；实付贴现金额是指汇票金额（即贴现金额）减去应付贴现利息后的净额，即汇票持有人办理贴现后实际得到的款项金额。按照规定，贴现利息应根据贴现金额、贴现天数（自银行向贴现单位支付贴现票款日起至汇票到期日前一天止的天数）和贴现率计算求得。用公式表示为

贴现利息＝贴现金额×贴现天数×日贴现率

日贴现率＝月贴现率÷30

贴现单位实得贴现金额则等于贴现金额减去应付贴现利息，用公式表示为

实付贴现金额＝贴现金额－应付贴现利息

银行会计部门填写完贴现率、贴现利息和实付贴现金额后，将贴现凭证第四联加盖“转讫”章后交给贴现单位作为收账通知，同时将实付贴现金额转入贴现单位账户。贴现单位根据开户银行转回的贴现凭证第四联，按实付贴现金额作银行存款收款凭证，并在“应收票据登记簿”上登记有关贴现情况。

3. 票据到期

汇票到期，由贴现银行通过付款单位开户银行向付款单位办理清算，收回票款。

对于银行承兑汇票，不管付款单位是否无款偿付或不足偿付，贴现银行都能从承兑银行取得票款，不会再与收款单位发生关系。

对于商业承兑汇票，贴现的汇票到期，如果付款单位有款足额支付票款，收款单位应于贴现银行收到票款后将应收票据在备查簿中注销。当付款单位存款不足无力支付到期商业承兑汇票时，按照《支付结算办法》的规定，贴现银行将商业承兑汇票退还给贴现单位，并开出特种转账传票，在其中“转账原因”栏注明“未收到××号汇票款，贴现款已从你账户收取”字样，从贴现单位银行账户直接划转已贴现票款。贴现单位收到银行退回的商业承兑汇票和特种转账传票时，凭特种转账传票编制银行存款付款凭证；同时立即向付款单位追索票款。如果贴现单位账户存款也不足，按照《支付结算办法》的规定，贴现银行将贴现票款转作逾期贷款，退回商业承兑汇票，并开出特种转账传票，在其中“转账原因”栏注明“贴现已转逾期贷款”字样，贴现单位据此编制转账凭证。

第四节　委托收款

一、委托收款票样

委托收款票样见图 5-44(a)到(e)。

托收凭证　（回单）　1　　委托号码：00000

委托日期　　年　　月　　日

<table>
<tr><td colspan="12">业务类型　委托收款（□邮划、□电划）　　托收承付（□邮划、□电划）</td></tr>
<tr><td rowspan="3">付款人</td><td>全称</td><td colspan="3"></td><td rowspan="3">收款人</td><td>全称</td><td colspan="5"></td></tr>
<tr><td>账号</td><td colspan="3"></td><td>账号</td><td colspan="5"></td></tr>
<tr><td>地址</td><td>省　　市县</td><td>开户银行</td><td></td><td>地址</td><td>省　　市县</td><td>开户银行</td><td colspan="3"></td></tr>
<tr><td colspan="2">人民币（大写）</td><td colspan="5"></td><td colspan="5">亿 千 百 十 万 千 百 十 元 角 分</td></tr>
<tr><td colspan="2">款项内容</td><td></td><td>托收凭证名称</td><td colspan="3"></td><td>附寄单据张数</td><td colspan="4"></td></tr>
<tr><td colspan="2">商品发出情况</td><td colspan="2"></td><td>合同名称号码</td><td colspan="7"></td></tr>
<tr><td colspan="3">备注

复核　　记账</td><td colspan="3">款项受托日期

年　月　日</td><td colspan="6">收款人开户银行签章

年　月　日</td></tr>
</table>

此联收款人开户银行给收款人的回单

(a)

托 收 凭 证　（贷方凭证）　　2　　委托号码：00000

委托日期　　年　　月　　日

业务类型	委托收款（☐邮划、☐电划）				托收承付（☐邮划、☐电划）			
付款人	全　称			收款人	全　称			
	账　号				账　号			
	地址	省　　市县	开户银行		地址	省　　市县	开户银行	
人民币（大写）						亿 千 百 十 万 千 百 十 元 角 分		
款项内容		托收凭证名称				附寄单据张数		
商品发出情况				合同名称号码				
备注 收款人开户银行收到日期 年　月　日		上列款项随附有关债务证明请予办理收款 收款人签章			复核　　记账			

此联收款人开户银行作贷方凭证

（b）

托 收 凭 证　（借方凭证）　　3　　委托号码：00000

委托日期　　年　　月　　日

业务类型	委托收款（☐邮划、☐电划）				托收承付（☐邮划、☐电划）			
付款人	全　称			收款人	全　称			
	账　号				账　号			
	地址	省　　市县	开户银行		地址	省　　市县	开户银行	
人民币（大写）						亿 千 百 十 万 千 百 十 元 角 分		
款项内容		托收凭证名称				附寄单据张数		
商品发出情况				合同名称号码				
备注 付款人开户银行收到日期 年　月　日		收款人开户银行签章 年　月　日			复核　　记账			

此联付款人开户银行作借方凭证

（c）

托 收 凭 证　（收账通知）　　4　　委托号码：00000

委托日期　　年　　月　　日

业务类型	委托收款（☐邮划、☐电划）				托收承付（☐邮划、☐电划）			
签发人	全　称			收款人	全　称			
	账　号				账　号			
	地址	省　　市县	开户银行		地址	省　　市县	开户银行	
人民币（大写）						亿 千 百 十 万 千 百 十 元 角 分		
款项内容		托收凭证名称				附寄单据张数		
商品发出情况				合同名称号码				
备注 复核　　记账		上列款项已划回收款方账户 收款人开户银行签章 年　月　日						

此联给收款人的收款通知或取款依据

（d）

托收凭证 （付账通知） 5 委托号码：00000

委托日期 年 月 日

<table>
<tr><td colspan="8">业务类型 委托收款（□邮划、□电划） 托收承付（□邮划、□电划）</td></tr>
<tr><td rowspan="3">付款人</td><td>全 称</td><td colspan="2"></td><td rowspan="3">收款人</td><td>全 称</td><td colspan="2"></td></tr>
<tr><td>账 号</td><td colspan="2"></td><td>账 号</td><td colspan="2"></td></tr>
<tr><td>地址</td><td>省 市/县</td><td>开户银行</td><td>地址</td><td>省 市/县</td><td>开户银行</td></tr>
<tr><td colspan="5">人民币（大写）</td><td colspan="3">亿 千 百 十 万 千 百 十 元 角 分</td></tr>
<tr><td colspan="2">款项内容</td><td>托收凭证名称</td><td colspan="3"></td><td colspan="2">附寄单据张数</td></tr>
<tr><td colspan="2">商品发出情况</td><td colspan="2"></td><td colspan="4">合同名称号码</td></tr>
<tr><td colspan="3">备注
付款人开户银行收到日期
年 月 日
复核 记账</td><td colspan="2">付款人开户银行签章
年 月 日</td><td colspan="3">付款人注意：
1. 应于见票当日通知开户银行划款
2. 如需拒付，应在规定期限内，将拒付理由书并附债务证明退交开户银行</td></tr>
</table>

此联给收款人的收款通知或取款依据

(e)

图 5-44 委托收款票样

二、委托收款知识要点

委托收款是收款人委托银行向付款人收取款项的结算方式。单位和个人凭已承兑的商汇票、债券、存单等付款人债务证明办理款项结算的，均可使用委托收款方式。委托收款结算款项划回方式有邮寄和电报两种。

(1)凡是在银行和其他金融机构开立账户的单位和个体经济户的商业交易、劳务款项以及其他应收款项的结算都可以使用委托收款结算方式。

(2)委托收款不受金额起点的限制。凡是收款单位发生的各种应收款项，不论金额大小，只要委托银行就予以办理。

(3)委托收款不受地点的限制，在同城、异地都可以办理。

(4)委托收款有邮寄和电报划回两种方式，收款单位可以根据需要灵活选择。

三、典型业务办理

（一）委托收款结算银行存款的收款业务核算

例 1 2013 年 9 月 23 日，南方食品有限公司销售产品一批，双方协商以委托收款的方式结算货款。

【相关岗位】出纳、制单会计、收入费用会计、财务负责人

【办理流程】

(1)销售产品。收款人向付款人发出商品或提供劳务后，收款人即可办理委托收款。

(2)根据发票(见图 5-45)和出库单等向开户银行填写委托收款凭证。收款单位出纳员应按规定逐项填明委托收款凭证的各项内容，如收款单位名称、账号、开户银行；付款单位的名称、账号或地址、开户银行；委托金额大、小写；款项内容(如货款、劳务费等)；委托收款凭据名称(如发票等)；及所附单证张数等。然后在委托收款凭证的第二联上加盖收款单位印章后(见图 5-46)，将委托收款凭证和委托收款依据一并送交开户银行。

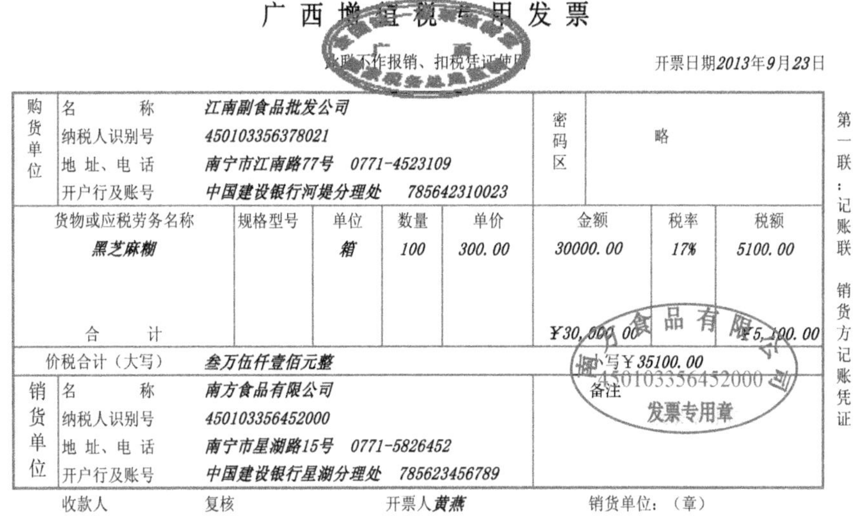

广西增值税专用发票

此联不作报销、扣税凭证使用　　开票日期2013年9月23日

购货单位	名称	江南副食品批发公司	密码区	略
	纳税人识别号	450103356378021		
	地址、电话	南宁市江南路77号　0771-4523109		
	开户行及账号	中国建设银行河堤分理处　785642310023		

货物或应税劳务名称	规格型号	单位	数量	单价	金额	税率	税额
黑芝麻糊		箱	100	300.00	30000.00	17%	5100.00
合计					¥30,000.00		¥5,100.00
价税合计（大写）	叁万伍仟壹佰元整				（小写）¥35100.00		

销货单位	名称	南方食品有限公司	备注
	纳税人识别号	450103356452000	
	地址、电话	南宁市星湖路15号　0771-5826452	
	开户行及账号	中国建设银行星湖分理处　785623456789	

收款人　　复核　　开票人黄燕　　销货单位：（章）

第一联：记账联　销货方记账凭证

（印章：南方食品有限公司　450103356452000　发票专用章）

图 5-45　发票

托收凭证　（贷方凭证）　2　　委托号码：00000

委托日期 2013 年 9 月 23 日

业务类型	委托收款（☑邮划、□电划）　托收承付（□邮划、□电划）				
付款人	全称	江南副食品批发公司	收款人	全称	南方食品有限公司
	账号	785642310023		账号	785623456789
	地址	广西省 南宁 市/县　开户银行 建设银行河堤分理处		地址	广西省 南宁 市/县　开户银行 建行星湖分理处
人民币（大写）	叁万伍仟壹佰元整		亿千百十万千百十元角分		¥ 3 5 1 0 0 0 0
款项内容	货款	托收凭证名称		附寄单据张数	3
商品发出情况	已发货	合同名称号码			
备注	收款人开户银行收到日期　年　月　日	上列款项随附有关债务证明，请予办理收款　（印章：南方食品有限公司 财务专用章）　陈东虹　收款人签章		复核　记账	

此联收款人开户银行作贷方凭证

图 5-46　在托收凭证的第二联上加盖收款单位印章

(3)制证会计根据发票及托收凭证第一联(见图 5-47)编制转账凭证(见图 5-48)。

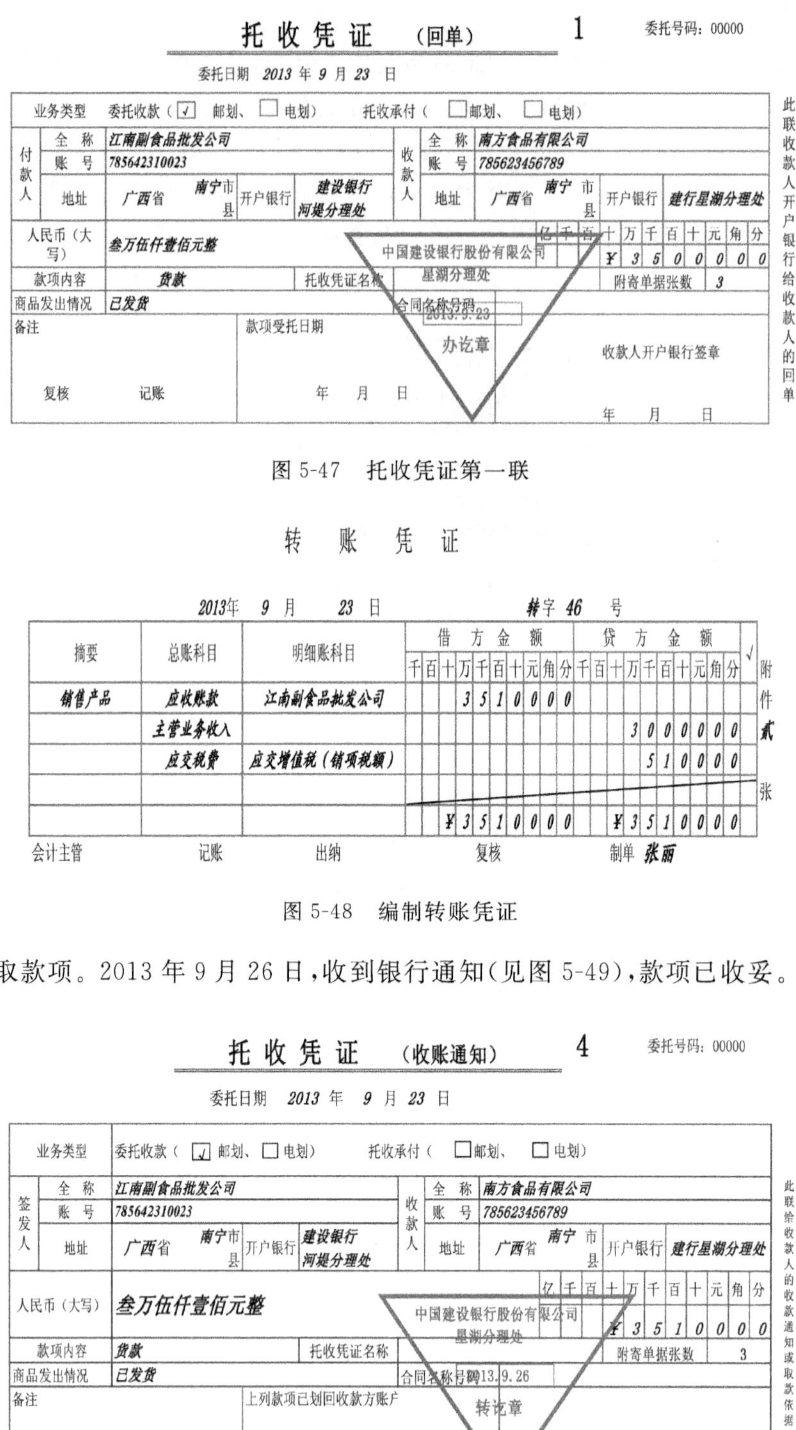

托收凭证 （回单）　1　委托号码：00000

委托日期 2013 年 9 月 23 日

业务类型	委托收款（☑邮划、☐电划）			托收承付（☐邮划、☐电划）			
付款人	全称	江南副食品批发公司		收款人	全称	南方食品有限公司	
	账号	785642310023			账号	785623456789	
	地址	广西省 南宁市/县	开户银行：建设银行河堤分理处		地址	广西省 南宁市/县	开户银行：建行星湖分理处
人民币（大写）	叁万伍仟叁佰元整			亿千百十万千百十元角分	¥3500000		
款项内容	货款	托收凭证名称		附寄单据张数	3		
商品发出情况	已发货	合同名称号码					
备注 复核　记账		款项受托日期 年　月　日		收款人开户银行签章 年　月　日			

中国建设银行股份有限公司 星湖分理处 2013.9.23 办讫章

此联收款人开户银行给收款人的回单

图 5-47　托收凭证第一联

转　账　凭　证

2013年　9 月　23 日　　　　转字 46 号

摘要	总账科目	明细账科目	借方金额										贷方金额										√
			千	百	十	万	千	百	十	元	角	分	千	百	十	万	千	百	十	元	角	分	
销售产品	应收账款	江南副食品批发公司				3	5	1	0	0	0	0											
	主营业务收入															3	0	0	0	0	0	0	
	应交税费	应交增值税（销项税额）															5	1	0	0	0	0	
					¥	3	5	1	0	0	0	0			¥	3	5	1	0	0	0	0	

附件 贰 张

会计主管　　记账　　出纳　　复核　　制单 张丽

图 5-48　编制转账凭证

(4)收取款项。2013 年 9 月 26 日,收到银行通知(见图 5-49),款项已收妥。

托收凭证 （收账通知）　4　委托号码：00000

委托日期 2013 年 9 月 23 日

业务类型	委托收款（☑邮划、☐电划）			托收承付（☐邮划、☐电划）			
签发人	全称	江南副食品批发公司		收款人	全称	南方食品有限公司	
	账号	785642310023			账号	785623456789	
	地址	广西省 南宁市/县	开户银行：建设银行河堤分理处		地址	广西省 南宁市/县	开户银行：建行星湖分理处
人民币（大写）	叁万伍仟壹佰元整			亿千百十万千百十元角分	¥3510000		
款项内容	货款	托收凭证名称		附寄单据张数	3		
商品发出情况	已发货	合同名称号码					
备注 复核　记账		上列款项已划回收款方账户 收款人开户银行签章 年　月　日					

中国建设银行股份有限公司 星湖分理处 2013.9.26 转讫章

此联给收款人的收款通知或取款依据

图 5-49　银行收账通知

(5)制证会计根据收账通知编制收款凭证(见图 5-50)。

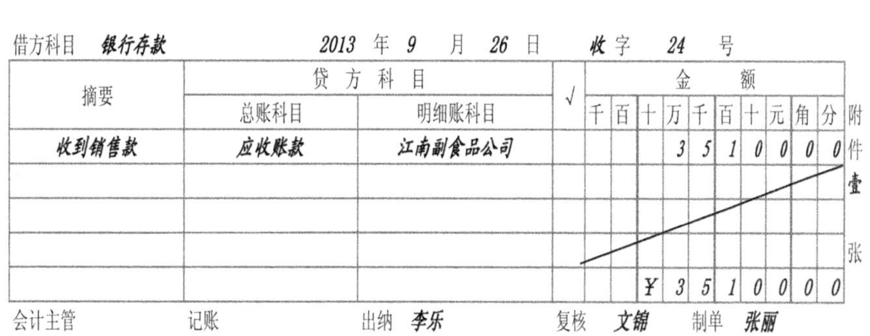

收　款　凭　证

借方科目　银行存款　　　　2013 年 9 月 26 日　　　　收字 24 号

摘要	贷方科目		√	金额										附件
	总账科目	明细账科目		千	百	十	万	千	百	十	元	角	分	
收到销售款	应收账款	江南副食品公司					3	5	1	0	0	0	0	附件
														壹
														张
						¥	3	5	1	0	0	0	0	

会计主管　　记账　　出纳　李乐　　复核　文锦　　制单　张丽

图 5-50　编制收款凭证

(6)登记银行存款日记账(见图 5-51)。

银行存款日记账

2013		凭证		摘要	对方科目	借方										贷方										余额										√
月	日	字	号数			千	百	十	万	千	百	十	元	角	分	千	百	十	万	千	百	十	元	角	分	千	百	十	万	千	百	十	元	角	分	
9	7			承前页																								4	4	6	6	0	0	0	0	
	7	收	20	销售收入					2	3	4	0	0	0	0													4	7	0	0	0	0	0	0	
	8	付	30	支付材料款															6	2	0	1	0	0	0			4	0	7	9	9	0	0	0	
	15	付	31	预付货款															4	0	0	0	0	0	0			3	6	7	9	9	0	0	0	
	16	收	22	收回宏信公司欠款					5	6	0	0	0	0	0													4	2	3	9	9	0	0	0	
	17	付	32	支付到期汇票															9	7	2	0	0	0	0			3	2	6	7	9	0	0	0	
	22	收	23	收到到期汇票款					8	5	3	5	0	0	0													4	1	2	1	4	0	0	0	
	26	收	24	收回江南公司欠款					3	5	1	0	0	0	0													4	4	7	2	4	0	0	0	

图 5-51　银行存款日记账

(二)委托收款结算银行存款的付款业务核算

付款人开户银行接到收款人开户银行寄来的委托收款凭证后,经审查无误,应及时通知付款人。付款人接到通知和有关附件,应认真进行审核。审查的内容主要包括三项:

(1)委托收款凭证是否应由本单位受理;

(2)凭证内容和所附的有关单证填写是否齐全正确;

(3)委托收款金额和实际应付金额是否一致,承付期限是否到期。

付款人审查无误后,应在规定的付款期内付款。付款期为 3 天,从付款人开户银行发出付款通知的次日算起(付款期内遇例假日顺延),付款人在付款期内未向银行提出异议,银行视作同意付款,并在付款期满的次日(例假日顺延)上午银行开始营业时,将款项主动划给收款人。如在付款期满前,付款人通知银行提前付款,应立即办理划款。付款人审查付款通知和有关单证时,如果发现有明显的计算错误,应该多付款项时,可由出纳员填制一式四联的"多付款理由书"(可用"拒绝付款理由书"替代),于付款期满前交开户银行将多付款项一并划给收款单位。银行审查同意后,将多付款项连同委托收款金额划给收款单位,同时将第一联"多付款理由书"加盖"转讫"章后作支款通知交给收款单位。

(三)委托收款结算方式下的拒付处理

1.拒付的情形

付款单位审查有关单证后,认为所发货物的品种、规格、质量等与双方签订的合同不符,或者因其他原因对收款单位委托收取的款项需要全部或部分拒绝付款的,应在付款期内出具"托收承付(委托收款)结算全部(部分)拒绝付款理由书"(以下简称"拒绝付款理由书"),连同开户银行转来的有关单证送开户银行。

2."拒绝付款理由书"的填写

"拒绝付款理由书"一式四联,第一联(回单或付款通知)作付款单位的支款通知;第二联(借方凭证)作银行付出传票或存查;第三联(贷方凭证)作银行收入传票或存查;第四联(代通知或收账通知)作收款单位收账通知或全部拒付通知书。

3.拒付理由书的审查

按照规定,银行对收到的付款单位的"拒绝付款理由书"连同委托收款凭证第五联及所附有关单证,不审查拒绝付款理由,只对有关内容进行核对,核对无误即办理有关手续,实行部分拒付的,将部分付款款项划给收款单位。

第五节 托收承付

托收承付是根据购销合同由收款人发货后委托银行向异地付款人收取款项,由付款人向银行承付的结算方式。托收:销货单位发出商品后,填制一式五联的"托收凭证"随同运输单据、提货单、发票等一起送交开户银行办理托收手续。承付:付款单位收到银行转来的托收凭证及其附件后,应当即登记"票据收付登记簿",并交业务部门核对签收。

一、托收承付票样

单位办理托收承付结算填制的"托收凭证",与委托收款结算中的原始凭证一致,见委托收款结算中的图。

二、托收承付知识要点

(一)托收承付的适用范围和分类

使用托收承付的收付双方必须是国有企业、供销合作社以及经营管理较好并经开户银行审查同意的城乡集体所有制工业企业;办理托收承付的款项必须是商品交易以及因商品交易而产生的劳务供应款项,代销、寄销、赊销商品的款项,不得办理托收承付。收付双方使用托收承付结算方式必须订有符合《合同法》的购销合同,并在合同上注明使用托收承付的结算方式。托收承付结算款项划回方式有邮寄和电报两种。

(二)托收承付结算的基本要求

1.托收承付结算的使用范围

托收承付结算具有使用范围较窄、监督严格和信用度较高的特点,并且是向异地付款。

(1)按照规定,托收承付只适用于国有单位和集体单位之间的商品交易,其他性质的单位和除商品交易外的其他款项结算无法使用托收承付结算。

(2)托收承付的监督较为严格,从收款单位提出托收到付款单位承付款项,每一个环节都在银行的严格监督下进行。

(3)由于托收承付是在银行严格监督下进行的,付款单位如果理由不成立,不得拒付,因而收款单位收款有一定的保证,信用度相对较高。

2.办理托收承付结算必须具备的条件

按照规定,办理托收承付结算必须具备以下条件:

(1)收付双方订有符合《合同法》的经济合同。

(2)收付双方信用较好,都能遵守合同规定。

(3)要有货物确已发运的证件,包括铁路、航运、公路等承运部门签发的运单、运单副本和邮局包裹回执等。对于下列情况,如果没有发运证件,可凭有关证件办理托收手续:

1)内贸、外贸部门系统内的商品调拨、自备运输工具发送或自提的,如易燃、易爆物资。

2)铁道部门的材料厂向铁道系统供应专用器材,可凭其签发的注明车辆号码和发运日期的证明。

3)军队使用军列整车装运物资,可凭证明车辆号码和发运日期的单据;军用仓库对军内发货,可凭总后勤部签发的提货单副本,各大军区、省军区也可比照办理。

4)收款单位承造或大修理船舶、锅炉或大型机器等,生产周期长,合同证明按工程进度分次结算的,可凭工程进度完工证明书。

5)付款单位购进的商品,在收款单位所在地转厂加工、配套的,可凭付款单位和承担加工、配套单位的书面证明。

6)合同订明商品由收款单位暂时代为保管的,可凭寄存证及付款单位委托保管商品的证明。

7)使用铁路集装箱或零担凑整车发运商品的,由于铁路只签发一张运单,可凭持有发运证件单位出具的证明。

8)外贸部门进口商品,可凭国外发来的账单、进口公司开出的结算账单。

3. 办理托收承付的注意事项

(1)使用托收承付结算方式的单位,必须是国有企业、供销合作社以及经营管理较好并经开户银行审查同意的城乡集体所有制工业企业。

(2)办理托收承付结算的款项,必须是商品交易,以及因商品交易而产生的劳务供应的款项。代销、寄销、赊销商品的款项,不得办理托收承付结算。

(3)收付双方使用托收承付结算必须订有符合《合同法》的购销合同,并在合同上载明使用托收承付结算方式。

(4)托收承付结算每笔的金额起点为1万元,新华书店系统每笔金额起点为1000元。

收款单位按照收付双方签订的合同的要求发货或提供劳务后,填制托收承付结算凭证。

三、典型业务办理

(一)托收承付结算的银行存款收款业务办理

例1 2013年9月20日,南方食品有限公司销售产品一批,双方签订购销合同,协商以托收承付方式办理款项结算,南方公司已办妥货物托运手续,并垫付了运费3250元。

【相关岗位】出纳、制单会计、收入费用会计、财务负责人

【办理流程】

(1)根据销售部门人员办理业务后产生的销售发票(见图5-52)、运费单(见图5-53)、出库单等填写托收凭证(见图5-54(a)、(b))。出纳员在填写托收承付结算凭证时,应按照要求逐项认真填写凭证的各项内容,包括收款单位(即本单位)的全称、账号、开户银行;付款单位的全称、账号或地址、开户银行;托收金额的大、小写;随凭证附寄的单证的张数或册数;商品发运情况(如运单的号码等);合同名称号码等,并在托收承付结算凭证的第二联"收款单位盖章"栏加盖本单位预留银行印鉴。

广西增值税专用发票

此联不作报销、扣税凭证使用　　　开票日期2013年9月20日

<table>
<tr><td>购货单位</td><td colspan="5">名　称　四川副食品批发公司
纳税人识别号　850103356452305
地 址、电 话　成都市江滨路17号　028-7523104
开户行及账号　中国建设银行江滨支行　589642310045</td><td>密码区</td><td colspan="2">略</td></tr>
<tr><td>货物或应税劳务名称</td><td>规格型号</td><td>单位</td><td>数量</td><td>单价</td><td>金额</td><td>税率</td><td>税额</td></tr>
<tr><td>豆浆晶</td><td></td><td>包</td><td>2000</td><td>20.00</td><td>40000.00</td><td>17%</td><td>6800.00</td></tr>
<tr><td>合　计</td><td></td><td></td><td></td><td></td><td>¥40,000.00</td><td></td><td>¥6,800.00</td></tr>
<tr><td>价税合计（大写）</td><td colspan="4">肆万陆仟捌佰元整</td><td colspan="3">小写¥46800.00</td></tr>
<tr><td>销货单位</td><td colspan="5">名　称　南方食品有限公司
纳税人识别号　450103356452000
地 址、电 话　南宁市星湖路15号　0771-5826452
开户行及账号　中国建设银行星湖分理处　785623456789</td><td>备注</td><td colspan="2">南方食品有限公司 450103356452000 发票专用章</td></tr>
</table>

收款人　　　复核　　　开票人黄燕　　　销货单位：（章）

第一联：记账联　销货方记账凭证

图 5-52　发票

公路、内河货物运输业统一发票

发 票 联

开票日期：2013 年 9 月 20 日　　　编 号：0023

收货人及 四川副食品公司 纳税人识别号：850103356452305	承运人及 南宁市鸿运公司 纳税人识别号：456323787256302
发货人及 南方食品有限公司 纳税人识别号：450103356452000	主管税务机关 南宁市地税局 及代码：563-532
运输项目 食品 及金额：¥3520.00	其他项目 及金额：
运费小计：¥3520.00	其他费用小计（小写）¥
合计人民币（大写）叁仟伍佰贰拾元整	

运输单位盖章：　　　开票人：林芳菲

第二联　发票联

图 5-53　运费单

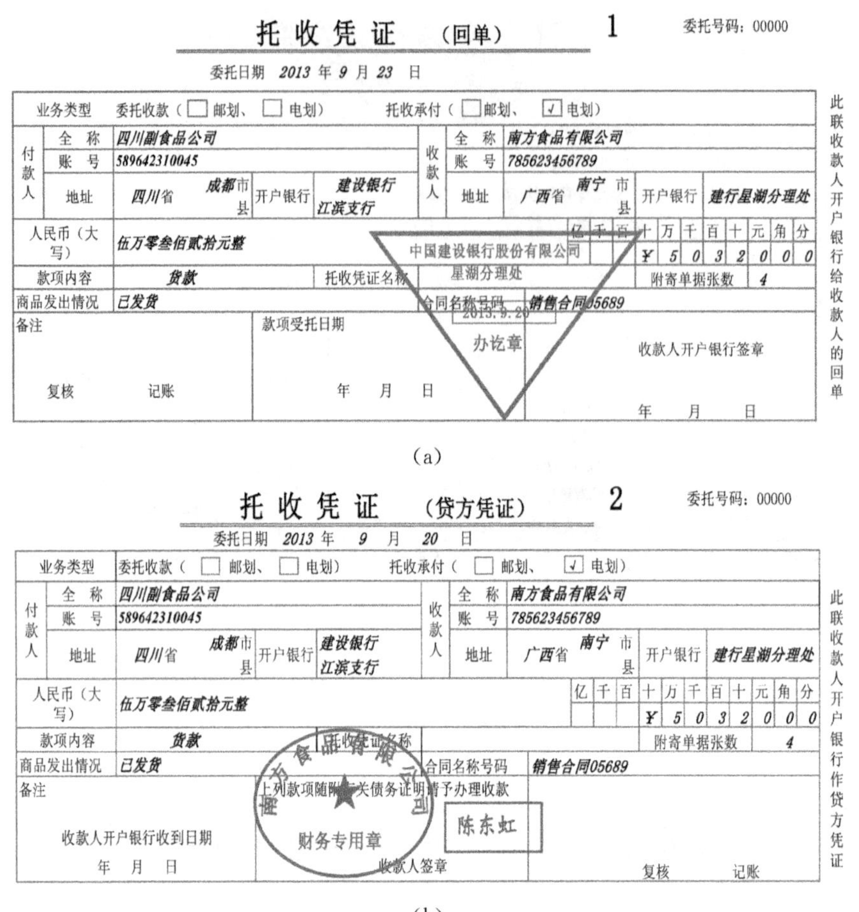

托收凭证　（回单）　1　委托号码：00000

委托日期 2013 年 9 月 23 日

业务类型	委托收款（□邮划、□电划）		托收承付（□邮划、☑电划）		
付款人	全称	四川副食品公司	收款人	全称	南方食品有限公司
	账号	589642310045		账号	785623456789
	地址	四川省 成都市/县　开户银行 建设银行江滨支行		地址	广西省 南宁市/县　开户银行 建行星湖分理处
人民币（大写）	伍万零叁佰贰拾元整		亿千百十万千百十元角分	¥5032000	
款项内容	货款	托收凭证名称		附寄单据张数	4
商品发出情况	已发货	合同名称号码	销售合同05689		
备注　复核　记账	款项受托日期　年　月　日		收款人开户银行签章　年　月　日		

中国建设银行股份有限公司 星湖分理处 2013.9.20 办讫章

此联收款人开户银行给收款人的回单

(a)

托收凭证　（贷方凭证）　2　委托号码：00000

委托日期 2013 年 9 月 20 日

业务类型	委托收款（□邮划、□电划）		托收承付（□邮划、☑电划）		
付款人	全称	四川副食品公司	收款人	全称	南方食品有限公司
	账号	589642310045		账号	785623456789
	地址	四川省 成都市/县　开户银行 建设银行江滨支行		地址	广西省 南宁市/县　开户银行 建行星湖分理处
人民币（大写）	伍万零叁佰贰拾元整		亿千百十万千百十元角分	¥5032000	
款项内容	货款	托收凭证名称		附寄单据张数	4
商品发出情况	已发货	合同名称号码	销售合同05689		
备注　收款人开户银行收到日期　年　月　日	上列款项随附有关债务证明，请予办理收款 收款人签章		复核　记账		

南方食品有限公司 财务专用章　陈东虹

此联收款人开户银行作贷方凭证

(b)

图 5-54　填写托收凭证

(2)银行受理托收。收款单位将填写完整的托收承付结算凭证连同发运单证或有关证件和交易凭证(如销货发票、代垫运杂费单据等)一并送交开户银行办理托收手续。

(3)编制记账凭证。根据银行退回的回单联和运输发票编制转账凭证(见图 5-55)和付款凭证(见图 5-56)。

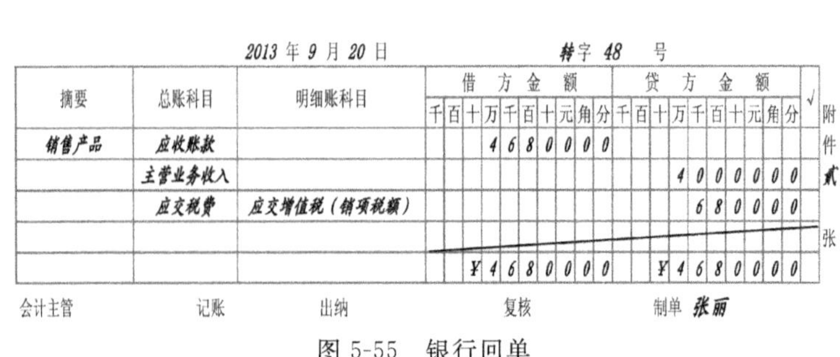

转　账　凭　证

2013 年 9 月 20 日　　转字 48 号

摘要	总账科目	明细账科目	借方金额（千百十万千百十元角分）	贷方金额（千百十万千百十元角分）	√
销售产品	应收账款		4680000		
	主营业务收入			4000000	
	应交税费	应交增值税（销项税额）		680000	
			¥4680000	¥4680000	

附件 贰 张

会计主管　记账　出纳　复核　制单 张丽

图 5-55　银行回单

付 款 凭 证

贷方科目 库存现金　　2013 年 9 月 20 日　　付字 37 号

摘要	借方科目：总账科目	借方科目：明细账科目		金额（千百十万千百十元角分）
代垫运费	应收账款	四川副食品公司		352000
				¥352000

附件 壹 张

会计主管　记账　出纳 李乐　复核 文锦　制单 张丽

图 5-56　支付运费凭证

(4)审核记账凭证,登记现金日记账。

(5)收取款项。9 月 27 日出纳收到托收结算凭证第四联收账通知,制单会计编制收款凭证(见图 5-57)。

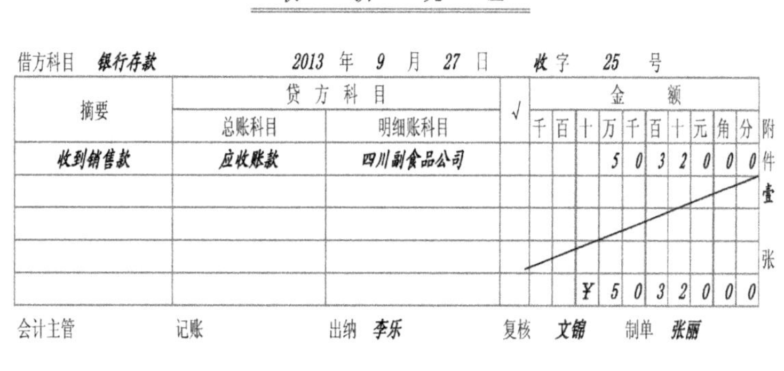

收 款 凭 证

借方科目 银行存款　　2013 年 9 月 27 日　　收字 25 号

摘要	贷方科目：总账科目	贷方科目：明细账科目	√	金额（千百十万千百十元角分）
收到销售款	应收账款	四川副食品公司		5032000
				¥5032000

附件 壹 张

会计主管　记账　出纳 李乐　复核 文锦　制单 张丽

图 5-57

(6)登记银行存款日记账(见图 5-58)。

银行存款日记账

2013 月	日	凭证 字	号数	摘要	对方科目	借方	贷方	余额	√
9	7			承前页				44660000	
	7	收	20	销售收入		2340000		47000000	
	8	付	30	支付材料款			6201000	40799000	
	15	付	31	预付货款			4000000	36799000	
	16	收	22	收回宏信公司欠款		5600000		42399000	
	17	付	32	支付到期汇票			9720000	32679000	
	22	收	23	收到到期汇票款		8535000		41214000	
	26	收	24	收回江南公司欠款		3510000		44724000	
	27	收	25	收回四川副食品款		5032000		49756000	

图 5-58　登记银行存款日记账

第六节　银行汇票

银行汇票是由出票银行签发的，由其在见票时按照实际结算金额无条件支付给收款人或持票人的票据，指由汇款人将款项交存当地出票银行（一般为开户行），由银行签发给汇款人持往异地办理转账结算或支取现金的一种结算方式。

一、银行汇票票样

图 5-59(a)、(b)所示为银行汇票票样。

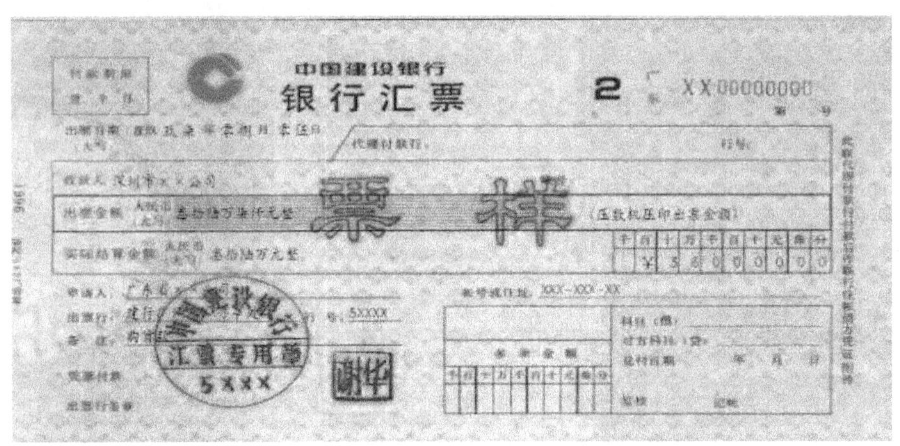

中国建设银行
银行汇票　2　XX00000000
票样
（压数机压印出票金额）
¥ 3 6 0 0 0 0 0 0
XXX-XXX-XX
5XXXX
汇票专用章
5XXX

(a) 正面

被背书人 珠海市××公司
被背书人 李明林
被背书人
财务专用章
背书人签章
1997年8月15日
1997年8月28日
背书人签章　年　月　日
身份证件名称：身份证
号　　码：440301640506112
发证机关：深圳市公安局

(b) 反面

图 5-59　银行汇票票样

二、银行汇票知识要点

（一）银行汇票的适用范围和分类

1.银行汇票的适用范围

银行汇票适用于单位、个人向异地支付各种款项的结算，既可以用于转账，也还可以用于支取现金。

2.银行汇票的分类

(1)按作用分：可以转让的银行汇票、不转让的银行汇票以及可用于支取现金的银行汇票。可以转让的银行汇票，可以背书转让；不可以转让的银行汇票，不可以背书转让；申请人或者收款人为个人的，可申请支取现金的银行汇票。

(2)按适用范围分：全国银行汇票和区域性银行汇票。

3.银行汇票结算的有关规定

(1)银行汇票一律记名。

(2)银行汇票无结算金额起点。

(3)银行汇票的实际结算金额不得更改，否则银行汇票无效。

(4)填明“现金”字样的银行汇票如果丢失，失票人可到代理付款行或出票行填制“挂失止付通知书”办理挂失延付。未填明“现金”字样的转账银行汇票丢失，不得挂失延付，失票人可以凭人民法院出具的其享有票据权利的证明，向其票据银行要求付款或退款。

(5)银行汇票下列四种银行汇票不得背书转让：

1)填明“现金”字样的银行汇票；

2)出票人在票据正面记载“不得转让”字样的票据；

3)被拒绝承兑、拒绝付款或超过付款提示期限的票据；

4)未填写实际结转金额或实际结转金额超过出票金额的票据。

（二）银行汇票结算基本要求

(1)汇款人申请办理银行汇票，应按照规定向签发银行提交“银行汇票的业务委托书”，在“银行汇票的业务委托书”上逐项写明汇款人名称和账号、收款人名称和账号、兑付地点、汇款金额、汇款用途(军工产品可免填)等内容，并加盖汇款人预留银行印鉴，由银行审查后签发银行汇票。如果汇款人未在银行开立账户，则可以交存现金办理汇票。

(2)签发银行受理“银行本票的业务委托书”，经过核对“银行本票的业务委托书”内容和印鉴，并在办妥转账或收妥现金之后，即可向申请人签发转账或支取现金的银行汇票，并将汇票(第二联)和解讫通知(第三联)交申请人。

(3)银行汇票一式四联，第一联为卡片，此联是出票行结清汇票时作汇出汇款借方凭证；

第二联为银行汇票，此联是代理付款行付款后作联行往来账借方凭证附件，持往异地办理结算申请人持银行汇票（第二联）和解讫通知（第三联）向收款人办理结算；第三联为解讫通知，此联是代理付款行兑付后随报单寄出票行，由出票行作多余款贷方凭证；第四联为多余款通知，此联是出票行结清多余款后交申请人。

三、典型业务办理

（一）银行汇票采购付款业务办理

例 1　2013 年 9 月 27 日，南方食品有限公司到北京采购生产设备一套，双方协议采用银行汇票结算货款。出纳到开户银行办理一张面额为 10 万元的银行汇票一张。

【相关岗位】出纳、制单会计、总账会计、财务负责人

【办理流程】

（1）出纳员填写申请书（见图 5-60），将填好的申请书加盖预留银行印鉴后送交银行。

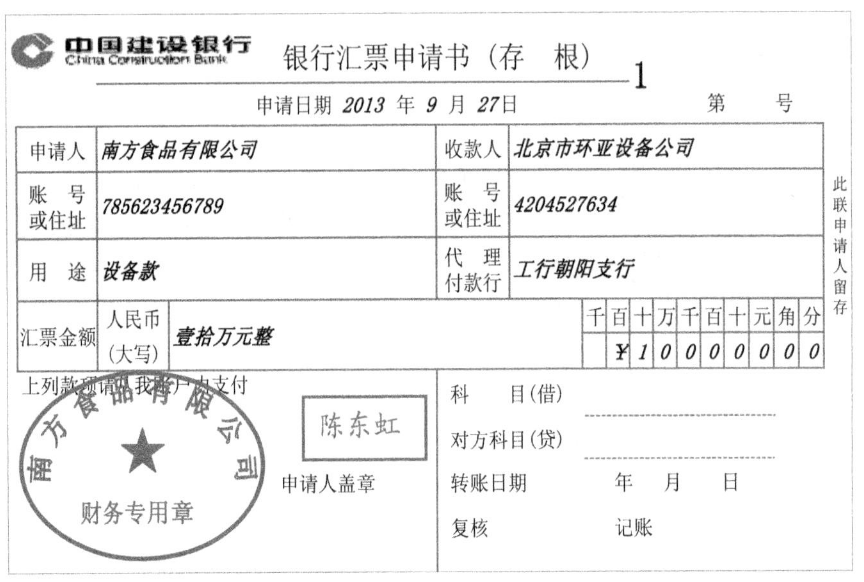

中国建设银行 China Construction Bank　银行汇票申请书（存　根）　1

申请日期 2013 年 9 月 27日　　第　号

申请人	南方食品有限公司	收款人	北京市环亚设备公司
账　号 或住址	785623456789	账　号 或住址	4204527634
用　途	设备款	代　理 付款行	工行朝阳支行
汇票金额	人民币（大写）壹拾万元整	千百十万千百十元角分	￥10000000

上列款项请从我账户内支付

申请人盖章（南方食品有限公司 财务专用章；陈东虹）

科　目（借）

对方科目（贷）

转账日期　年　月　日

复核　记账

此联申请人留存

图 5-60　银行汇票申请书

（2）银行查证资金账户，同意后按申请额出票（见图 5-61（a）、（b）、（c）），并将第 2、第 3 联交予申请单位。

中国建设银行

银 行 汇 票（卡片）　　1　地名 BB 01　　00715321

付款期限	壹个月

出票日期（大写）　贰零壹叁年玖月贰拾柒日　　代理付款行：　　行号：

收款人	北京市环亚机械公司	账号	4204527634
出票金额	人民币（大写）　壹拾万元整		
实际结算金额	人民币（大写）	千 百 十 万 千 百 十 元 角 分	

申请人：南方食品有限公司　　账号　785623456789

出票行：建行星湖分理处　行号：7843

备注：

复核　　经办　　　　复核　　记账

此联出票行结清汇票时作汇出汇款借方凭证

(a)

中国建设银行

银 行 汇 票　　2　地名 BB 01　　00715321

付款期限	壹个月

出票日期（大写）　贰零壹叁年玖月贰拾柒日　　代理付款行：　　行号：

收款人	北京市环亚机械公司	账号	4204527634
出票金额	人民币（大写）　壹拾万元整		
实际结算金额	人民币（大写）	千 百 十 万 千 百 十 元 角 分	

申请人：南方食品有限公司　　账号　785623456789

出票行：建行星湖分理处　行号：432105

备注：

凭票付款

出票行签章

（印章：中国建设银行股份有限公司 汇票专用章 20133565）

密押									
多余金额									
千	百	十	万	千	百	十	元	角	分

复核　　记账

此联代理付款行付款后作联行往来账借方凭证附件

(b)

中国建设银行

银 行 汇 票（解讫通知）　　3　地名 BB 01　　00715321

付款期限	壹个月

出票日期（大写）　贰零壹叁年玖月贰拾柒日　　代理付款行：　　行号：

收款人	北京市环亚机械公司	账号	4204527634
出票金额	人民币（大写）　壹拾万元整		
实际结算金额	人民币（大写）	千 百 十 万 千 百 十 元 角 分	

申请人：南方食品有限公司　　账号　785623456789

出票行：建行星湖分理处　行号：7843

备注：

代理付款行签章

复核　　经办

密押									
多余金额									
千	百	十	万	千	百	十	元	角	分

复核　　记账

此联代理付款行兑付后随报单寄出票行，由出票行作多余款贷方凭证

(c)

图 5-61　银行汇票

(3)按规定缴纳手续费 120 元整(缴款凭证见图 5-62)。

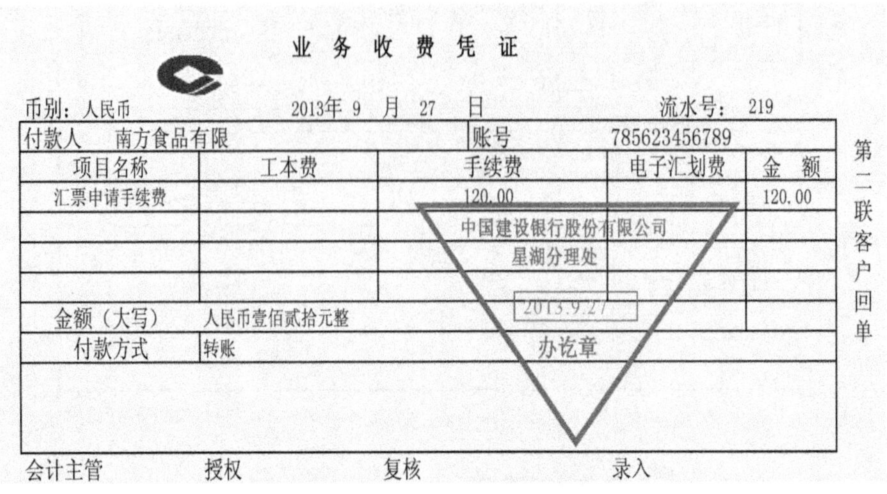

业务收费凭证

币别：人民币　　2013年 9 月 27 日　　流水号：219

付款人	南方食品有限		账号	785623456789	
项目名称	工本费	手续费	电子汇划费	金　额	
汇票申请手续费		120.00		120.00	
金额（大写）	人民币壹佰贰拾元整				
付款方式	转账				

会计主管　　授权　　复核　　录入

第二联客户回单

图 5-62　业务费缴款凭证

(4)制证会计根据申请书回单及手续费收费单据编制付款凭证(见图 5-63)。

付　款　凭　证

贷方科目　银行存款　　2013 年 9 月 27 日　　付字 38 号

摘要	借方科目		√	金额										
	总账科目	明细账科目		千	百	十	万	千	百	十	元	角	分	附
办理银行汇票	其他货币资金					1	0	0	0	0	0	0	0	件
	财务费用	手续费							1	2	0	0	0	贰
														张
					¥	1	0	0	1	2	0	0	0	

会计主管　　记账　　出纳 李乐　　复核 文锦　　制单 张丽

图 5-63　编制付款凭证

(5)登记银行存款日记账(见图 5-64)。

银行存款日记账

2013		凭证		摘要	对方科目	借方										贷方										余额										√
月	日	字	号数			千	百	十	万	千	百	十	元	角	分	千	百	十	万	千	百	十	元	角	分	千	百	十	万	千	百	十	元	角	分	
9	7			承前页																								4	4	6	6	0	0	0	0	
	7	收	20	销售收入					2	3	4	0	0	0	0													4	7	0	0	0	0	0	0	
	8	付	30	支付材料款															6	2	0	1	0	0	0			4	0	7	9	9	0	0	0	
	15	付	31	预付货款															4	0	0	0	0	0	0			3	6	7	9	9	0	0	0	
	16	收	22	收回宏信公司欠款					5	6	0	0	0	0	0													4	2	3	9	9	0	0	0	
	17	付	32	支付到期汇票															9	7	2	0	0	0	0			3	2	6	7	9	0	0	0	
	22	收	23	收到到期汇票款					8	5	3	5	0	0	0													4	1	2	1	4	0	0	0	
	26	收	24	收回江南公司欠款					3	5	1	0	0	0	0													4	4	7	2	4	0	0	0	
	27	收	25	收回四川副食品款					5	0	3	2	0	0	0													4	9	7	5	6	0	0	0	
	27	付	38	购买银行汇票														1	0	0	1	2	0	0	0			3	9	7	4	4	0	0	0	

图 5-64 登记银行存款日记账

(6)南方食品公司采购员持汇票到北京采购，业务办妥后将汇票第 2、第 3 联交给供货商。

(7)9 月 29 日，会计根据采购发票编制转账凭证。

(8)9 月 30 日接银行通知，收回多余款项银行汇票第 4 联(见图 5-65)，做相应账务处理(见图 5-66)。

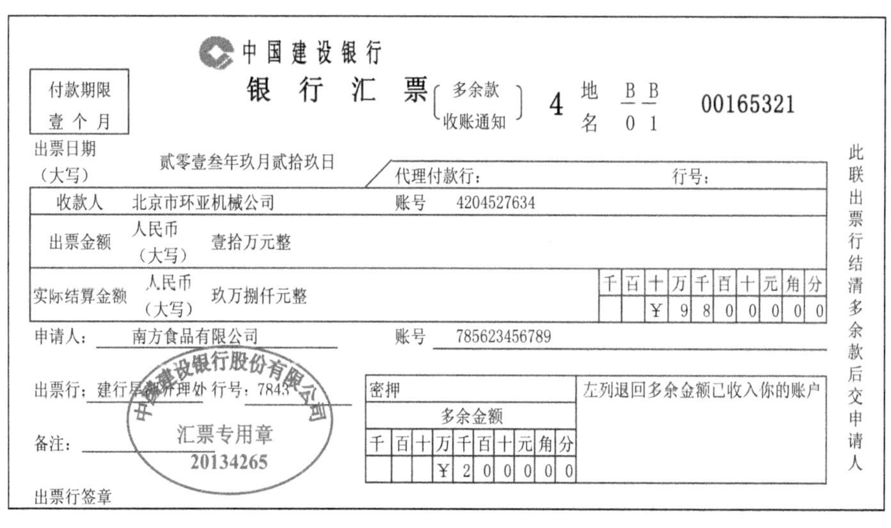

中国建设银行

银行汇票 多余款收账通知 4 地名 BB 01 00165321

付款期限 壹个月

出票日期(大写) 贰零壹叁年玖月贰拾玖日 代理付款行： 行号：

收款人 北京市环亚机械公司 账号 4204527634

出票金额 人民币(大写) 壹拾万元整

实际结算金额 人民币(大写) 玖万捌仟元整

千	百	十	万	千	百	十	元	角	分
		¥	9	8	0	0	0	0	0

申请人： 南方食品有限公司 账号 785623456789

出票行：建行景[illegible]处 行号：7843

备注：

出票行签章

中国建设银行股份有限公司 汇票专用章 20134265

密押

多余金额

千	百	十	万	千	百	十	元	角	分
		¥	2	0	0	0	0	0	0

左列退回多余金额已收入你的账户

此联出票行结清多余款后交申请人

图 5-65 收回多余款项银行汇票第四联

(9)出纳登记银行存款日记账(见图 5-67)。

收　款　凭　证

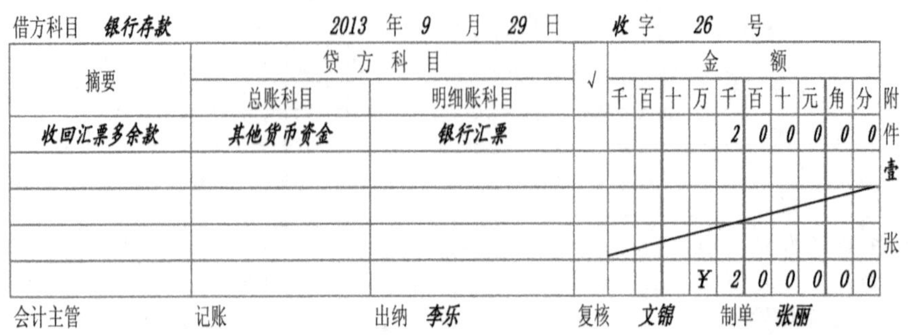

借方科目　银行存款　　2013 年 9 月 29 日　　收字 26 号

摘要	贷方科目 总账科目	贷方科目 明细账科目	√	金额（千百十万千百十元角分）
收回汇票多余款	其他货币资金	银行汇票		200000
				￥200000

附件壹张

会计主管　　记账　　出纳 李乐　　复核 文锦　　制单 张丽

图 5-66　收回多余款项

银行存款日记账

2013 月	日	凭证 字	号数	摘要	对方科目	借方（千百十万千百十元角分）	贷方（千百十万千百十元角分）	余额（千百十万千百十元角分）	√
9	7			承前页				44660000	
	7	收	20	销售收入		2340000		47000000	
	8	付	30	支付材料款			6201000	40799000	
	15	付	31	预付货款			4000000	36799000	
	16	收	22	收回宏信公司欠款		5600000		42399000	
	17	付	32	支付到期汇票			9720000	32679000	
	22	收	23	收到到期汇票款		8535000		41214000	
	26	收	24	收回江南公司欠款		3510000		44724000	
	27	收	25	收回四川副食品款		5032000		49756000	
	27	付	38	购买银行汇票			10012000	39744000	
	29	收	26	收回汇票多余款		200000		39944000	

图 5-67　登记银行存款日记账

第七节　银行本票

银行本票是银行签发的，承诺自己见票时无条件支付确定的金额给收款人或者持票人的票据。按其金额不同分为定额本票和不定额本票两种。银行本票结算适用于同城或同一票据交换区内的结算。银行本票既可以用于转账，注明"现金"字样的银行本票也可以支取现金。银行本票的提示付款期限为自出票日起 2 个月，按对月对日计算，到期日遇节假日顺延，无论是单位还是个人，也不管其是否在银行开立存款账户，在同一票据交换区域范围内的商品交易和劳务供应以及其他款项的结转，均可以使用银行本票。申请人和收款人均为个人，需支取现金的，银行可为其签发填明“现金”字样的银行本票，申请人或收款人为单位的，银行不得为其签发填明“现金”字样的银行本票。银行本票有定额本票和不定额本票两种。定额银行本票面额为 1000 元、5000 元、1 万元和 5 万元。不定额银行本票的起点金额为 100 元。不定额银行本票一式两联，第 1 联出票行留存，结清本票时作借方凭证附件；第 2 联出票行在结清本票时作借方凭证。

一、银行本票票样

不定额银行本票如图 5-68(a)、(b)所示。

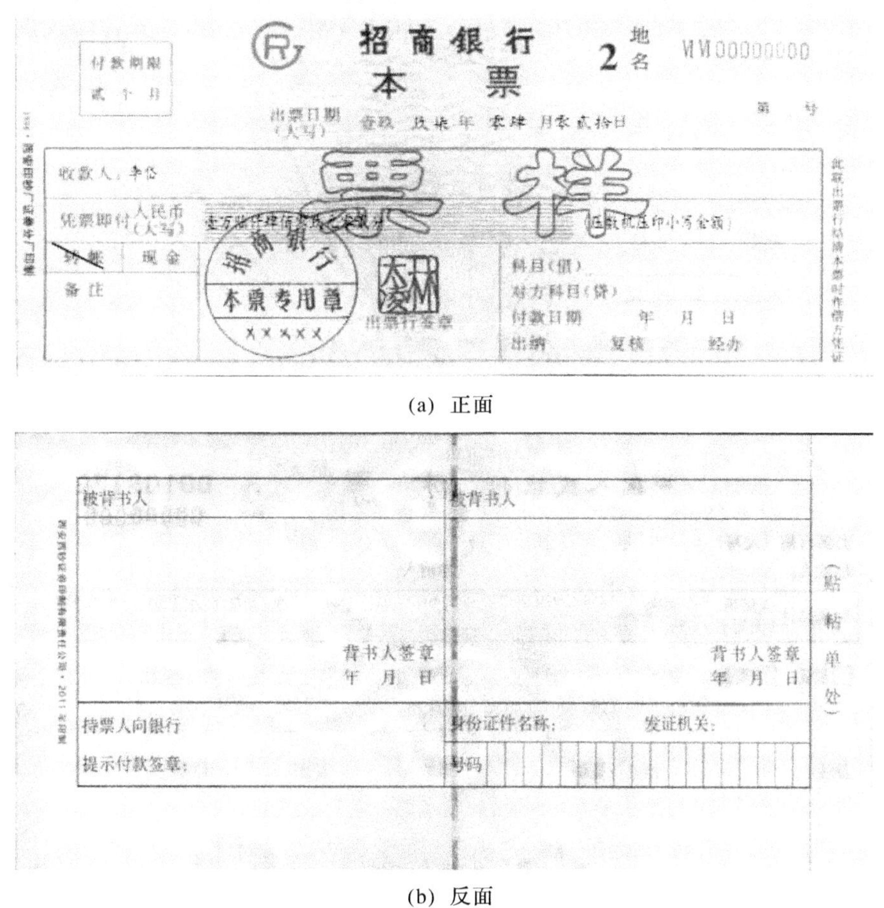

付款期限 贰个月

招商银行 本票 2 地名 WW00000000

出票日期（大写） 贰零 玖柒年 零肆 月零贰拾日 第 号

收款人：李伦

凭票即付 人民币（大写） （压数机压印小写金额）

转账 现金

备注

出票行签章

科目(借)

对方科目(贷)

付款日期 年 月 日

出纳 复核 经办

此联出票行结清本票时作借方凭证

(a) 正面

被背书人 | 被背书人

背书人签章 年 月 日 | 背书人签章 年 月 日

（贴粘单处）

持票人向银行提示付款签章： | 身份证件名称： 发证机关： 号码

(b) 反面

图 5-68 不定额银行本票票样

定额的银行本票如图 5-69 所示。

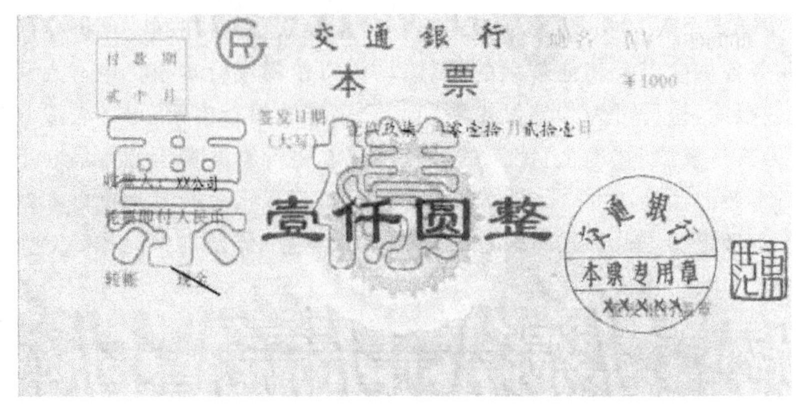

图 5-69　定额银行本票票样

二、银行本票知识要点

(一)银行本票的适用范围和分类

无论是单位还是个人,也不管其是否在银行开立存款账户,在同一票据交换区域范围内的商品交易和劳务供应以及其他款项的结转,均可以使用银行本票。银行本票有定额本票和不定额本票两种。

(二)银行本票结算的基本要求和结算程序

1. 银行本票结算的基本要求

(1)银行本票一律记名。

(2)银行本票允许背书转让。

(3)银行本票的提示付款期限最长不超过 2 个月(不分大月、小月,一律按次月对日计算,到期日遇节假日顺延)。逾期的银行本票,兑付银行不予受理。

(4)银行本票需要支付现金的,付款人在“银行本票业务委托书”上填明“现金”字样,银行受理签发本票时,在本票上划去“转账”字样并盖章,收款人凭此本票即可支取现金。申请人或收款人为单位的,不得申请签发现金银行本票。

(5)银行本票见票即付。本票的出票人在持票人提示付款时,必须承担付款的责任。

(6)注明“现金”字样的现金银行本票丢失,可以挂失止付。

(7)注明“转账”字样的现金银行本票丢失,不予挂失。银行本票若丢失后,失票人可依法向签发银行所在地的基层人民法院申请公示催告,或向人民法院提出诉讼,凭人民法院出具的失票人享有票据权利的证明或票据权利裁决书,在银行本票提示付款期满 1 个月后,向签发银行申请兑付或退款。

(8)银行本票核算应通过“其他货币资金——银行本票存款”账户。采用银行本票方式的，收款单位按规定受理银行本票后，应将本票连同进账单送交银行办理转账，根据银行盖章退回的进账单第一联和有关凭证编制收款凭证；付款单位在填送"银行本票申请书"并将款项交存银行，收到银行签发的银行本票后，根据申请书存根联编制付款凭证，企业因银行本票超过付款期限或其他原因要求退款时，在交回本票和填制的进账单经银行审核盖章后，根据进账单第一联编制收款凭证。

2.银行汇票结算程序

银行汇票结算时，必须填写"银行汇票申请书"，详细填写兑付地点、收款人名称、用途等各项内容。不能确定收款人的应填写汇款人指定人员的名称；若需在兑付地点支取现金的，必须填明兑付银行名称，并在"汇款金额"栏先填写"现金"字样，然后填写汇款金额；确定不得转汇的应在备注栏内注明。"银行汇票申请书"一式三联：第一联是存根，由汇款人留存作记账凭证；第二联是支出凭证，作为签发银行办理汇票的付出凭证；第三联是收入凭证，由签发行作为汇款收入凭证。

三、典型业务办理

（一）银行本票付款业务办理

例 1 2013 年 9 月 30 日，南方食品有限公司南宁市昌隆公司购买材料一批，双方协议采用银行本票结算货款。出纳到开户银行办理一张面额为 35000 元的银行本票一张。

【相关岗位】出纳、制单会计、总账会计、财务负责人

【办理流程】

(1)汇票人申请办理银行汇票，填写一式三联的银行本票的业务委托书：第一联记账联，留存受理业务银行，据以记账；第二联为发报或出票依据，传递给收款银行；第三联回单联，退回申请人。出纳将填好的业务委托书加盖预留印鉴后送交银行。

(2)银行查证资金账户，经银行审查同意后按申请额出票（见图 5-70）。

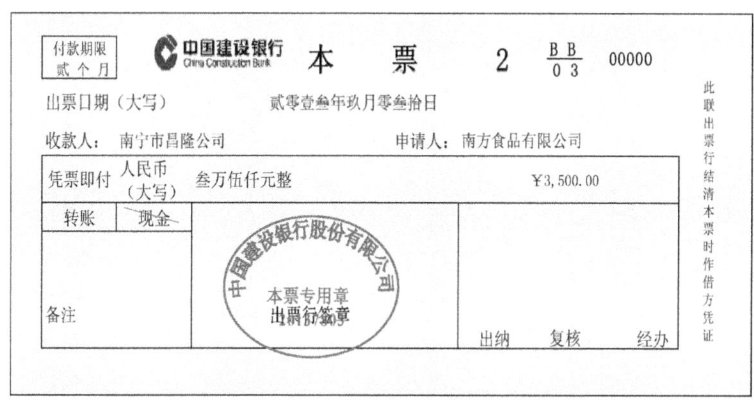

付款期限 贰个月　中国建设银行 China Construction Bank　本　票　2　BB 03　00000

出票日期（大写）　贰零壹叁年玖月零叁拾日

收款人：南宁市昌隆公司　申请人：南方食品有限公司

凭票即付	人民币（大写）	叁万伍仟元整	¥3,500.00
转账	现金		
备注		中国建设银行股份有限公司 本票专用章 出票行签章	出纳　复核　经办

此联出票行结清本票时作借方凭证

图 5-70 银行本票

(3)按规定缴纳手续费55元(见图5-71)

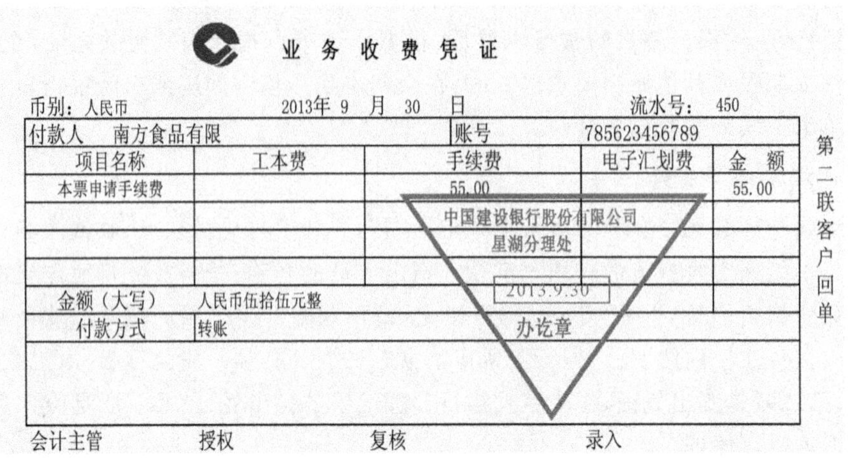

业务收费凭证

币别：人民币　　2013年 9 月 30 日　　流水号：450

付款人	南方食品有限		账号	785623456789	
项目名称	工本费	手续费	电子汇划费	金额	
本票申请手续费		55.00		55.00	
金额（大写）	人民币伍拾伍元整				
付款方式	转账				

会计主管　　授权　　复核　　录入

第二联客户回单

图5-71　手续费缴纳凭证

(4)制证会计根据收费单据(见图5-71)及本票业务委托书回执联编制付款凭证(见图5-72)。

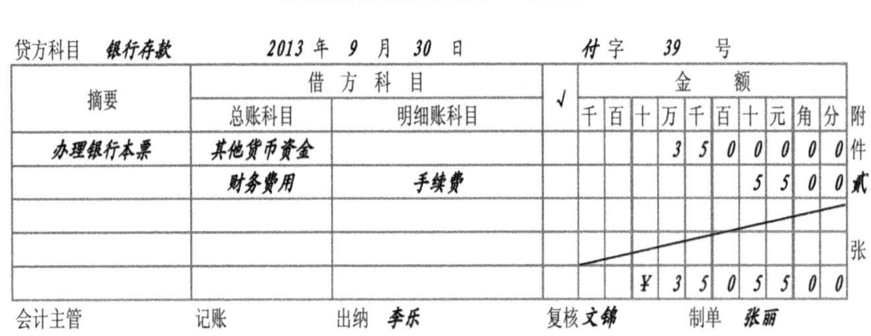

付　款　凭　证

贷方科目 银行存款　　2013 年 9 月 30 日　　付字 39 号

摘要	总账科目	明细账科目	√	千	百	十	万	千	百	十	元	角	分
办理银行本票	其他货币资金						3	5	0	0	0	0	0
	财务费用	手续费								5	5	0	0
						¥	3	5	0	5	5	0	0

附件 贰 张

会计主管　　记账　　出纳 李乐　　复核 文锦　　制单 张丽

图5-72　编制付款凭证

(5)出纳根据付款凭证登记银行存款日记账(见图5-73)。

银行存款日记账

2013		凭证		摘要	对方科目	借方										贷方										余额										✓
月	日	字	号数			千	百	十	万	千	百	十	元	角	分	千	百	十	万	千	百	十	元	角	分	千	百	十	万	千	百	十	元	角	分	
9	7			承前页																								4	4	6	6	0	0	0	0	
	7	收	20	销售收入					2	3	4	0	0	0	0													4	7	0	0	0	0	0	0	
	8	付	30	支付材料款															6	2	0	1	0	0	0			4	0	7	9	9	0	0	0	
	15	付	31	预付货款															4	0	0	0	0	0	0			3	6	7	9	9	0	0	0	
	16	收	22	收回宏信公司欠款					5	6	0	0	0	0	0													4	2	3	9	9	0	0	0	
	17	付	32	支付到期汇票															9	7	2	0	0	0	0			3	2	6	7	9	0	0	0	
	22	收	23	收到到期汇票款					8	5	3	5	0	0	0													4	1	2	1	4	0	0	0	
	26	收	24	收回江南公司欠款					3	5	1	0	0	0	0													4	4	7	2	4	0	0	0	
	27	收	25	收回四川副食品款					5	0	3	2	0	0	0													4	9	7	5	6	0	0	0	
	27	付	38	购买银行汇票														1	0	0	1	2	0	0	0			3	9	7	4	4	0	0	0	
	29	收	26	收回汇票多余款						2	0	0	0	0	0													3	9	9	4	4	0	0	0	
	30	付	39	购买银行本票															3	5	0	5	5	0	0			3	6	4	3	8	5	0	0	

图 5-73 登记银行存款日记账

(6)采购员持银行本票采购，在办妥手续后将本票交予销货方。

(7)会计根据采购业务的原始凭证，做相应账务处理。

(二)银行本票收款业务办理

例 2 同例 1 中的业务，南宁市昌隆公司在收到银行本票时进行收款业务办理。

【办理流程】

(1)仓库按销售部门通知发货，填写销售小票(见图 5-74)，销售部门填写发票。

南宁市昌隆公司销售发货通知单 №0321

购货单位南方食品有限公司　　　　2013年 9 月30 日

品名	商品编码	单位	数量	单价	金额								
					百	十	万	千	百	十	元	角	分
调和油	503	箱	200	175.00			3	5	0	0	0	0	0
合计	人民币(大写)叁万伍仟元整					¥	3	5	0	0	0	0	0

图 5-74 销售小票

(2)财务部门收到南方食品有限公司的银行本票，进行审核。

(3)审核无误后交出纳办理进账手续,填写一式三联的进账单,接到银行转来的收账通知,做相应的账务处理。

(4)登记银行存款日记账。

第八节　信用卡

一、信用卡卡样

图 5-75 所示是银行信用卡卡样。

图 5-75　银行信用卡卡样

二、信用卡知识要点

(一)信用卡的适用范围和分类

1.信用卡的适用范围

信用卡是指由银行或专营机构签发,可在约定银行或部门存取现金、购买商品及支付劳务报酬的一种信用凭证。持卡人可在同城和异地凭卡支取现金、转账结算和消费信用等。

信用卡产生的结算关系一般涉及三方当事人:银行、持卡人和商户。商户向持卡人提供商品或服务的商业信用,然后向持卡人的发卡行收回货款或费用,再由发卡行或代办行向持卡人办理结算。

2.信用卡分类

(1)单位卡

凡申领单位卡的单位,必须在中国境内金融机构开立基本存款账户,并按规定填制申请表,连同有关资料一并送交发卡银行。该单位符合条件并按银行要求交存一定金额的备用金以后,银行为申领人开立信用卡存款账户,并发给信用卡。单位卡可以申领若干张,持卡人资格由申领单位法定代表人或其委托的代理人书面指定和注销。

在单位卡的使用过程中,其账户的资金一律从其基本存款账户转账存入,不得交存现金,不得将销货收入的款项存入其账户。单位卡的持卡人不得用于10万元以上的商品交易、劳务供应款项的结算,并一律不得支取现金。如果需要向其账户续存资金的,单位卡的持卡人必须按前述转账方式转账存入。

(2)个人卡

凡具有完全民事行事能力的公民都可申领个人卡。个人卡的主卡持卡人可为其配偶及年满18周岁的亲属申领附属卡,申领的附属卡最多不超过两张,也有权要求注销其附属卡。

迄今为止,中国银行、中国工商银行、中国农业银行、中国建设银行已分别先后向社会推出了“长城卡”、“牡丹卡”、“金穗卡”、“建设银行万事达、维萨卡”,一些地方银行亦在各地发行了自己的信用卡。

(二)信用卡结算的基本要求

1.使用信用卡消费的程序

持卡人持信用卡消费时,应按以下程序进行:

(1)持卡人将信用卡和身份证件一并交特约单位。如果信用卡属智能卡、照片卡可免验身份证件。特约单位不得拒绝受理持卡人合法持有的、签约银行发行的有效信用卡,不得因持卡人使用信用卡而向其收取附加费用。

(2)特约单位应审查信用卡。

2.特约单位审查信用卡

特约单位受理信用卡时,应审查下列事项:

(1)该卡确为本单位可受理的信用卡;

(2)信用卡在有效期内,未列入“止付名单”;

(3)签名条上没有“样卡”或“专用卡”等非正常签名的字样;

(4)信用卡无打孔、剪角、毁坏或涂改的痕迹;

(5)持卡人身份证,但使用智能卡、照片卡或持卡人凭密码在销售点终端上消费、购物,可免验身份证；

(6)卡片正面的拼音姓名与卡片背面的签名和身份证件上的姓名一致。

3. 办理结算手续

特约单位受理信用卡审查无误的，在签购单上压卡，填写实际结算金额、用途、持卡人身份证件号码，特约单位名称和编号。如果超过支付限额，应向发卡银行索取并填写授权号码，交持卡人签名确认，同时核对其签名与卡片背面签名是否一致。经审查无误后，对同意按经办人填写的金额和用途付款的，由持卡人在签购单上签名确认并将信用卡、身份证件和第一联签购单交还给持卡人。特约单位在每日营业终了，应将当日受理的信用卡签购单汇总，计算手续费和净计金额，并填写汇计单和进账单，连同签购单一并送交收单银行办理进账。收单银行接到特约单位送交的各种单据，经审查无误后，为特约单位办理进账。

4. 信用卡的透支规定

根据《支付结算办法》的规定，信用卡的持卡人在信用卡账户内资金不足以支付款项时，可以在规定的限额内透支，并在规定期限内将透支款项偿还给发卡银行。但是，如果持卡人进行恶意透支的，即超过规定限额或规定期限，并经发卡银行催收无效的，持卡人必须承担相应的法律责任。

根据《支付结算办法》的规定，信用卡透支额，金卡最高不得超过 1 万元，普通卡最高不得超过 5000 元。信用卡透支期限最长为 60 天。关于信用卡透支的利息，依《支付结算办法》的规定，自签单日或银行记账日起 15 日内按日息 0.05％计算。超过 15 日按日息 0.1％计算。超过 30 日或透支金额超过规定限额的，按日息 1.5‰计算，透支计息不分段，按最后期限或最高透支额的最高利率档次计算。

5. 信用卡的销户

持卡人不需要继续使用信用卡的，应持信用卡主动到发卡银行办理销户。持卡人办理销户时，如果账户内还有余额，属单位卡的，则应将该账户内的余额转入其基本存款账户，不得提取现金；

个人卡账户可以转账结清，也可以提取现金。持卡人透支之后，只有在还清透支本息后，在下列情况下，可以办理销户：

(1)信用卡有效期满 45 天后，持卡人不更换新卡的；

(2)信用卡挂失满 45 天后。没有附属卡不更换新卡的：

(3)信用卡被列入止付名单，发卡银行已收回其信用卡 45 天的；

(4)持卡人死亡，发卡银行已收回其信用卡 45 天的；

(5)持卡人要求销户或担保人撤销担保，并已交回全部信用卡 45 天的；

(6)信用卡账户两年以上未发生交易的；

(7)持卡人违反其他规定，发卡银行认为应该取消资格的。发卡银行办理销户，应当收回信用卡。有效信用卡无法收回的，应当将其止付。

6.信用卡的挂失

信用卡丢失后，持卡人应立即持本人身份证件或其他有效证明，并按规定提供有关情况，向发卡银行或代办银行申请挂失。发卡银行或代办银行审核后办理挂失手续。如果因持卡人不及时办理挂失手续而造成损失，则应自行承担该损失；如果持卡人办理了挂失手续而因发卡银行或代办银行的原因给持卡人造成损失，则应由发卡银行或代办银行承担该损失。

第九节 银行借款业务

一、银行借款业务概述

银行借款是指企业向银行或其他非银行金融机构借入的、需要还本付息的款项，包括偿还期限超过 1 年的长期借款和不足 1 年的短期借款，主要用于企业购建固定资产和满足流动资金周转的需要。

（一）银行借款的种类

按提供贷款的机构，银行借款分为政策性银行贷款、商业银行贷款和其他金融机构贷款。

按机构对贷款有无担保要求，银行借款分为信用贷款和担保贷款。

按企业取得贷款的用途，分为基本建设贷款、专项贷款和流动资金贷款。

基本建设贷款是指企业因从事新建、改建、扩建等基本建设项目需要资金而向银行申请借入的款项。

专项贷款是指企业因为专门用途而向银行申请借入的款项，包括技改贷款、大修理贷款、研发和新产品研制贷款、小型技术措施贷款、出口专项贷款、引进技术转让费周转金贷款、进口设备外汇贷款、进口设备人民币贷款及国内配套设备贷款等。

流动资金贷款是指企业为满足流动资金的需求而向银行申请借入的款项，包括流动基金借款、生产周转借款、临时借款、结算借款和卖方信贷。

（二）银行借款程序

填写借款申请表并按照所需提交书面文件的细目准备材料。借款人需向银行提交企业的一系列材料，包括以下资料：

(1)贷款申请审批表。

(2)企业的相关材料

1)企业的基本情况，包括注册资金、企业性质、隶属关系、办公地点、联系电话、联系人、主营业务及企业介绍。

2)企业法人概况,包括姓名、性别、文化程度、专业职称、曾经从事的职业及职务、有何业绩等;详细写清借款金额、用途、期限、还款途径及担保形式,以及附上项目可行性报告、购销合同等。

3)企业财务情况,包括货币资金、存货量、负债总额、所有者权益合计、总资产、本期净利润以及最近一年累计利润总额。

(3)银行规定的其他资料。

银行对借款人提交的申请资料审核通过后,双方签订借款合同。最后,银行以转账方式向借款人发放贷款。一般情况下,银行自受理之日起,会按照法定的答复期限(短期贷款 20 个工作日,中、长期贷款 130 个工作日)为银行信贷部门审议贷款时间。

(三)银行借款管理

目前在我国,银行是支付结算和资金清算的中介机构,是联系资金和经济活动的纽带。各种借款经济往来必须集中于银行统一办理转账结算,接受银行的监督。企业应对借款业务进行专项管理,建立借款业务的档案资料。其主要有以下内容:

(1)借款合同;

(2)借款期限;

(3)借款用途;

(4)借款利率。

二、业务办理

1.资格调查

申请建立信贷关系时企业必须提交《建立信贷关系申请书》一式两份。银行在接到企业提交的申请书后,要指派信贷员进行调查。调查内容主要包括:

(1)企业经营的合法性。企业是否拥有具备法人资格必需的有关条件。对具有法人资格的企业应检查营业执照批准的营业范围与实际经营范围是否相符。

(2)企业经营的独立性。企业是否实行独立经济核算,单独计算盈亏,是否有独立的财务计划、会计报表。

(3)企业及其生产的主要产品是否属于国家产业政策发展序列。

(4)企业经营的效益性。企业会计决算是否准确,是否符合有关规定;财务成果的现状及趋势如何。

(5)企业资金使用的合理性。企业的流动资金、固定资金是否分口管理;流动资金占用水平及结构是否合理,有无被挤占、挪用。

(6)新建扩建企业。扩大能力部分所需流动资金 30%是否已筹足。如果暂时不足,是否已制订在短期内补足的计划。

信贷员对上述情况调查了解后，要写出书面报告，并签署是否建立信贷关系的意见，提交科（股）长、行长（主任）逐级审查批准。经行长（主任）同意与企业建立信贷关系后，银企双方应签订《建立信贷关系契约》。

2. 提出贷款申请

已建立信贷关系的企业，可根据其生产经营过程中合理的流动资金需要，向银行申请流动资金贷款。〔以工业生产企业为例〕申请贷款时必须提交《工业生产企业流动资金借款申请书》。银行依据国家产业政策、信贷政策及有关制度，并结合上级行批准的信贷规模计划和信贷资金来源对企业借款申请进行认真审查。

职业能力训练

【知识巩固】

一、不定项选择题

下列答案中有一项或多项是正确的，将正确答案的英文字母填入括号内。

1. 下列票据中，不属于《票据法》调整范围的是（　　）。

A. 汇票　　B. 本票　　C. 支票　　D. 发票

2. 根据规定，属于票据基本当事人的是（　　）。

A. 出票人　　B. 背书人　　C. 承兑人　　D. 保证人

3. 接受汇票出票人的付款委托，同意承担支付票款义务的人，是指（　　）。

A. 被背书人　　B. 背书人　　C. 承兑人　　D. 保证人

4. 根据《支付结算办法》的规定，下列各项中，属于银行应予以退票情形的有（　　）。

A. 出票人签发空头支票

B. 签章与预留银行签章不符的支票

C. 使用圆珠笔填写的支票

D. 使用支付密码地区的，签发支付密码错误的支票

5. 甲公司委托开户银行收款时，发现其持有的由乙公司签发金额为 10 万元的转账支票为空头支票。根据《支付结算办法》的规定，甲公司有权要求乙公司支付赔偿金的数额是（　　）。

A. 5000 元　　B. 3000 元　　C. 2000 元　　D. 1000 元

6. 适用于在银行开立存款账户的法人以及其他组织之间具有真实的交易关系或债权债务关系的票据结算方式是（　　）。

A. 委托收款　　B. 托收承付　　C. 商业汇票　　D. 汇兑

7. 商业汇票的付款期限，最长不得超过（　　）。

A. 3 个月　　B. 6 个月　　C. 9 个月　　D. 12 个月

8. 信用卡按是否向发卡银行交存备用金分为（　　）。

A. 贷记卡　　B. 金卡　　C. 单位卡　　D. 准贷记卡

9. 下列关于信用卡的说法，错误的有（　　）。

A. 信用卡可以分为单位卡和个人卡

B. 一个单位只能开立一个基本存款账户，同样，只能申领一张单位卡

C. 任何一个合法公民都可以申领个人卡

D. 个人卡销户时，只能通过转账结清，不得支取现金

10. 下列各项中，属于信用卡的持卡人可以使用单位卡的情形是（　　）。

A. 购买价值 8 万元的电脑　　B. 支付 14 万元的劳务费用

C. 支取现金　　D. 存入销货收入的款项

11. 下列情形中，汇出银行可以办理退汇的是（　　）。

A. 该汇款尚未汇出　　B. 汇款人与收款人未达成一致退汇意见

C. 经过 1 个月无法交付的汇款　　D. 收款人拒绝接受的汇款

12. 狭义的支付结算是指单位、个人在社会经济活动中使用（　　）等支付手段进行货币给付及其资金清算的行为。

A. 现金　　B. 票据　　C. 信用卡　　D. 汇兑

13. 下列各项中，属于支付结算时应遵循的原则有（　　）。

A. 恪守信用，履约付款原则　　B. 谁的钱进谁的账，由谁支配原则

C. 银行不垫款原则　　D. 存款信息保密原则

14. 下列各项中，不符合票据和结算凭证填写要求的是（　　）。

A. 中文大写金额数字到“角”为止，在“角”之后没有写“整”字

B. 票据的出票日期使用阿拉伯数字填写

C. 阿拉伯小写金额数字前填写了人民币符号

D. 1 月 15 日出票的票据，票据的出票日期栏填写为“零壹月壹拾伍日”

15. 某单位于 2012 年 10 月 19 开出一张支票。下列有关支票日期的写法中，符合要求的是（　　）。

A. 贰零壹贰年拾月玖日　　B. 贰零壹贰年壹拾月壹拾玖日

C. 贰零壹贰年零壹拾月拾玖日　　D. 贰零壹贰年零壹拾月壹拾玖日

16. 填写票据金额时，￥10056.00 应写成（　　）。

A. 壹万零伍拾陆元　　B. 人民币壹万零伍拾陆元整

C. 人民币壹万零零伍拾陆元整　　D. 人民币一万零五拾六元整

17. 下列各项中，表述正确的有（　　）。

A. 票据中的中文大写金额数字可以使用繁体字

B. 票据中的中文大写金额数字前应标明“人民币”字样

C. 票据的出票日期中文大写不规范银行也可以受理

D. 在票据的大写金额栏应预印固定的“仟、佰、拾、万、仟、佰、拾、元、角、分”字样

18. 根据《支付结算办法》的规定，下列各项中，属于银行不予受理的有（　　）。

A. 更改金额的票据

B. 出票日期用小写填写的票据

C. 中文大写金额和阿拉伯数码不一致的票据

D. 中文大写出票日期未按要求填写的票据

19. 单位银行结算账户按用途分为(　　)。

A. 基本存款账户　　B. 一般存款账户

C. 专业存款账户　　D. 临时存款账户

20. 根据人民币银行结算账户管理的有关规定,存款人申请开立的下列人民币银行结算账户中,应当报送中国人民银行当地分支行核准的有(　　)。

A. 预算单位专用存款账户

B. 临时存款账户(不包括注册验资和增资开立的临时存款账户)

C. 个人存款账户

D. 异地一般存款账户

21. 关于银行结算账户的变更与撤销,下列表述中不正确的是(　　)。

A. 存款人更改名称但不更改开户银行及账号,应于5个工作日内向开户银行提出变更申请,并出具相关证明

B. 单位的法定代表人发生变更时,应于3个工作日内书面通知开户银行并提供有关证明

C. 存款人因注销、被吊销营业执照的,应于5个工作日内向开户银行提出撤销银行结算账户的申请

D. 存款人尚未清偿其开户银行债务的,不得申请撤销该银行结算账户

22. ABC公司因经营需要与农行某支行借款200万,拟在农行再开立一个基本存款账户,银行为其开立了一般存款账户,公司于开户当日将借款金额划转至工行基本存款账户中,则下列说法中错误的为(　　)。

A. 农行拒绝为其开立基本存款账户做法正确

B. 存款人开立单位银行结算账户,自正式开立之日起3个工作日后,方可办理付款业务

C. 企业于开户当日将借款金额划转至工行基本存款账户做法正确

D. 开立一般存款账户需要中国人民银行核准

23. 银行对一年内未发生收付活动的单位银行结算账户,应通知单位自发出通知之日起(　　)内办理销户手续,逾期视同自愿销户。

A. 60日　　B. 10日　　C. 30日　　D. 20日

24. 可以办理存款人工资、奖金等现金支取的存款账户是(　　)。

A. 基本存款账户　　B. 一般存款账户　　C. 临时存款账户　　D. 专用存款账户

25. 下列存款人中可以申请开立基本存款账户的有(　　)。

A. 村民委员会　　B. 单位设立的非独立核算的附属机构

C. 营级以上军队　　D. 异地临时机构

26. 一般存款账户不能办理的业务是(　　)。

A. 借款转存　　B. 借款归还　　C. 现金缴存　　D. 现金支取

27. 下列关于银行结算账户的各项表述中，错误的有(　　)。

A. 银行结算账户分为基本存款账户、一般存款账户、临时存款账户和储蓄存款账户

B. 存款人只能选择一家银行的一个营业机构开立一个一般存款账户

C. 存款人可以通过基本存款账户办理工资、奖金等现金的支取

D. 存款人可以通过一般存款账户办理工资、奖金等现金的支取

28. 关于一般存款账户，下列表述正确的有(　　)。

A. 一般存款账户应在基本存款账户开户银行以外的银行营业机构开立

B. 一般存款账户可以办理现金缴存，但不得办理现金支取

C. 开立一般存款账户的开户银行应于开户之日起5个工作日内报中国人民当地分支行核准

D. 开立一般存款账户的开户银行应于开户之日起3个工作日内电话通知基本存款账户开户银行

29. 存款人对下列资金的管理与使用可以申请开立专用存款账户的有(　　)。

A. 财政预算外资金　　B. 住房基金

C. 基本建设资金　　D. 社会保障基金

30. 下列专用存款账户中，不得支取现金的账户为(　　)。

A. 基本建设资金　　B. 单位银行卡账户

C. 财政预算外资金　　D. 党、团、工会经费专用存款

31. 存款人不得申请开立临时存款账户的情形是(　　)。

A. 设立临时机构　　B. 异地临时经营活动

C. 注册验资　　D. 临时借款

【实务题】

一、练习编制收付转凭证，登记银行存款日记账

精艺公司2013年12月初银行存款日记账期初余额为530000元，12月份发生如下经济业务：

1. 12月1日，公司向银行办理银行本票50000元；
2. 12月2日，提取现金2000元备用；
3. 12月5日，销售产品收到银行本票35100元；
4. 12月8日，收到甲公司转账支票一张，价值6000元，用于预付购买产品款；
5. 12月10日，兑付到期商业承兑汇票一张，支付票面金额34800元；
6. 12月12日，用转账支票向本市某企业购入材料23400元；
7. 12月13日，公司向银行借入三年期借款200000元；
8. 12月14日，存入现金2800元；
9. 12月16日，向异地某企业销售产品，采用托收承付方式收到款项46800元；
10. 12月20日，公司采用委托收款方式向外地某公司采购材料，材料尚未运达企业，支

付价款 8190 元；

11. 12 月 24 日，以转账支票支付外购材料运杂费 2400 元，材料已经验收入库；

12. 12 月 30 日，收到丁公司分的现金股利 240000 元；

14. 12 月 31 日，开出现金支票 2000 元支付报废机器清理费用

请登记银行存款日记账。

银行存款日记账

		凭证		摘要	对方科目	借方										贷方										余额										✓
月	日	字	号数			千	百	十	万	千	百	十	元	角	分	千	百	十	万	千	百	十	元	角	分	千	百	十	万	千	百	十	元	角	分	

二、银行对账

精艺有限责任公司 2013 年 11 月银行存款日记账账面记录与银行对账单分别见下表：

银行存款日记账

2013 年		凭证		银行凭证		摘要	借方	贷方	余额
月	日	字	号	名称	号数				
11	1					月初余额			420300
	2	付	1	转支	6321	支付运费		2300	418000
	5	付	2	转支	6322	支付广告费		25400	392600
	6	收	1	转支	1253	收光明公司货款	46000		438600
	8	付	3	现支	5431	预付差旅费		4000	434600
	11	收	2	汇票	7354	预收货款	35000		469600
	15	付	4	现支	5432	提现发工资		38000	431600

续表

2013年		凭证		银行凭证		摘要	借方	贷方	余额
月	日	字	号	名称	号数				
	16	付	5	转支	6323	付养老保险费		25600	406000
	18	付	6	转支	6324	购买办公用品		5320	400680
	21	收	3	委收	2250	收红星公司货款	28900		429580
	22	付	7	汇兑	3345	预付货款		75600	353980
	23	付	8	转支	6325	提现备用		8000	345980
	26	付	9	现支	5433	付固定资产清理费		4300	341680
	27	收	4	特转	2401	收到税款返还	8700		350380
	28	收	5	特转	1865	存入现金	12000		362380
	29	付	10	转支	6326	购买劳保用品		5370	357010
	30					本月合计	130600	193890	357010

银行存款对账单

2013年11月30日

户名:精艺有限责任公司　　账号:452178920276305　　上月余额:420300元

2013年		交易代码	凭证名称	凭证号数	摘要	借方	贷方	余额
月	日							
11	1				月初余额			420300
	2		转支	6321	支付运费	2300		418000
	5		转支	1253	收货款		46000	464000
	6		现支	5431	付现	4000		460000
	6		转支	6322	支付广告费	25400		434600
	11		汇票	7354	收货款		35000	469600
	15		现支	5432	付现	38000		431600
	16		转支	6323	付养老保险费	25600		406000
	20		转支	6325	付现	8000		398000
	21		委收	2250	收货款		28900	426900
	22		汇兑	3345	预付货款	75600		351300
	22		转支	6324	付货款	5320		345980
	26		其他	4560	收利息		430	346410
	28		特转	1865	存入现金		12000	358410
	28		其他	7746	付电话费	1680		356730
	30				可用余额:356730			

请编制如下银行余额调节表：

银行存款余额调节表

编制单位：　　　　　　　　　　　　年　月　日　　　　　　　　　　　　单位:元

项目	金额	项目	金额
企业银行存款日记账		银行对账单余额	
加:银行已收,企业未收		加:企业已收,银行未收	
减:银行已付,企业未付		减:企业已付,银行未付	
调整后金额		调整后金额	

第六章　出纳岗位业务能力实训

一、实训要求

1. 设置“现金日记账”、“银行存款日记账”；
2. 根据实训资料要求填制相关原始凭证，根据原始凭证编制收、付、转凭证，登记日记账；
3. 月末结账；
4. 编制出纳报告单。

二、实训单位基本情况

企业名称：南方食品有限公司　　　　法人代表：陈东虹
经营地址：南宁市星湖路15号　　　　电话：0771－5826452
注册资本：500万元　　　　经济性质：有限公司
纳税资质：增值税一般纳税人　　　　税号：450103356452000
开户银行：基本户——南宁市建行星湖分理处　　　　账号：785623456789
　　　　　工资专用户——南宁市建行星湖分理处　　　　账号：785623412300
　　　　　专用户——工行新城支行　　　　账号：5610234－235
公司财务部人员
财务主管：陈秀；稽核：李欣；出纳：李乐；会计：赵丽
出纳有关货币资金资料如下：

（一）2013年11月30日有关账户余额

“库存现金”账户　　　　7678.50元
“银行存款”账户　　　　4523120.90元
其中：基本户(785623456789)　　　　3897203.90元
　　　专用户(工行5610234－235)　　　　625917.00元

（二）2013年12月发生的经济业务

1. 2013年12月1日，接到建行收账通知(见图6-1)，收到光华食品公司前欠货款。

中国建设银行 China Construction Bank　　**进 账 单**（收账通知）　　3

2013年 11 月 30 日

付款人	全　称	南宁市光华食品公司	收款人	全　称	南方食品有限公司
	账　号	32056237123		账　号	785623456789
	开户银行	中国建设银行东城支行		开户银行	中国建设银行星湖分理处
人民币（大写）	捌拾伍万元整			千百十万千百十元角分	¥85000000
票据种类	转账支票	票据张数	壹		
票据号码	14025				
单位主管　会计　复核　记账				开户银行签章	

中国建设银行股份有限公司 星湖分理处 2013.12.1 转讫章

此联收款人开户银行交给收款人的收账通知

图 6-1

2. 12 月 2 日，办公室李华借款 3000 元出差，以现金支付（见图 6-2）。

借　　款　　单

借款理由	
借款金额（大写）＿＿＿＿＿＿＿＿ ¥ 借款人签章　　年　月　日	
单位负责人意见	会计主管人员意见

图 6-2

3. 根据发票（见图 6-3）、收料单（见图 6-4），转账、支付材料款（见图 6-5、图 6-6）。

广西增值税专用发票

发 票 联　　开票日期 2013年12月2日

购货单位	名　称	南方食品有限公司				密码区	略
	纳税人识别号	450103356452000					
	地 址、电 话	南宁市星湖路15号　0771-5826452					
	开户行及账号	中国建设银行星湖分理处785623456789					

货物或应税劳务名称	规格型号	单位	数量	单价	金额	税率	税额
面粉		包	100	90.00	9000.00	17%	1530.00
白糖		包	50	350.00	17500.00	17%	2975.00
合　计					¥26,500.00		¥4,505.00
价税合计（大写）叁万壹仟零伍元整					（小写）¥31005.00		

销货单位	名　称	广西光明食品公司	备注
	纳税人识别号	450103237890023	
	地 址、电 话	南宁市中华路15号　2894231	
	开户行及账号	中国建设银行中华分理处786300002310	

收款人　　复核　　开票人李刚　　销货单位：（章）

广西光明食品公司 4501032378900 发票专用章

第二联：发票联　购货方报销凭证

图 6-3

南方食品有限公司　收料单

年　月　日

编号	名称	规格	单位	数量	实际成本				
					发票金额		摊运杂费	其他	合计
					单价	金额			

供应部负责人　　记账　　检验　　保管

图 6-4

中国建设银行
转账支票存根联
Ⅳ Ⅱ003632101
附加信息

出票日期　年　月　日

收款人：
金额：
用途：

单位主管　会计

本支票付款期限十天

中国建设银行 China Construction Bank　转账支票　桂　Ⅳ Ⅱ003632101

出票日期（大写）　年　月　日　付款行名称
收款人　出票人账号

人民币（大写）	亿	千	百	十	万	千	百	十	元	角	分

用途

上列款项请从
我的账户内支付
出票人签章　　复核　　记账

图 6-5

中国建设银行 China Construction Bank　进 账 单（回单）　1

年　月　日　1

付款人	全　称		收款人	全　称	
	账　号			账　号	
	开户银行			开户银行	

人民币（大写）	千	百	十	万	千	百	十	元	角	分

票据种类		票据张数	
票据号码			

单位主管　会计　复核　记账

中国建设银行股份有限公司
星湖分理处
2013.12.2
办讫章

开户银行签章

此联出票人开户银行交给出票人的回单

图 6-6

4. 缴税（见图 6-7）。

中华人民共和国地方税收通用缴款书

地　税　　【第二联　纳税人作完税凭证入账】　　2013桂地税完字20130908号

注册类型：有限公司　　填发日期：2013年12月5日　　征收机关：南宁市青秀区地方税务局

纳税人代码	450103356452000		纳税人地址	南宁市星湖路15号	
纳税人名称	南方食品有限公司		银行及账号	南宁市建行星湖分理处 785623456789	
税种	税款所属期	计税依据	计税金额	税率或单位税额	实缴税额
城建税	2013-11-1	流转税	19360	7%	1355.2
教育费附加	至2013-11-30	流转税	19360	3%	580.8
实缴税额合计（人民币大写）	壹仟玖佰叁拾陆元整				（小写）¥1936.00
南宁市青秀区地方税务局（3）税务机关（章） 张鹏	南方食品有限公司 财务专用章 纳税人（盖章） 陈东虹		中国建设银行股份有限公司 星湖分理处 2013.12.5 转讫章 付款行（盖章）		备注

图 6-7

5. 销售产品，根据发票填写托收凭证（见图 6-8、图 5-9）。

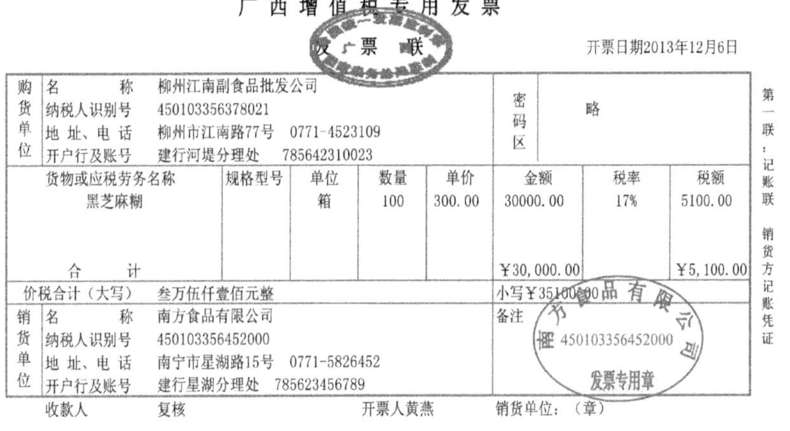

广西增值税专用发票

记账联　　开票日期2013年12月6日

购货单位	名　称	柳州江南副食品批发公司			密码区	略	
	纳税人识别号	450103356378021					
	地址、电话	柳州市江南路77号　0771-4523109					
	开户行及账号	建行河堤分理处　785642310023					
货物或应税劳务名称	规格型号	单位	数量	单价	金额	税率	税额
黑芝麻糊		箱	100	300.00	30000.00	17%	5100.00
合　计					¥30,000.00		¥5,100.00
价税合计（大写）	叁万伍仟壹佰元整				小写¥35100.00		
销货单位	名　称	南方食品有限公司			备注	南方食品有限公司 450103356452000 发票专用章	
	纳税人识别号	450103356452000					
	地址、电话	南宁市星湖路15号　0771-5826452					
	开户行及账号	建行星湖分理处　785623456789					

收款人　　复核　　开票人黄燕　　销货单位：（章）

第一联：记账联　销货方记账凭证

图 6-8

托收凭证　（回单）　1

委托号码：611832

委托日期　　年　　月　　日

业务类型	委托收款（□邮划、□电划）		托收承付（□邮划、□电划）		
签发人 全称			收款人 全称		
账号			账号		
地址	省　市县	开户银行	地址	省　市县	开户银行
人民币（大写）				百十百十万千百十元角分元角分	
款项内容		托收凭证名称		附寄单据张数	
商品发出情况			合同名称号码		
备注 复核　记账	款项收妥日期 年　月　日		中国建设银行股份有限公司 星湖分理处 2013.12.6 办讫章	收款人开户银行签章 年　月　日	

此联作收款人开户银行给收款人的回单

图 6-9

6.12 月 9 日开出现金支票提现 8000 元(见图 6-10)。

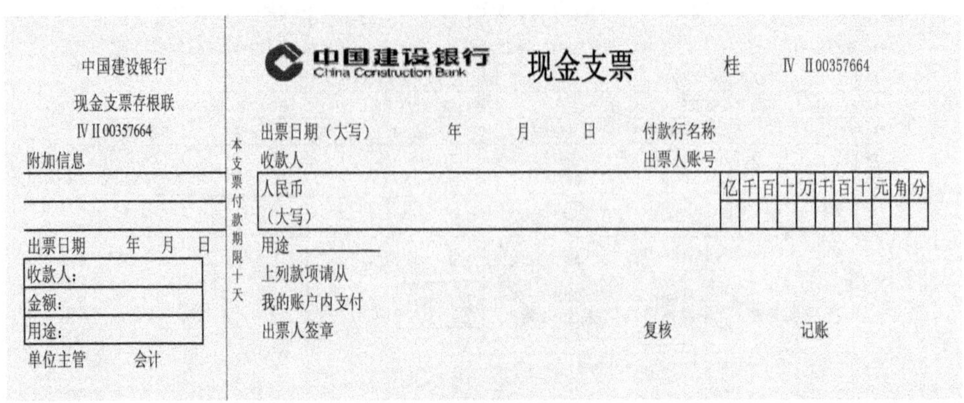

中国建设银行
现金支票存根联
Ⅳ Ⅱ 00357664
附加信息
出票日期 年 月 日
收款人:
金额:
用途:
单位主管 会计

本支票付款期限十天

中国建设银行 China Construction Bank 现金支票 桂 Ⅳ Ⅱ00357664

出票日期(大写) 年 月 日 付款行名称
收款人 出票人账号

人民币(大写)	亿	千	百	十	万	千	百	十	元	角	分

用途
上列款项请从
我的账户内支付
出票人签章 复核 记账

图 6-10

7.12 月 10 日,公司通过建行向柳州建行鱼峰分理处(账号 45962—523)汇出 85600 元,以备采购材料(见图 6-11)。

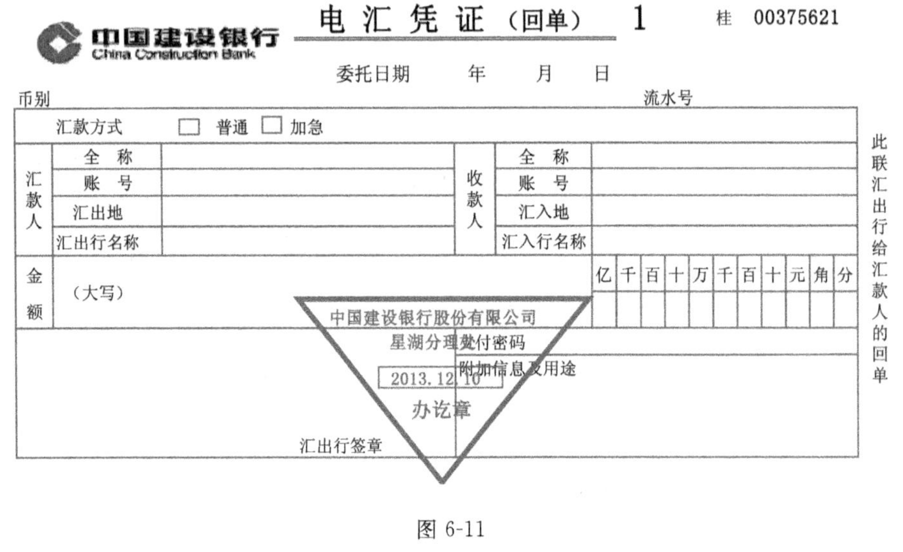

中国建设银行 China Construction Bank 电 汇 凭 证 (回单) 1 桂 00375621

委托日期 年 月 日

币别 流水号

汇款方式	□ 普通 □ 加急		
汇款人 全 称		收款人 全 称	
账 号		账 号	
汇出地		汇入地	
汇出行名称		汇入行名称	

金额 (大写)	亿	千	百	十	万	千	百	十	元	角	分

支付密码
附加信息及用途
汇出行签章

此联汇出行给汇款人的回单

图 6-11

8.发工资(见图 6-12 到图 6-14)。

工资结算汇总表

车间或部门	职工类别	月工资额	奖金	补贴	应付工资额	代扣款项						实发工资额
						养老保险费 8%	医疗保险费 2%	失业保险费 1%	住房公积金 10.5%	工会会费2%	代扣合计	
基本生产车间	生产工人	126982.0	13200.0	4200.0	144382.0	11550.6	2887.6	14438.2	15160.1	2887.6	46924.2	97457.9
	管理人员	6850.5	3500.0	482.0	10832.5	866.6	216.7	1083.3	1137.4	216.7	3520.6	7311.9
	小计	133832.5	16700.0	4682.0	155214.5	12417.2	3104.3	15521.5	16297.5	3104.3	50444.7	104769.8
辅助生产车间	生产工人	8900.2	1600.0	500.0	11000.2	880.0	220.0	1100.0	1155.0	220.0	3575.1	7425.1
	管理人员	3200.0	300.0	100.0	3600.0	288.0	72.0	360.0	378.0	72.0	1170.0	2430.0
	小计	12100.2	1900.0	600.0	14600.2	1168.0	292.0	1460.0	1533.0	292.0	4745.1	9855.1
行政管理部门		28766.7	9200.0	7050.0	45016.7	3601.3	900.3	4501.7	4726.8	900.3	14630.4	30386.3
销售部门		26830.0	10300.0	9825.0	46955.0	3756.4	939.1	4695.5	4930.3	939.1	15260.4	31694.6
合计		201529.4	38100.0	22157.0	261786.4	20942.9	5235.7	26178.6	27487.6	5235.7	85080.6	176705.8

图 6-12

中国建设银行
转账支票存根联
ⅣⅡ003632103
附加信息

出票日期 年 月 日
收款人:
金额:
用途:
单位主管 会计

本支票付款期限十天

中国建设银行 China Construction Bank 转账支票 桂 ⅣⅡ003632103

出票日期（大写） 年 月 日 付款行名称
收款人 出票人账号

人民币（大写）	亿	千	百	十	万	千	百	十	元	角	分

用途________
上列款项请从
我的账户内支付
出票人签章 复核 记账

图 6-13

中国建设银行 China Construction Bank

进 账 单（回单） 1

年 月 日 1

付款人	全 称		收款人	全 称	
	账 号			账 号	
	开户银行			开户银行	

人民币（大写）	千	百	十	万	千	百	十	元	角	分

票据种类 票据张数
票据号码

单位主管 会计 复核 记账

中国建设银行股份有限公司
星湖分理处
2013.12.10
办讫章
开户银行签章

此联出票人开户银行交给出票人的回单

图 6-14

9.12 月 10 日，收到付款通知(见图 6-15)。

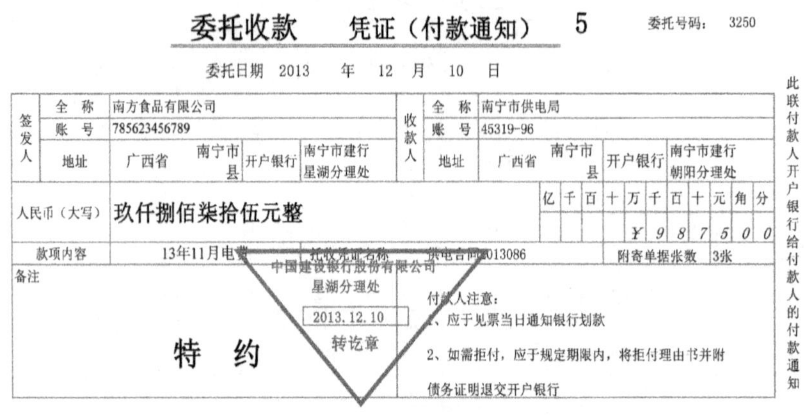

委托收款　　凭证（付款通知）　5　　委托号码：3250

委托日期　2013　年　12　月　10　日

签发人	全称	南方食品有限公司			收款人	全称	南宁市供电局		
	账号	785623456789				账号	45319-96		
	地址	广西省 南宁市县	开户银行	南宁市建行星湖分理处		地址	广西省 南宁市县	开户银行	南宁市建行朝阳分理处
人民币（大写）	玖仟捌佰柒拾伍元整						亿千百十万千百十元角分	¥987500	
款项内容	13年11月电费	托收凭证名称		供电合同2013086			附寄单据张数	3张	

备注

特　约

中国建设银行股份有限公司　星湖分理处　2013.12.10　转讫章

付款人注意：

1、应于见票当日通知银行划款

2、如需拒付，应于规定期限内，将拒付理由书并附债务证明退交开户银行

此联付款人开户银行给付款人的付款通知

图 6-15

10.12 月 13 日开出转账支票支付前欠光明公司货款 80300 元(见图 6-16、图 6-17)。

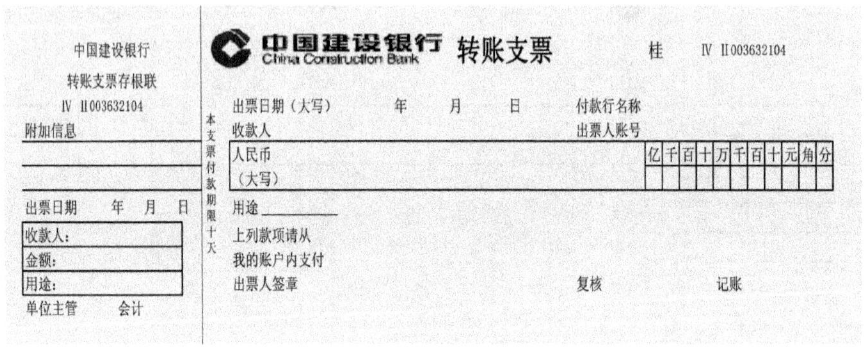

中国建设银行　转账支票存根联　Ⅳ Ⅱ003632104

附加信息

出票日期　年　月　日

收款人：

金额：

用途：

单位主管　会计

中国建设银行 China Construction Bank　转账支票　桂　Ⅳ Ⅱ003632104

出票日期（大写）　年　月　日　付款行名称

收款人　出票人账号

人民币（大写）　亿千百十万千百十元角分

用途

上列款项请从我的账户内支付

出票人签章　复核　记账

本支票付款期限十天

图 6-16

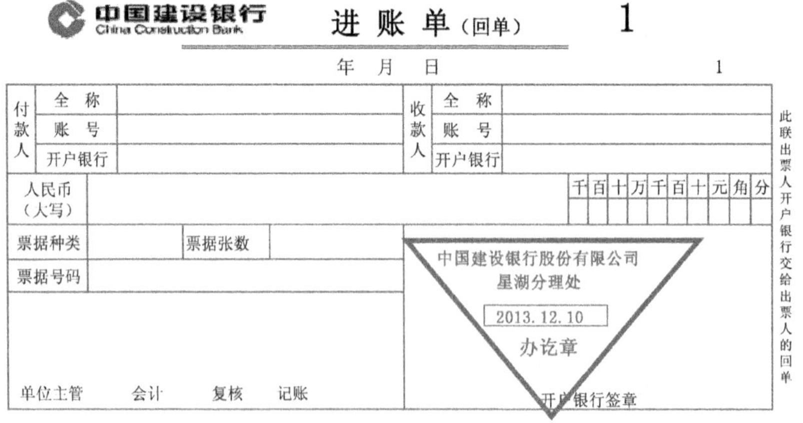

中国建设银行 China Construction Bank　进　账　单（回单）　1

年　月　日　1

付款人	全称		收款人	全称	
	账号			账号	
	开户银行			开户银行	
人民币（大写）			千百十万千百十元角分		
票据种类		票据张数			
票据号码					

单位主管　会计　复核　记账

中国建设银行股份有限公司　星湖分理处　2013.12.10　办讫章

开户银行签章

此联出票人开户银行交给出票人的回单

图 6-17

11. 报销费用(见图 6-18、图 6-19)。

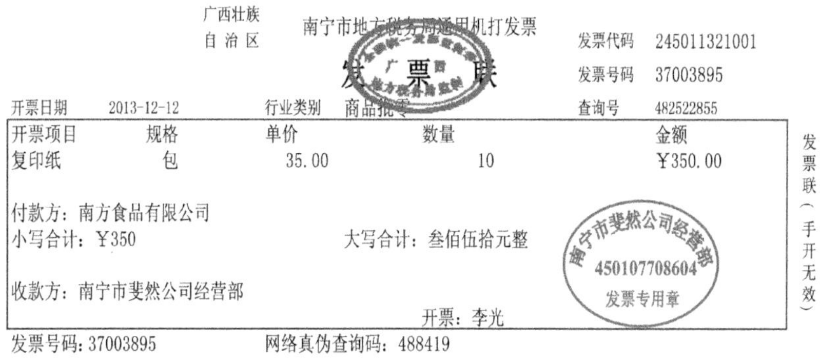

广西壮族自治区

南宁市地方税务局通用机打发票

发票联

发票代码 245011321001

发票号码 37003895

开票日期 2013-12-12　行业类别 商品批零　查询号 482522855

开票项目	规格	单价	数量	金额
复印纸	包	35.00	10	￥350.00

付款方：南方食品有限公司

小写合计：￥350　大写合计：叁佰伍拾元整

收款方：南宁市斐然公司经营部

开票：李光

南宁市斐然公司经营部 450107708604 发票专用章

发票联(手开无效)

发票号码：37003895　网络真伪查询码：488419

图 6-18

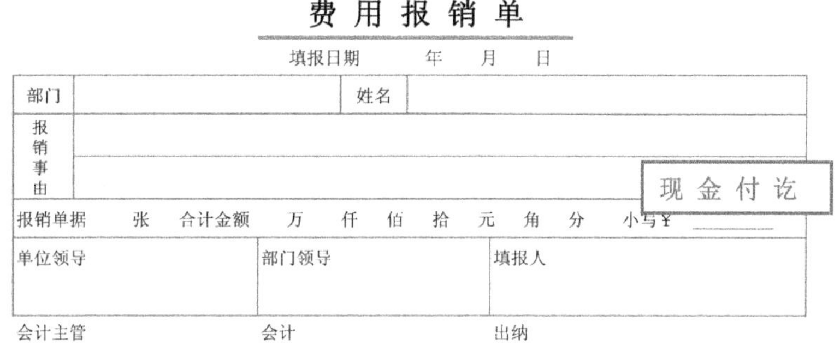

费用报销单

填报日期　年　月　日

部门		姓名	
报销事由			
报销单据　张	合计金额　万　仟　佰　拾　元　角　分		小写￥
单位领导	部门领导	填报人	

会计主管　会计　出纳

现金付讫

图 6-19

12. 公司委托工行签发一张面额为 140000 元的银行汇票一张,拟从北京华大公司购买设备(见图 6-20、图 6-21)。

银行汇票申请书(存　根) 1

申请日期 2013 年 12 月 15 日　第　号

申请人	南方食品有限公司	收款人	北京市华大机械设备公司
账号或住址	5610234-235	账号或住址	4204527634
用途	设备款	代理付款行	工行复兴支行
汇票金额	人民币(大写) 壹拾肆万元整	千 百 十 万 千 百 十 元 角 分	￥ 1 4 0 0 0 0 0 0
上列款项请从我账户内支付 南方食品有限公司 财务专用章　陈东虹 申请人盖章		科目(借) 对方科目(贷) 转账日期　年　月　日 复核　记账	

此联申请人留存

图 6-20

中国工商银行
银行汇票　2　地名 BB 01　00165321

付款期限 壹个月			
出票日期（大写）	贰零壹叁年壹拾贰月壹拾伍日	代理付款行：工行复兴支行	行号：6520
收款人	北京市华大设备机械公司	账号	4204527634
出票金额	人民币（大写）壹拾肆万元整		
实际结算金额	人民币（大写）	千百十万千百十元角分	
申请人：	南方食品有限公司	账号	5610234-235
出票行：工行新城支行　行号：432105		密押	左列退回多余金额已收入你的账户
备注：		多余金额 千百十万千百十元角分	
出票行签章			

此联代理付款行付款后作联行往来账借方凭证附件

中国工商银行股份有限公司 汇票专用章 20134265

图 6-21

13. 收款（如图 6-22）。

托收凭证（收账通知）　4　委托号码：611832

委托日期 2013 年 12 月 10 日

业务类型	委托收款（□邮划、☑电划）　托收承付（□邮划、□电划）						
付款人	全称	柳州市江南副食品批发公司		收款人	全称	南方食品有限公司	
	账号	785642310023			账号	785623456789	
	地址	广西省 柳州市县	开户银行 建行河堤分理处		地址	广西省 南宁市县	开户银行 建行星湖分理处
人民币（大写）	叁万伍仟壹佰元整				千百十万千百十元角分	¥ 3 5 1 0 0 0 0	
款项内容	货款	托收凭证名称	发票		附寄单据张数	3	
商品发出情况			合同名称号码				
备注 复核 记账		款项收妥日期 年 月 日		收款人开户银行签章 年 月 日			

中国建设银行股份有限公司 星湖分理处 2013.12.10 转讫章

此联给收款人的收款通知或取款依据

图 6-22

14. 12 月 15 日由销售部郑琪领借销售部备用金 10000 元。现金给付（见图 6-23）。

借　款　单

借款理由	
借款金额（大写）＿＿＿＿＿＿ ¥＿＿＿＿ 借款人签章　年　月　日	
单位负责人意见	会计主管人员意见

图 6-23

15. 零售商品，根据销售通知单填写发票，再将现金存银行(见图 6-24 至图 6-26)。

南方食品公司销售发货通知单　　　963258

购货单位**张玲**　　　　2013年12月20日

品名	商品编码	单位	数量	单价	金额 百	十	万	千	百	十	元	角	分
黑芝麻糊	7561	包	20	15					3	0	0	0	0
饼干	6823	箱	10	165				1	6	5	0	0	0
合　计	人民币（大写）壹仟玖佰伍拾元整						¥	1	9	5	0	0	0

（印章：南方食品有限公司 收款专用章；现金收讫）

图 6-24

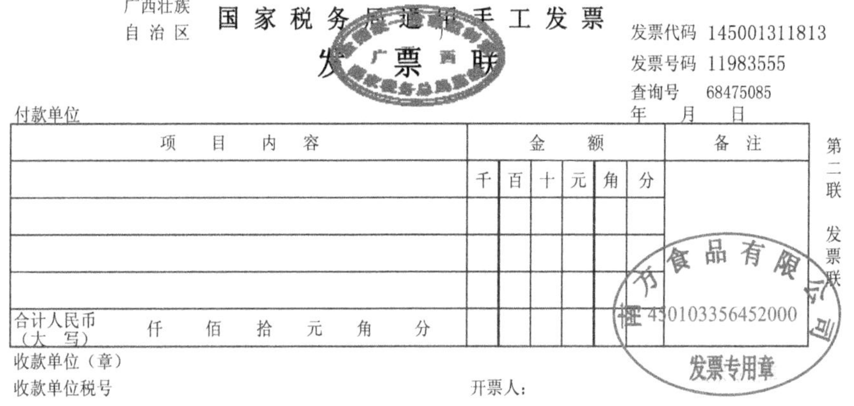
广西壮族自治区　国家税务局通用手工发票
发票联
发票代码 145001311813
发票号码 11983555
查询号 68475085

付款单位　　　　　　　　年　月　日

项　目　内　容	金额 千	百	十	元	角	分	备　注
合计人民币（大　写）　仟　佰　拾　元　角　分							

收款单位（章）
收款单位税号　　　　　　　开票人：

第二联　发票联

（印章：南方食品有限公司 450103356452000 发票专用章）

图 6-25

中国建设银行
ChianConstructionBank
现金缴款单

币别　　　　　　年　　月　　日

单位填写	收款单位		交款人	
	账号		款项来源	
	（大写）		亿 千 百 十 万 千 百 十 元 角 分	
银行确认栏	现金回单（无银行打印记录及银行盖章无效）			

图 6-26

16. 预付货款(见图 6-27、图 6-28)。

商品购销合同

2013 年　12　月 22　日

购货单位　南方食品有限公司

供货单位　桂林市副食品有限公司

品种	规格	要货数量	单价	金　额
白糖	*50kg/包*	*200*	290.00	58000.00
面粉	*50kg/包*	*300*	160.00	48000.00
合计				106000.00

备注：

1. 购销合同的商品价格：成交商品的作价标准，均为正品价。对于副品、等级品，其差幅按照扣率惯例作价执行合同。

2. 异地的商品供应价格：均为车、船交货价，装车、装船以前的费用，由供方负担。如果装车、装船费与运费列在一张单据不能分割的，由需方负担；对同城要货单位（包括外省驻本地单位）就厂就库直拨商品由工厂送货或需方自提。承运单位按有关收费规定收取的合理运输费用，运输保险费由需方承担。对运费负担。

3. 商品质量：供方应认真检验，严格把关，以保证商品质量。如果商品质量不符合标准，一般情况应允许退货。如有特殊情况，供需双方可协商解决。

4. 商品包装：商品包装必须牢固，供方应保障商品在运输途中的安全。需方对商品包装有特殊要求，双方应在具体合同中注明，增加的包装费用由需方负担。

5. 货款结算方式：签订合同之日需方须预付定金贰万元整（￥20000.00），货到验收后的三个工作日内需方付清全部货款。

6. 合同违约责任：一方违反合同应负违约责任，向对方支付违约金。由于违约给对方造成的损失超过违约金的，还应进行赔偿，补偿违约金不足部分。对方要求继续履行合同的，应继续履行。违约金为货款总值的 10 %（在10%～30%之间确定）。

7. 交货日期： 2013 年 12 月 27 日

供（卖）方盖章	需（买）方盖章
法定代表人签字	法定代表人签字
开户银行：建行星湖分理处	开户银行：工行榕湖分理处
账号：785623456789	账号：　4523-86
地址：南宁市星湖路 15 号	地址：桂林市霞山路
邮政编码：530022	邮政编码：230000
电话：　0771-5826452	电话：0772-5621375

图 6-27

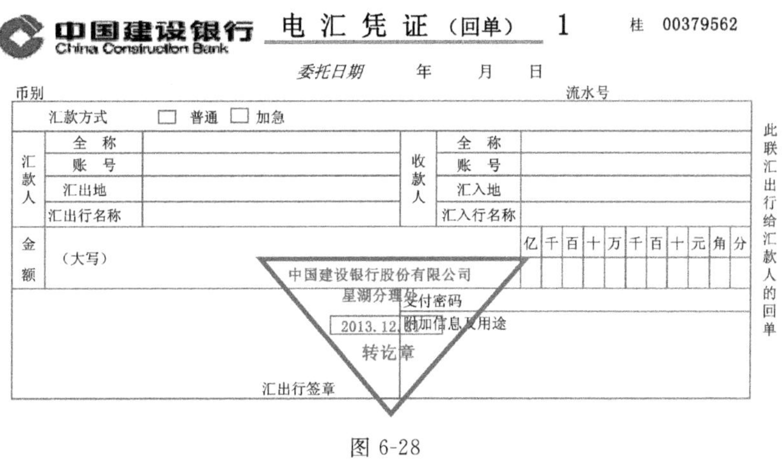

中国建设银行 China Construction Bank　电 汇 凭 证（回单）　1　桂 00379562

委托日期　　年　　月　　日

币别　　　　　　　　　　　　　　　　　　流水号

汇款方式	□普通 □加急		
汇款人 全称		收款人 全称	
账号		账号	
汇出地		汇入地	
汇出行名称		汇入行名称	
金额（大写）		亿 千 百 十 万 千 百 十 元 角 分	
		支付密码	
		附加信息及用途	
汇出行签章			

中国建设银行股份有限公司 星湖分理处 2013.12.23 转讫章

此联汇出行给汇款人的回单

图 6-28

17. 12 月 23 日开出现金支票提现 5000 元备用（见图 6-29）。

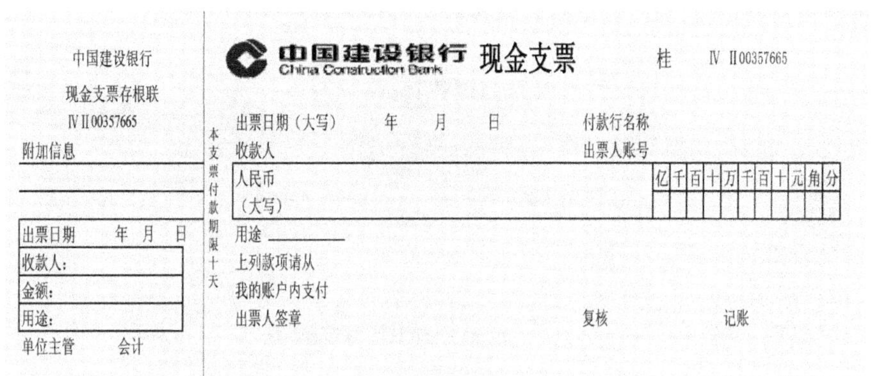

中国建设银行
现金支票存根联
ⅣⅡ00357665
附加信息
出票日期　年　月　日
收款人：
金额：
用途：
单位主管　　会计

中国建设银行 China Construction Bank　现金支票　桂　ⅣⅡ00357665

本支票付款期限十天

出票日期（大写）　　年　　月　　日　　付款行名称
收款人　　　　　　　　　　　　　　　　出票人账号

人民币（大写）	亿	千	百	十	万	千	百	十	元	角	分

用途 ______
上列款项请从
我的账户内支付
出票人签章　　　　　　　　复核　　　　记账

图 6-29

18. 销售产品，委托银行收款（见图 6-30、图 6-31）。

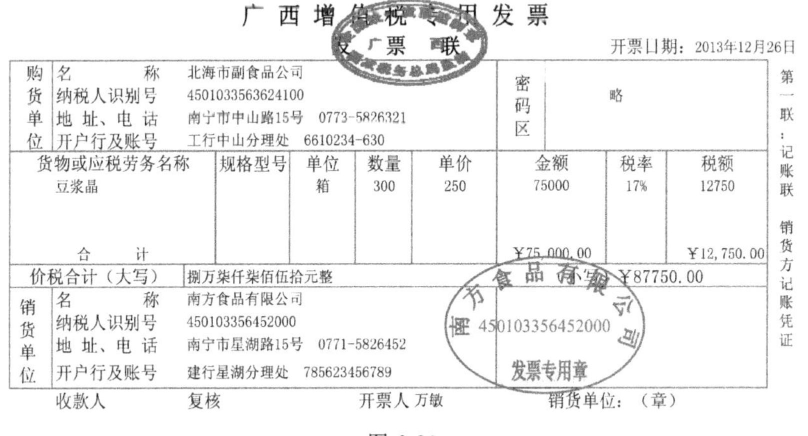

广 西 增 值 税 专 用 发 票

发 票 联

开票日期：2013年12月26日

购货单位	名称	北海市副食品公司	密码区	略			
	纳税人识别号	4501033563624100					
	地址、电话	南宁市中山路15号　0773-5826321					
	开户行及账号	工行中山分理处　6610234-630					
货物或应税劳务名称	规格型号	单位	数量	单价	金额	税率	税额
豆浆晶		箱	300	250	75000	17%	12750
合　计					￥75,000.00		￥12,750.00
价税合计（大写）	捌万柒仟柒佰伍拾元整				（小写）￥87750.00		
销货单位	名称	南方食品有限公司					
	纳税人识别号	450103356452000					
	地址、电话	南宁市星湖路15号　0771-5826452					
	开户行及账号	建行星湖分理处　785623456789					

收款人　　　复核　　　开票人 万敏　　　销货单位：（章）

南方食品有限公司 450103356452000 发票专用章

第一联：记账联　销货方记账凭证

图 6-30

托收凭证　（回单）　1

委托号码：611832

委托日期　　年　　月　　日

业务类型	委托收款（□ 邮划、□ 电划）			托收承付（□ 邮划、□ 电划）			
签发人	全　称			收款人	全　称		
	账　号				账　号		
	地址	省　　市县	开户银行		地址	省　　市县	开户银行
人民币（大写）				百 十 百 十 万 千 百 十 元 角 分 元 角 分			
款项内容		托收凭证名称		附寄单据张数			
商品发出情况			合同名称号码				
备注 复核　　记账		款项收妥日期 年　月　日		中国建设银行股份有限公司 星湖分理处 2013.12.26 转讫章 收款人开户银行签章 年　月　日			

此联作收款人开户银行给收款人的回单

图 6-31

19.销售部报销用备用金支付的业务招待费(见图 6-32、图 6-33)。

广西壮族自治区　南宁市地方税务局通用机打发票　网络发票

发票联

发票代码　245011321005

发票号码　01586608

开票日期　2013-12-18　　行业类别　饮食业　　查询号　265913773

开票项目	单价	数量	金额
餐饮费			¥1,328.00

付款方：南方食品有限公司

小写合计：¥1328.00　　大写合计：壹仟叁佰贰拾捌元整

收款方：南宁市肥仔饭店

税号：452123193011703　　开票人：魏红

（印章：南宁市肥仔饭店 4562307801251 发票专用章）

发票号码：01586708　　网络真伪查询码：488419

发票联（手开无效）

图 6-32

费用报销单

填报日期　　年　　月　　日

部门		姓名	
报销事由	现金付讫		
报销单据　　张　合计金额　万　仟　佰　拾　元　角　分　小写¥ ________			
单位领导	部门领导	填报人	

会计主管　　会计　　出纳

图 6-33

20. 用银行汇票购买设备(见图 6-34 到图 6-37)。

广西增值税专用发票

发票联

开票日期：2013年12月23日

购货单位	名称	南方食品有限公司	密码区	略			
	纳税人识别号	450103356452000					
	地址、电话	南宁市星湖路15号　0771-5826452					
	开户行及账号	建行星湖分理处　785623456789					
货物或应税劳务名称	规格型号	单位	数量	单价	金额	税率	税额
饮料生产线		套	1	109401.71	109401.71	17%	18598.29
合计					¥109,401.71		¥18,598.29
价税合计（大写）	壹拾贰万捌仟元整				（小写）¥128000.00		
销货单位	名称	北京市华大机械设备公司					
	纳税人识别号	1023576253004120					
	地址、电话	北京市复兴路999号　010-5623100					
	开户行及账号	工行复兴支行　4204527634					

收款人　复核　开票人 凌敏　销货单位：（章）

第二联：发票联　购货方报销凭证

图 6-34

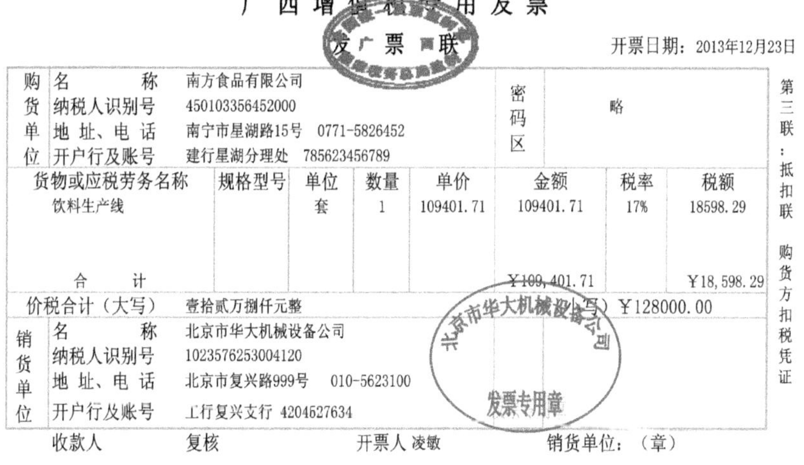

广西增值税专用发票

抵扣联

开票日期：2013年12月23日

购货单位	名称	南方食品有限公司	密码区	略			
	纳税人识别号	450103356452000					
	地址、电话	南宁市星湖路15号　0771-5826452					
	开户行及账号	建行星湖分理处　785623456789					
货物或应税劳务名称	规格型号	单位	数量	单价	金额	税率	税额
饮料生产线		套	1	109401.71	109401.71	17%	18598.29
合计					¥109,401.71		¥18,598.29
价税合计（大写）	壹拾贰万捌仟元整				（小写）¥128000.00		
销货单位	名称	北京市华大机械设备公司					
	纳税人识别号	1023576253004120					
	地址、电话	北京市复兴路999号　010-5623100					
	开户行及账号	工行复兴支行　4204527634					

收款人　复核　开票人 凌敏　销货单位：（章）

第三联：抵扣联　购货方扣税凭证

图 6-35

固定资产移交生产验收单

保管使用单位：*基本生产车间*　　　　*2013年12月27日*

固定资产编号	固定资产名称	规格型号	计量单位	原始价值	制造厂商或施工方式
135	*饮料生产线*	*G-896*	*套*		*华大机械设备公司*
固定资产管理部门意见	*合格，同意接收* *2013年12月27日*	财会部门验收意见	*合格*	使用保管验收签章	*朱云*

图 6-36

中国工商银行

银行汇票

付款期限 壹个月

多余款 收账通知 4 地名 BB 01 00165321

出票日期（大写） 贰零壹叁年壹拾贰月壹拾伍日　　代理付款行：工行复兴支行　　行号：6520

收款人 北京市华大设备机械公司　　账号 4204527634

出票金额 人民币（大写） 壹拾肆万元整

实际结算金额	人民币（大写）	壹拾贰万捌仟元整	千	百	十	万	千	百	十	元	角	分
				¥	1	2	8	0	0	0	0	0

申请人：南方食品有限公司　　账号 5610234-235

出票行：工行新城支行　行号：432105

中国工商银行股份有限公司 汇票专用章 20134265

备注：

出票行签章

密押

多余金额

千	百	十	万	千	百	十	元	角	分
		¥	1	2	0	0	0	0	0

左列退回多余金额已收入你的账户

此联出票行结清多余款后交申请人

图 6-37

21. 12 月 25 日李华报销差旅费，填制差旅费报销单。公司规定火车、动车硬座、硬卧，汽车硬座、硬卧实报实销，出差餐饮补贴每人每天 60 元，按出差天数算头计尾，住宿每天 200 元以内实报实销。经核算出差日期为 12 月 4 日至 12 月 13 日，4 日由南宁至武汉发生车船费 310 元，住宿费 11 天共 1650 元；13 日，由武汉至南宁车船费为 290 元，并请领导签字。（原预借 3000 元）（见图 6-38、图 6-39）。

差旅费报销单

年　月　日

姓名：　　部门：　　出差事由：　　单据张数　张

起止日期				起止地点	交通费	市内交通	住宿费	途中伙食补贴			住勤补贴		合计
月	日	月	日					标准	天数	金额	天数	金额	
合计													
人民币（大写）						应退（补）							

审核：　　部门主管：　　财务主管：　　经手：

图 6-38

收　款　收　据

年　月　日

今收到 ____________________

人民币合计（大写） ____________________　　¥：__________

该款系 ____________________

单位盖章　　会计主管　　出纳　　经手人

图 6-39

22. 社保缴费(见图 6-40)。

广西壮族自治区社会保险基金专用收款收据　　桂0(13)　　№：00905871

2013年　12　月　25　日　　101702 建设银行　　680

今收到　南方食品有限公司　账号：785623456789　　交来　201312-201312　社会保险基金

人民币（大写）伍万贰仟捌佰叁拾捌元玖角　　小写¥52838.9

缴费项目	缴费期限	缴费人数	单位应缴	个人应缴	利息	滞纳金	金额合计
基本养老保险	201312201312	70	25377.10	10155.60	0	0	35532.70
失业保险	201312201312	70	2538.90	1269.50	0	0	3808.40
基本医疗保险	201312201312	70	9676.80	2419.20	0	0	12096.00
工伤保险	201312201312	70	637.70	0.00	0	0.00	637.70
生育保险	201312201312	70	764.10	0.00	0	0.00	764.10
合计							52838.90

备注：银行电子代扣　　收款方式　电子委托

说明：本收款收据适用于社会保险机构征缴基金的款项，包括单位缴纳的养老保险、医疗保险、失业保险、工伤保险、生育保险等社会保险基金

收款单位（公章）　　财务主管（章）　肖燕　　收款人（章）　黄奕

此据　第一联　收据联

广西壮族自治区财政厅 票据专用章

南宁市社会保险事业局 社会保险基金 收款专用章

图 6-40

23. 销售产品(见图 6-41、图 6-42)。

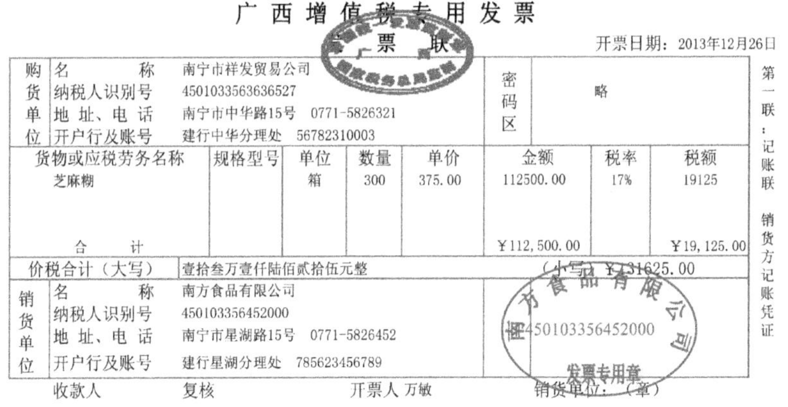

广西增值税专用发票

记账联

开票日期：2013年12月26日

购货单位	
名　　称	南宁市祥发贸易公司
纳税人识别号	4501033563636527
地址、电话	南宁市中华路15号　0771-5826321
开户行及账号	建行中华分理处　56782310003

密码区：略

货物或应税劳务名称	规格型号	单位	数量	单价	金额	税率	税额
芝麻糊		箱	300	375.00	112500.00	17%	19125
合　计					¥112,500.00		¥19,125.00

价税合计（大写）　壹拾叁万壹仟陆佰贰拾伍元整　　（小写）¥131625.00

销货单位	
名　　称	南方食品有限公司
纳税人识别号	450103356452000
地址、电话	南宁市星湖路15号　0771-5826452
开户行及账号	建行星湖分理处　785623456789

收款人　　复核　　开票人 万敏　　销货单位：（章）

第一联：记账联　销货方记账凭证

南方食品有限公司 450103356452000 发票专用章

图 6-41

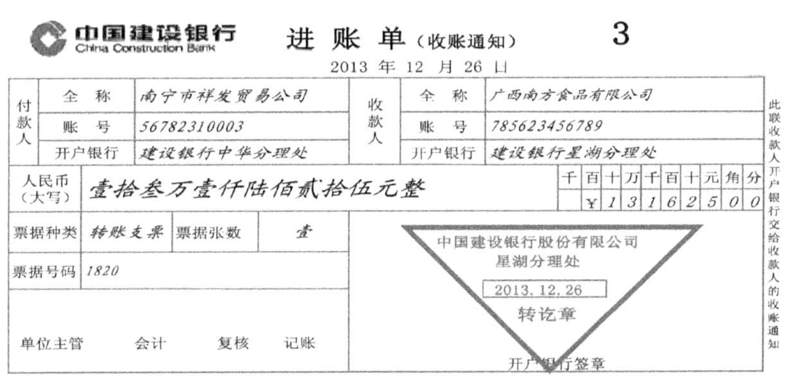

中国建设银行 China Construction Bank　进账单（收账通知）　3

2013 年 12 月 26 日

付款人		收款人	
全　称	南宁市祥发贸易公司	全　称	广西南方食品有限公司
账　号	56782310003	账　号	785623456789
开户银行	建设银行中华分理处	开户银行	建设银行星湖分理处

人民币（大写）壹拾叁万壹仟陆佰贰拾伍元整

千	百	十	万	千	百	十	元	角	分
	¥	1	3	1	6	2	5	0	0

票据种类　转账支票　　票据张数　壹

票据号码　1820

单位主管　　会计　　复核　　记账

中国建设银行股份有限公司 星湖分理处 2013.12.26 转讫章

开户银行签章

此联收款人开户银行交给收款人的收账通知

图 6-42

24.购买材料,支付货款(见图 6-43 到图 6-46)。

广西增值税专用发票

发票联

开票日期：2013年12月27日

购货单位	名称	南方食品有限公司	密码区	略		
	纳税人识别号	450103356452000				
	地址、电话	南宁市星湖路15号 0771-5826452				
	开户行及账号	建行星湖分理处 785623456789				

货物或应税劳务名称	规格型号	单位	数量	单价	金额	税率	税额
一级白糖		吨	5	5450.00	27250.00	17%	4632.5
合计					¥27,250.00		¥4,632.50
价税合计（大写）	叁万壹仟捌佰捌拾贰元伍角				（小写）¥31882.50		

销货单位	名称	南宁糖业有限公司
	纳税人识别号	1023576253003251
	地址、电话	南宁市江南路15号
	开户行及账号	工行江南支行582310-5

收款人　　复核　　开票人 方芳　　销货单位：（章）

第二联：发票联　购货方报销凭证

（印章：南宁糖业有限公司 4321000523145 发票专用章）

图 6-43

广西增值税专用发票

抵扣联

开票日期：2013年12月27日

购货单位	名称	南方食品有限公司	密码区	略		
	纳税人识别号	450103356452000				
	地址、电话	南宁市星湖路15号 0771-5826452				
	开户行及账号	建行星湖分理处 785623456789				

货物或应税劳务名称	规格型号	单位	数量	单价	金额	税率	税额
一级白糖		吨	5	5450.00	27250.00	17%	4632.5
合计					¥27,250.00		¥4,632.50
价税合计（大写）	叁万壹仟捌佰捌拾贰元伍角				（小写）¥31882.50		

销货单位	名称	南宁糖业有限公司
	纳税人识别号	1023576253003251
	地址、电话	南宁市江南路15号
	开户行及账号	工行江南支行582310-5

收款人　　复核　　开票人 方芳　　销货单位：（章）

第三联：抵扣联　购货方扣税凭证

（印章：南宁糖业有限公司 4321000523145 发票专用章）

图 6-44

中国建设银行
转账支票存根联
Ⅳ Ⅱ003632105

附加信息

出票日期　年　月　日

收款人：
金额：
用途：

单位主管　会计

中国建设银行 China Construction Bank　**转账支票**　桂　Ⅳ Ⅱ003632105

本支票付款期限十天

出票日期（大写）　年　月　日　付款行名称
收款人：　出票人账号

人民币（大写）	亿	千	百	十	万	千	百	十	元	角	分

用途______

上列款项请从
我的账户内支付
出票人签章　复核　记账

图 6-45

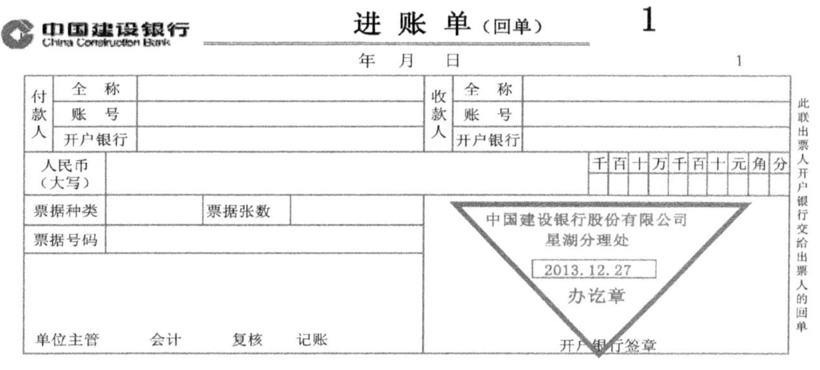
中国建设银行 China Construction Bank

进账单（回单）　1

年　月　日　1

付款人	全　称		收款人	全　称	
	账　号			账　号	
	开户银行			开户银行	
人民币（大写）				千百十万千百十元角分	
票据种类		票据张数			
票据号码					
单位主管　会计　复核　记账				中国建设银行股份有限公司 星湖分理处 2013.12.27 办讫章 开户银行签章	

此联出票人开户银行交给出票人的回单

图 6-46

25. 承兑到期银行承兑汇票（见图 6-47）。

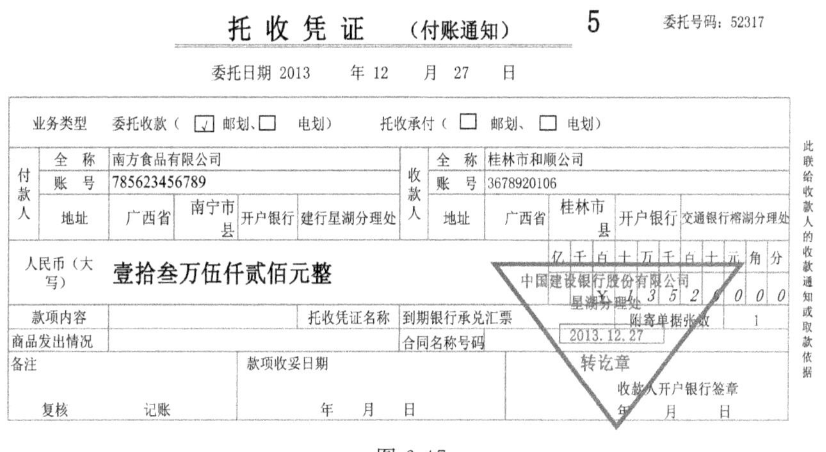
托收凭证（付账通知）　5　委托号码：52317

委托日期 2013 年 12 月 27 日

业务类型　委托收款（☑邮划、☐电划）　托收承付（☐邮划、☐电划）

付款人	全　称	南方食品有限公司		收款人	全　称	桂林市和顺公司	
	账　号	785623456789			账　号	3678920106	
	地址	广西省 南宁市县	开户银行 建行星湖分理处		地址	广西省 桂林市县	开户银行 交通银行榕湖分理处
人民币（大写）	壹拾叁万伍仟贰佰元整					亿千百十万千百十元角分 ¥ 1 3 5 2 0 0 0 0	
款项内容		托收凭证名称	到期银行承兑汇票			附寄单据张数	1
商品发出情况			合同名称号码				
备注　复核　记账		款项收妥日期　年　月　日				中国建设银行股份有限公司 星湖分理处 2013.12.27 转讫章 收款人开户银行签章　年　月　日	

此联给收款人的收款通知或取款依据

图 6-47

26. 支付广告费。光影公司账号：4561030785，开户银行：建行江南营业部（见图 6-48 到图 6-50）。

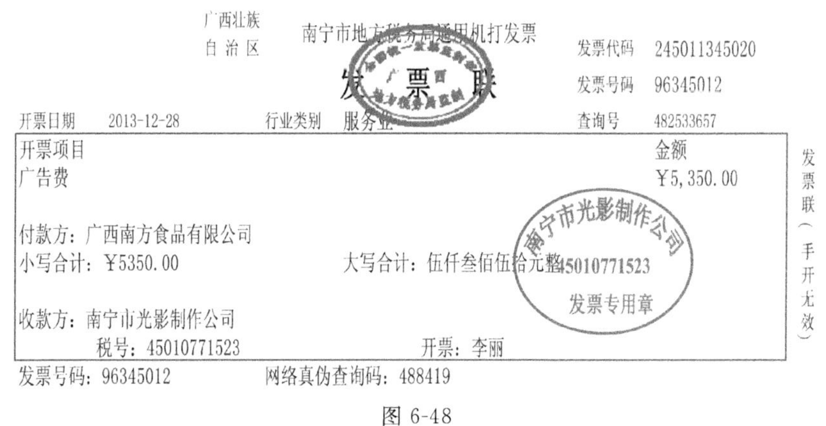
广西壮族自治区　南宁市地方税务局通用机打发票

发票联

发票代码　245011345020
发票号码　96345012
开票日期　2013-12-28　行业类别　服务业　查询号　482533657

开票项目	金额
广告费	¥5,350.00

付款方：广西南方食品有限公司
小写合计：¥5350.00　大写合计：伍仟叁佰伍拾元整
收款方：南宁市光影制作公司
税号：45010771523　开票：李丽

（南宁市光影制作公司 45010771523 发票专用章）

发票联（手开无效）

发票号码：96345012　网络真伪查询码：488419

图 6-48

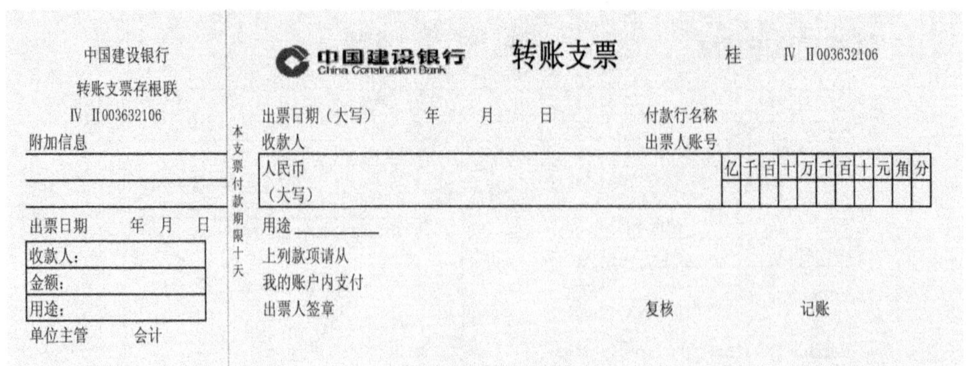

中国建设银行
转账支票存根联
Ⅳ Ⅱ003632106
附加信息

出票日期　　年　月　日

收款人:
金额:
用途:

单位主管　　会计

本支票付款期限十天

中国建设银行 China Construction Bank　转账支票　桂　Ⅳ Ⅱ003632106

出票日期（大写）　　年　　月　　日　　付款行名称
收款人　　出票人账号

人民币（大写）	亿	千	百	十	万	千	百	十	元	角	分

用途
上列款项请从
我的账户内支付
出票人签章　　复核　　记账

图 6-49

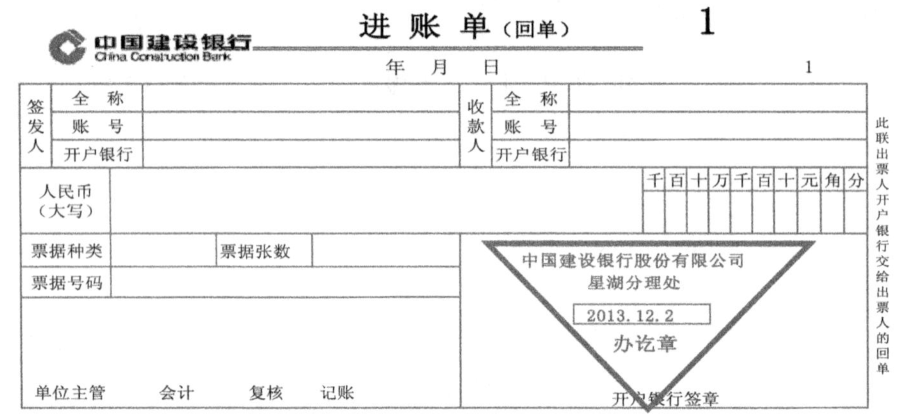

中国建设银行 China Construction Bank　进　账　单（回单）　1

年　月　日　1

签发人	全　称		收款人	全　称	
	账　号			账　号	
	开户银行			开户银行	

人民币（大写）	千	百	十	万	千	百	十	元	角	分

票据种类		票据张数	
票据号码			

单位主管　　会计　　复核　　记账

中国建设银行股份有限公司
星湖分理处
2013.12.2
办讫章
开户银行签章

此联出票人开户银行交给出票人的回单

图 6-50

27.12 月 30 日提现，发放过节费每人 200 元（见图 6-5、图 6-52）。

元旦过节费

车间或部门	职工类别	发放金额
基本生产车间	生产工人	11000.00
	管理人员	2000.00
	小计	13000.00
辅助生产车间	生产工人	2000.00
	管理人员	400.00
	小计	2400.00
行政管理部门		3000.00
销售部门		3200.00
合计		21600.00

现金付讫

图 6-51

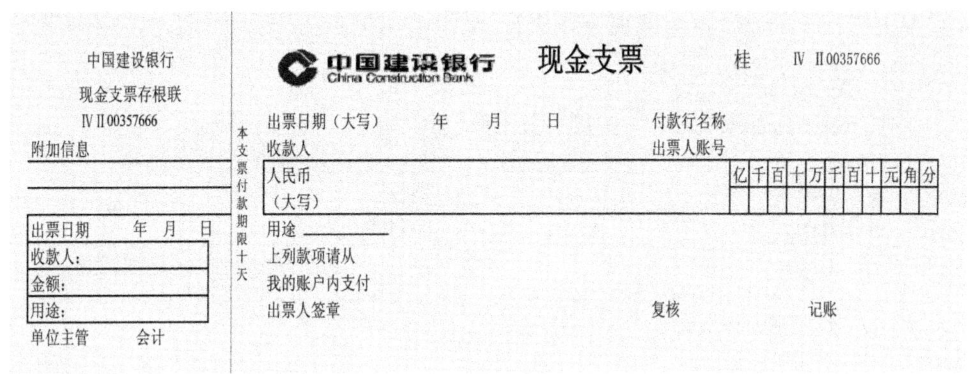

中国建设银行
现金支票存根联
ⅣⅡ00357666
附加信息

出票日期　年　月　日
收款人:
金额:
用途:
单位主管　会计

本支票付款期限十天

中国建设银行 China Construction Bank　现金支票　桂　ⅣⅡ00357666

出票日期（大写）　年　月　日　付款行名称
收款人　出票人账号

人民币（大写）	亿	千	百	十	万	千	百	十	元	角	分

用途______
上列款项请从
我的账户内支付
出票人签章　复核　记账

图 6-52

28.清查现金(见图 6-53)。

库存现金盘点报告表

单位名称：*南方食品有限公司*　*2013*　年 *12* 月　*31* 日

实存金额	账存金额	对比结果		备注
		盘盈	盘亏	
6862.00	*6912.00*		*10.00*	
现金使用情况	*现金短缺 10 元，其余情况正常*			
处理意见	主管领导 *按制度相关规定处理* *陈东虹　2013. 12. 31*		财务主管 *正常损失，按制度相关规定处理* *陈秀　2013. 12. 31*	

负责人签章：　　盘点人签章：*姜珊*　　出纳员签章：*李乐*

图 6-53

29.12 月 31 日，开出转账支票给方圆公司，预付材料款 19000 元整(见图 6-54)。

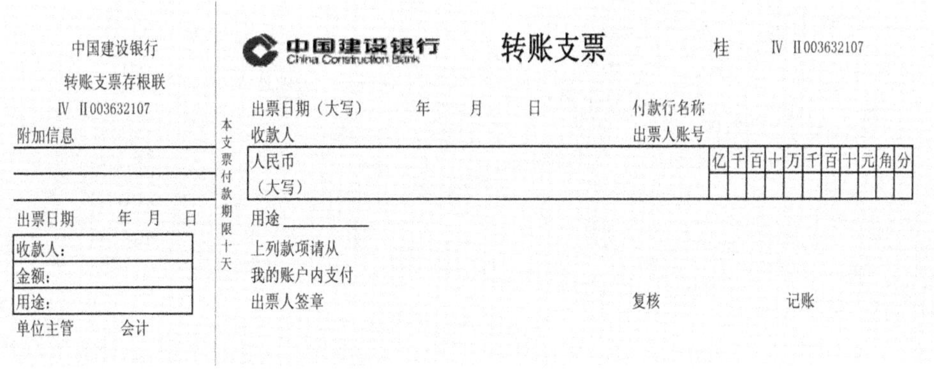

中国建设银行
转账支票存根联
Ⅳ Ⅱ003632107
附加信息

出票日期　年　月　日
收款人:
金额:
用途:
单位主管　会计

本支票付款期限十天

中国建设银行 China Construction Bank　转账支票　桂　Ⅳ Ⅱ003632107

出票日期（大写）　年　月　日　付款行名称
收款人　出票人账号

人民币（大写）	亿	千	百	十	万	千	百	十	元	角	分

用途______
上列款项请从
我的账户内支付
出票人签章　复核　记账

图 6-54

30.12 月 31 日，年末，将全部现金存银行(见图 6-55)。

中 国 建 设 银 行
ChianConstructionBank

现 金 缴 款 单

币别　　　　　　　　　　　　年　　月　　日

<table>
<tr><td rowspan="3">单位填写</td><td>收款单位</td><td></td><td>交款人</td><td colspan="11"></td></tr>
<tr><td>账号</td><td></td><td>款项来源</td><td colspan="11"></td></tr>
<tr><td colspan="3" rowspan="2">（大写）</td><td>亿</td><td>千</td><td>百</td><td>十</td><td>万</td><td>千</td><td>百</td><td>十</td><td>元</td><td>角</td><td>分</td></tr>
<tr><td></td><td></td><td></td><td></td><td></td><td></td><td></td><td></td><td></td><td></td><td></td><td></td></tr>
<tr><td>银行确认栏</td><td colspan="14">现金回单（无银行打印记录及银行盖章无效）</td></tr>
</table>

图 6-55

31. 编制银行余额调节表(见图 6-56 到图 6-58)。

建 设 银 行 对 账 单

账号：785623456789　　户名：南方食品有限公司　　开户银行南宁市建行星湖分理处
币种：人民币　　账户类型：基本结算账户　　起止日期：2013-12-1至12-31

序号	日期	凭证种类	用途	借方发生额	贷方发生额	余额
1	1					3897203.9
2	1	转账14025	货款		850000	4747203.9
3	2	转账32101	货款	31005		4716198.9
4	5	托收	税款	1936		4714262.9
5	9	现支57664	备用金	8000		4706262.9
6	10	电汇	购料款	85600		4620662.9
7	10	转账32102	工资	176705.8		4443957.1
8	10	托收	电费	9875		4434082.1
9	13	转账32103	货款	80300		4353782.1
10	20	其他	存现		1950	4355732.1
11	22	电汇	货款	20000		4335732.1
12	23	现支57665	备用金	5000		4330732.1
13	25	托收	社保	52838.9		4277893.2
14	26	进账单	货款		131625	4409518.2
15	27	转支32104	货款	31882.5		4377635.7
16	27	托收	兑现汇票	135200		
19	28	转支32105	广告费	5350		4372285.7
20	29	现支57666	福利费	21600		4350685.7
21	30	托收	水费	8500.4		4342185.3
22	30	其他	利息		158.3	4342343.6
23	31	托收	货款		35100	4377443.6
		合计		673793.6	1018833.3	4242243.6

图 6-56

银行存款余额调节表

编制单位：　　　　　　　　　年　月　日　　　　　　　　单位：元

项目	金额	项目	金额
企业银行存款日记账		银行对账单余额	
加:银行已收,企业未收		加：企业已收，银行未收	
减：银行已付,企业未付		减：企业已付，银行未付	
调整后金额		调整后金额	

图 6-57

出 纳 报 告

单位名称：　　　　　年　月　日至　　年　月　日　　编号：

项目	期初余额	本期收入	本期支出	期末余额	备注
库存现金					
银行存款 其中：基本结算户 专用账户					
其他货币资金					
其中：外埠存款 银行汇票存款					
有价证券 其中：股票 债券					
合　计					

会计主管：　　　记账：　　　出纳：　　　审核：　　　制单：

图 6-58